书楼探踪

浙江卷

韦力 著

东方出版中心

目录

序言

本书所收内容依然是古代私家藏书楼的寻访之文。此前的一年，我在中信出版社已经出版了三卷本的《书楼觅踪》，本书则为该系列的第二集。

对于该系列结集出版，按照我原本的计划：既然第一集是三卷本，则第二集也应当延续这个惯例。然而出版社的朋友劝我应当有所改变，第一集虽然销售情况不错，但毕竟三卷精装本在购买时，仍然给读者一个小小的负担。青岛的朋友薛原先生曾调侃说，买韦力的书，一定要有过人的腕力，因为韦力的大多数作品都厚重如砖头。虽然他的所言是调侃，但由此也说明了我所写之书部头太大的弊端。既然如此，我决定从善如流，应该有所改变。

我的改变就以本书为始。根据我的寻访节奏及写作计划，《书楼觅踪》二集原本也定为上中下三卷，交稿时间则是三年之后，然而实际操作是边寻访，边写作，到如今已然写出了几十篇，故我对写出的部分进行了一番排列组合，而后从地域着眼，选出了这些篇幅，组成该书的第二集。

本集所选的私家藏书楼均处在如今的浙江省。江浙地区乃是近几百年来中国的人文渊薮之地，故其藏书楼的遗存数量也最多，因此在这一地区的寻访，多年过去，仍然会有新的发现。

限于篇幅的原因，本书仅将书楼所在位置笼统地限定为浙江省，没有再作具体城市上的划分，而在排列顺序上，依然是以时代为序，由此大致可看出藏书观念的渐变过程。

近几年来，网络的发达、各种资讯增长对寻找古代历史遗迹带来了便利。然而由于网络的传播并无文责自负这条硬性规定，故许多消息中所谈到的书楼遗址都值得再作推敲，但即便如此，这些消息仍然给我提供了很多的线索。

在最近几年的历史遗迹寻访中，我有了个较大的转变，那就是每到一地都会事先联系当地的朋友，经过朋友的落实勘查，最终确定下所访书楼的具体位置，这种做法提高了我的书楼寻访准确率。但就寻访而言，却减少了曲折，同样也减少了笔墨之乐，而这是由于我自己的身体现况而做出的不得已的举措。

我的历史遗迹寻访，得到了太多朋友们的帮助，我若在此一一列出，显然会有一个很长很长的段落全是朋友们的尊姓大名，好在我在每一篇文中都已经写明了是哪位朋友给我提供了怎样的帮助，这也就让我在序言中省掉了一些笔墨。但我在此要慎重申明，省掉笔墨并不会省掉对朋友的感激之情，我要在此郑重地向这些为我提供帮助的朋友致以诚挚的谢意，如果没有他们的帮助，我的一些寻访根本不可能完成。所以说，这样的遗迹寻访貌似我个人的一意孤行，实际上却是这些朋友像坚强后盾一般，站在了我的身后，他们给我提供了各种各样的帮助和便利，促使我完成自己的心愿。这样的情意，当然没齿难忘。

关于私家书楼寻访的意义所在，我在初集的序言中已经写得很明确，虽然说出于各种各样的原因，这样的历史遗迹寻访还没能形成群体性活动，但我相信随着传统文化在社会中受到更广泛的重视，这样的历史遗迹寻踪必定会成为有识之士所喜爱的行动。我坚信自己的这种认定不是幻想，也期待着有一天能够看到这样的局面出现。我想到那个时候，才是真正的山花烂漫，丛中欢笑。

韦　力

袁桷 · 奇观楼

递沿四世，书窖无踪

袁桷 （1266—1327）

字伯长，号清容，元代庆元鄞县（今浙江宁波）人。初为丽泽书院山长。大德初，荐授翰林国史院检阅官，擢应奉翰林文字，同知制诰，兼国史院编修官。迁待制，进集贤直学士。至治元年（1321），官至翰林院侍讲学士。卒赠中奉大夫，追封陈留郡公，谥文清。工书法，师宗柳公权。著有《清容居士集》《易说》《春秋说》。

袁桷是元代著名的文学家，他在史学考证方面也颇有成就，对古琴也有深入的探讨与研究。他在元廷任职，历经元成宗、武宗、仁宗、英宗、泰定帝五朝。他在朝中的官位步步高升，最终做到翰林院侍讲学士，位居二品，故而被称为"元代五朝翰林"。蒙古人创立的元朝鄙视汉人，尤其看不上南人，袁桷能做到如此高位，这在当时也很罕见。袁氏乃是宋元间宁波的望族，柯劭忞所撰《新元史》中称："曾祖韶，宋同知枢密院事。祖似道，宋知严州。父洪，字季源，七岁通《诗》《书》《春秋》，宋京尹马光祖辟为掾，以敏达闻，累迁太社令。贾似道不乐四明人，洪与同州六十余人皆被废。咸淳九年，起为建康路通判，大帅赵溍委以府事。诸将桀傲，数以语侵，洪请较射，洪三发三中，众惊服。后为制置司参议官，不拜而归。至元十五年，授同知邵武路总管府事；二十年，改温州；并以疾辞。卒，年五十四。"

袁桷的曾祖父袁韶、祖父袁似道、父亲袁洪均在宋朝为官，其父袁洪同时还是射箭高手。进入元朝，袁洪仍然出来做官，显然是因武艺的缘故受到政府重视。那么以武闻名的袁洪为什么能培养出文名天下的儿子呢？这事跟袁桷的母亲有直接的关系。袁桷之母名史埭卿，父亲史宾之，祖父史弥坚，曾祖史浩，史家号称"一门三宰相"，是宋代显赫家族。而史家也世居宁波，袁家能与之联姻，可见并非泛泛之辈。后来史家在权相贾似道的排挤之下，渐渐由经营权术转为了儒术。史埭卿出生在这样的大户人家，自然秉承了良好的家学和修养。

可是，史埭卿所嫁的袁洪却更爱习武，史氏年纪虽轻，识见却不浅，她努力劝改夫君的这种习性。元明善在为其所撰《袁君夫人史氏墓志铭》中有如下描绘："幼简静，有威仪。父卒时，坐床下，哭不辍声，强之食，不食。未葬，不少离殡次。服除，尝一至庶母室。至嫁，复一至别之。外庭人不识其面。伯父宾州家法严正，有事于庙，夫人礼相祀事，低首伛立，至彻不少动。既归，处州（袁洪）敬焉。处州少好骑

◎南湖袁氏宅

射，夫人正色谏止。交游有至厅事者，夫人牖屏间窥，或非清谨士，即掩衾就睡。明日徐曰：'先丞相家恐无此客。'处州亦为之谢绝。"

史埭卿果真是位知书达礼的大家闺秀。守本份，懂礼节，嫁给袁洪后，不仅时时纠正夫君的粗鲁举止，就其交友方面也有诸多规劝。袁洪倒也从善如流，渐渐与狐朋狗友断绝了来往。

按说这样的母亲应是孩子教育最好的老师，可惜的是，袁桷生下来才七天，史埭卿就因病去世了。这件事对袁洪的打击很大，以致将对妻子的思念寄托到了儿子身上。他请来名师教育独子袁桷。当时的著名文人戴表元跟袁洪交情甚笃，蒙古人攻下南京时，袁洪曾资助其离开。冲着这份交情，戴表元尽心尽力做起了袁桷的老师。袁桷号清容，这个号也是老师戴表元所起。戴氏在《清容斋记》中称："今夫袁生生于万石之家，而躬寒素之操；处未弱冠之年，而志丈夫之事。日取古圣贤之言味之，而学其道，而求其清焉已。乃有所不慊于语，而容人是图，是何生之所闻于道者过耶？道未有清而不能容，亦未有不能容而得清者也。"

在老师的眼中，袁桷虽然出生豪门，然从小志向高远，渴慕圣贤之道，一心想在世上有一番作为。父亲袁洪为了开阔儿子眼界，先后替他延请过十几位名师。袁桷在《庭述师友渊源录》中详细记载了所拜之师，摘录两段如下：

王先生应麟，兄弟中博学宏词科为翰林学士，礼部尚书。咸淳诏、册、辞、命皆先生所作。著书有《春秋考》《逸诗考》《古易考》《通鉴义例考》《困学纪闻》《玉海》一百卷、《文集》一百卷。先子命桷受业门下十年。

胡三省，天台人，宝祐进士。贾相馆之释《通鉴》。三十年兵难稿三失。乙酉岁留袁氏塾，日手抄定注。己丑寇作，以书藏窖中得免。定注今在家。

原来当时著名文人王应麟、胡三省都曾做过袁桷的老师。可见后来袁桷在学术领域取得那么高的成就，与其成长过程中得到众多名师指点有着直接关系。这些文人长期在一起唱和，形成了独特学派。张骁飞在《袁桷师事王应麟时间考辨》一文的摘要中称："王应麟是宋元之际的知名学者，与弟子胡三省、戴表元、袁桷等形成深宁学派，在中国学术史上有相当地位。"张骁飞的这段断语应本自清人全祖望，全在补修《宋元学案》时，将王应麟从《西山学案》中单独分了出来，将胡三省、戴表元、袁桷等放入《深宁学案》中。

至于袁桷是何时拜王应麟为师的，存在着不同说法。除了袁桷自言，余外相应的记载以元末人孔齐《至正直记》为最早：

四明王厚斋尚书好博学，每以小册纳袖中，入秘府，凡见书籍异闻则笔录之，复藏袖中而出。晚年成《困学纪闻》，可谓遗训后学者矣。国初袁伯长、孔明远、史果斋尝登门，请教者惟三人焉。明远讳昭孙，时为庆元路儒学教授；时伯长方十二年，不过随众习句读耳。

这段话说，王应麟在内府中抄录了很多珍贵史料，而后写成了《困学纪闻》一书。之后他收了三位弟子，其中有袁桷和孔昭孙。然而《至正直记》并未提及这三位弟子拜师的具体时间。对于这一点，反而在袁桷给孔昭孙所撰的墓志铭中有明确记录。孔昭孙为孔子第五十二世孙，元泰定元年（1324）去世，袁桷为其撰写了《袁州知事孔君墓志铭》，文中提到："大德初元，孔君昭孙明远甫，为庆元儒学正。于时，礼部尚书王先生应麟师表后进，门无杂宾。明远以通家子执疑证说，桷每连席请益。时则有教授某恣睢自负，语侵先生，乃愤然曰：'吾不能与之共处！'疏其谬诞十数事，鸣于宪府。人益奇其伉直，有先中丞遗风。"

《袁州知事孔君墓志铭》中记载，元大德元年（1297），孔昭孙和袁桷共同向王应麟请教学问，大德元年为公元1297年，可是王应麟在元贞二年，即公元1296年就去世了，这两段记载时间上都很明确，显然袁桷所记有问题。既然袁桷跟孔昭孙是同学，他怎么可能出现这样的错误呢？对此钱大昕在《王厚斋生卒年月》一文中给出的解释是："惟袁清容集中《孔昭孙墓志》云……似大德初厚斋尚存。盖'大德'当为'元贞'之伪，清容涉笔偶误尔。"

钱大昕的解释颇为厚道，他认为袁桷在撰写墓志铭时误将"元贞"写作"大德"，只是偶尔的笔误。对于钱大昕的这个说法，张骁飞在其文中明确地称："此言当是。"而后，张在按语中给出如下结论："钱大昕或因认为孔昭孙师从王应麟在元贞初年，结合袁桷'受业门下十年'之语，在所编《王深宁先生年谱》中认为袁桷二十二岁始师事王应麟。"

在多位名师的悉心培养下，加之自身天分和努力，袁桷果真学业有成，崭露头角。然而造化弄人，他在个人家庭生活上却重复了父辈的不幸。袁桷十七岁，娶郑氏为妻，郑氏为南宋丞相郑清之的后人。同为丞相之后，同为德才兼备的女子，然而不幸也是如此巧合，后来郑氏也因难产而过世。虞集在所撰《郑夫人墓志铭》中称："生数岁，袁氏请昏（婚），有成言。及长而归之。袁氏大族，岁时庙有祭，朔望承问有礼，虽易代不废。夫人为冢妇，不及事其先姑，能帅娣姒以敬宗事。"

生活虽然遭此重创，仕途上呢？那时已经弃止了科举考试，袁桷一肚子的学问，无处施展，只能靠朋友的推荐出外任职。在其三十岁那年，经老师戴表元的好友王及翁的推举，袁桷出任丽泽书院山长。虽然说，山长并非官职，但任职者向为饱学之士，袁桷能被推举任职，足见其学问颇受时人认可。

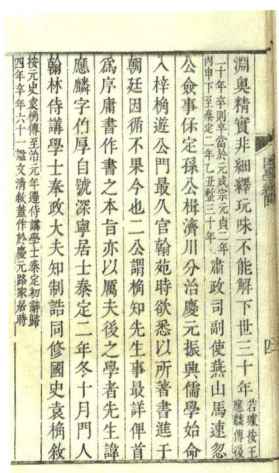

◎袁桷序《困学纪闻》二十卷，清乾隆三年（1738）马曰琯丛书楼刻本

◎袁桷撰《山中白云》八卷，清康熙龚氏玉玲珑阁刻本

元大德元年（1297），在阎复、程钜夫、王构等人的推举下，袁桷前往大都为官。他的第一任职务是翰林国史院检阅官，此官衔虽然很低，但袁桷十分努力。当时朝中的翰林学士赵与和也是史家女婿，跟袁洪是连襟关系，因此赵对袁桷颇为关照，袁桷在翰林国史院各方面所为均很顺利。大德七年（1303），袁桷起草了《进五朝实录表》，此文受到了翰林承旨阎复的赏识，当年十月，袁桷升职为应奉翰林文字，此官衔为从七品。

从此之后，袁桷的才华得以充分施展，而后步步高升，官位一直做到了正二品。关于他晚年的境遇，《新元史·列传》中称："礼官推其博洽，多采用之。擢应奉翰林文字、同知制诰兼国史院编修官，迁待制，拜集贤直学士，移疾归。复以集贤直学士召，改翰林直学士、知制诰同修国史。至治元年，迁侍讲学士。时拜住当国，重桷学识，欲使撰辽、金、宋三史，桷上采访遗书条例。未几，英宗遇弑，事不果行。泰定初，告归，卒于家，年六十二。赠中奉大夫、江浙行省参知政事、护军，追封陈留郡公，谥文清。"

英宗登基后，继续推行其父仁宗的尊儒政策，他在丞相拜住的协助之下，大力提拔汉族儒臣。在至治三年（1323），拜住命袁桷编修宋、辽、金三史。能够委以如此重任，可见袁桷深厚的史学功底受到了丞相的看重。袁桷接到任命后十分认真，明宋濂等撰《元史》中称："公（袁桷）亦奋然自任，条具凡例及所当用典册陈之，是皆本诸故家之所闻见，习于师友之所讨论，非牵合剽袭漫焉以趋时好而已。"

对于纂修正史的思想，袁桷写了篇《修辽金宋史搜访遗书条列事状》呈递给英宗："猥以非才，备员史馆几二十年。近复进直翰林，仍兼史职。苟度岁月实为旷功。伏观先朝圣训屡命史臣纂修辽金宋史，因循未就，推原前代亡国之史皆系一统之后史官所成，若齐梁陈隋周五代正史，李延寿《南北史》，房玄龄等《晋书》，或称御撰，或著史臣，此皆唐太宗右文稽古，数百年分裂事，志悉得全备，至宋仿依唐世，爰设官局以成《唐书》。是则先朝屡命有合太宗文明之盛。卑职生长南方，辽金旧事鲜所知，闻中原诸老家有其书，必致搜罗，荟萃以成信史。"

袁桷十分重视史书的搜集。文中说他在朝中任职已经将近二十年，接到纂修命令后，首先想到了要大量搜集原始史料，也就是广泛征集相应图书。所以他给皇帝上了这道奏章，详列了纂修三史所需用的一百四十多种必备书。同时他又向皇帝汇报了多位袁氏族人的修史经历："窃伏自念先高叔祖少傅正献公燮，当嘉定间以礼部侍郎秘书监，专修《宋史》，具有成书；曾祖太师枢密越公韶为秘书著作郎迁秘书丞同预史事；曾叔祖少傅正肃公甫、吏部尚书商，俱以尚书修撰实录。谝薄弱息，获际圣朝以继先躅。宋世九朝虽有正史，一时避忌，今已易代，所宜改正。"

如果袁桷能够顺利地修完宋辽金三史，那么中国正史中的辽金二史也就不会那样的简陋。然而，至治三年（1323）八月发生的"南坡之变"，使得袁桷的修史愿望破灭了。

所谓"南坡之变"，是指元至治三年（1323），上都的铁失等人将英宗和拜住杀死之事。英宗被杀一个月后，忽必烈曾孙也孙铁木儿在漠北登基，即为泰定皇帝。随后，也孙铁木儿杀了铁失等人，对其他相关人员没有大面积追责。即便如此，时局的激变让袁桷感到了寒意，因为之前他不但受到英宗的常识，丞相拜住也对他多有支持。面对这种乱况，袁桷不可能再动用朝廷之力广泛搜书编修三史了，于是他多次上书要求病退，最终得到皇帝批准，于元泰定元年（1324）辞官返乡。

除史学之外，袁桷在文学方面也很有成就。宋代理学兴盛，有些人把理学观念融入诗中，袁桷反对这种做法。他在所撰《乐府郎诗集序》中明确地称："方南北分裂，两帝所尚，唯眉山苏氏学。至理学兴而诗始废，大率皆以模写宛曲为非道。夫明于理者犹足以发先王之底蕴；其不明理，则错冗猥俚，散焉不能以成章，而诿曰：吾唯理是言，诗实病焉。今夫途歌巷语，《风》见之矣。至于二《雅》，公卿大夫之言，缜而有度，曲而不倨，将尽夫万物之藻丽，以极其形容赞美之盛。若是者，非夸且诬也。《五经》言理，莫详于《易》，其辞深且密，阐幽显微，不敢以直易言之，考于经皆然也。宋之亡也，诗不胜其弊，金之亡，一时儒先，犹秉旧闻，于感慨穷困之际，不改其度，比语若一。故中统、至元间，皆昔时之绪余，一一能有以自见。"

袁桷的这段话说得够狠——"理学兴而诗始废"。他认为哲学思想跟诗词创作完全是两回事。他将这种文学主张融入到了自己的创作中，比如他所作的《次韵杂诗五首》其二：

少年观沧海，天涛碧因依。下有珊瑚株，红光射云晖。玩之不忍舍，歘吸双龙飞。远为尘中游，坐觉颜色违。哀哉西山士，饥食周原薇。

对于这首诗，陈莉萍、陈小亮所撰《宋元时期四明袁氏宗族研究》一书中评价说："其中的抒情往往含蓄委婉，而非酣畅直露。"而该专著中又引用了钱基博在《中国文学史》中对袁桷诗风的总评："语多比兴，杂以游仙，其原出于陈子昂、李白，而上阐张协、郭璞，下参晚唐李商隐，以博丽救宋诗之野，以缥缈药宋诗之直也。"

对于袁桷的文学成就，顾嗣立在《元诗选》中给出的评价是："元兴，承金宋之季，遗山元裕之以鸿朗高华之作振起于中州，而郝伯常、刘梦吉之徒继之。故北方之学，至中统、至元而大盛。赵子昂以宋王孙入仕，风流儒雅，冠绝一时，邓善之、袁伯长辈从而和之，而诗学又为之一变，于是虞、杨、范、揭，一时并起。至治、天历之盛，实开于大德、延祐之间。伯长没后二十余年，会修宋、辽、金三史。遣使者求郡国遗文故事，惟袁氏所传为最多。故家文物，萃于东南，百年以来，流风未坠，论者以伯长实有功焉，良不诬也。"

顾嗣立的这段话，主要是从社会风气的角度来评价的。顾嗣立认为朝廷想让袁桷编修宋辽金三史，主要是因为他们家藏有大量的传本。而四库馆臣在《清容居士集提要》中也有同样认定："盖桷本旧家文献之遗，又当大德延祐间为元治极盛之际，故其著作宏富，气象光昌，蔚为承平雅颂之声，文采风流，遂为虞、杨、范、揭等先路之导。其承前启后，称一代文章之钜公，良无愧色矣。"

他们共同认为袁桷的文学成就是跟其家中大量的藏书有必然的联系。对于袁家藏书的情况，因为书目失传，如今难知其详，然而袁桷本人写过两篇书目序言——《袁氏旧书目序》和《袁氏新书目序》，两序流传至今，由此可考袁家的藏书史。袁桷《旧序》首先称：

　　始曾大父越公举进士时，贫不能得书。书多手抄强记。至用高祖姚齐国夫人鱼鈲冠学书。后官中都凡二十有五年，乃务置书，以

◎袁桷撰《清容居士集》，清道光二十年（1840）郁氏宜稼堂刻本

偿宿昔所志。其世所未有，则从中秘书及故家传录以归，于是书始备矣。于时国家承平，四方无兵革之虞，多用文儒为牧守。公私闲暇，擎鲜享醴，会寮属以校雠刻书为美绩，至于细民亦皆转相模锲以取衣食。而闽之建、蜀之益，其最著者也。

袁桷将家族藏书历史追溯到了曾祖袁韶，由此递传到他手里，历经四代。对于这件事，《旧序》明确写道："绍定辛卯，公自宥府归里，遂累土为堂，贮所得书于东西荣。公日处其中，客至，不复道世事。顾嗜陈、黄诗，择其适意者，手书为编。寓物咏歌，与道游遨，休休焉不知其年之将耄。如是者七年而薨。旧书之传，距于今，四世矣。"

袁桷本人对家族藏书是怎样的态度呢？他在《旧序》中写道："桷幼闻，公从学正献公时，有手校九经，旁说疑义，皆附书左右，最为精善。欲从诸父一观而未得。又欲合诸父之藏，分第为目录，亦不果。窃尝谓：天下之物，聚多者终必散。或者早计于未散，则庶几幸有一存之理。遂悉藏于山中。己丑之灾，偕家人渡江以逃，袁氏之书，一夕而尽。昔之预计者，乃幸而获全。呜呼！此公之灵有以启其衷也。惟公以勤劳起家，其书之传，不幸而不存，固当归之于数；其幸而获存者，敢不袭藏。心思而躬践之，以求无忘前人之意。"

看来，袁桷乃是通达之人，他认为存与亡都有天数，藏书有聚必有散。袁家旧藏在战火中大多被损毁，幸亏有一部分入了深山才得以保存，而今他为剩余部分特意编制了目录。为了区分自己所增加的部分，他将家族所藏称为《旧书目》，而将自藏部分称为《新书目》，可是在《新书目序》中却并未谈到自己藏书的概念及规模。他先用一大段话反省自己少年读书时的五大失误，而后又回忆道："其年夏，大人过故都，复购遗阙，箧载以归。意者斯文之富，将过乎昔，而余又思旁搜远录，侔夫昔日之藏矣。"

文中提到某年夏天，袁桷陪着父亲在杭州大量买书的一段经历。他们买书的目的是想恢复当年家中奇观楼的藏书规模。袁桷在以上两篇序言中谈到了曾祖父袁韶、父亲袁洪以及自己的藏书之好。而关于祖父袁似道，袁桷在《清容居士集·西山阡表》中称："积官至中散大夫，鄞县开国子，堂奥危坐无笑色，聚书至数万卷。图画鼎彝鉴裁得源委，诚令教子昼夜不废。"

其祖父也同样好聚书，看来正是袁氏家族集四代人的努力与心血，才建成了奇观楼藏书盛况，可惜的是，这些藏书到了袁桷去世后就开始失散。孔齐所撰《至正直记》卷二《别业蓄书》中有如下记载："袁伯长学士，承祖父之业，广蓄书卷，国朝以来甲于浙东。伯长殁后，子孙不肖，（书）尽为仆干窃去，转卖他人。或为婢妾所毁者过半。且名画旧刻，皆贱卖属异姓矣。"

这段话读来令人唏嘘，孔齐说到了袁桷这一辈，奇观楼藏书乃是元代浙东地区第一大家。而其去世后不久，藏书被家中仆人偷出，很快就损失了一大半。

虽然如此，袁家藏书并未完全损失，陶宗仪在《南村辍耕录》中谈到了庄蓼塘家的藏书损失情况，而后他又说了一段如下的话："至正六年，朝廷开局修宋辽金三史，诏求遗书，有以书献者，予一官。江南藏书多者，止三家，庄其一也。继命危学士朴特来选取，其家虑恐兵遁图谶干犯禁条，悉付祝融氏。及收拾烬余，存者又无几矣。"

陶宗仪在这段话中提到了江南三大藏书家，而庄家为其中之一，另外两家是谁，他没有明言，只是说危素奉命到江南搜求藏书，必访这三大家。而危素在《鄞江送别图序》中写道："至正四年，素奉使购求故翰林侍讲学士袁文清公所藏书于鄞，属其孙曔同知诸暨州事方以事往海中，待之，久而后还。"

危素果真到袁家后人处征集书籍，袁桷的孙子袁曔贡献了一批书

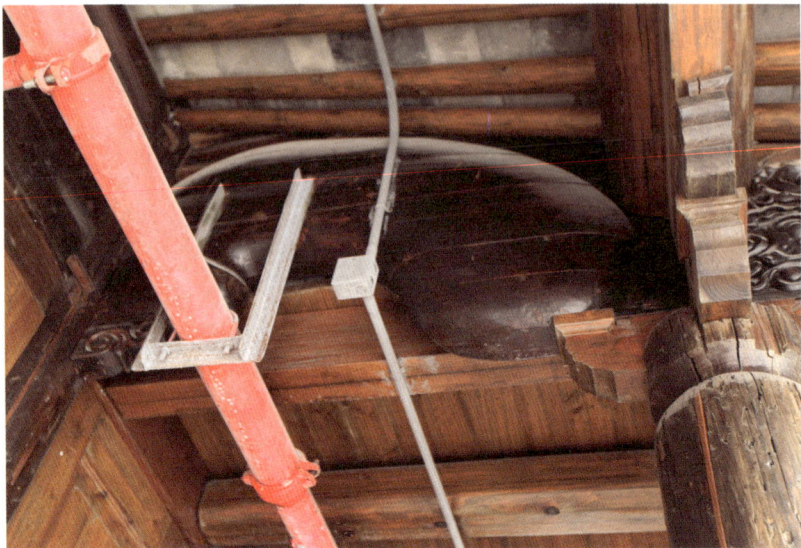

◎袁氏故居梁柁结构方式

给朝廷，关于其献书的数量，清钱大昕在《跋清容居士集》中称："厥后三史刊修，伯长已不及见。而其孙曦以家藏书数千卷上之史局，衮集之功，为不虚矣！"

如陶宗仪所言，朝廷为了编修宋辽金三史，向天下广泛征书。而献书较多者按例会赏官，既然袁曦献出了这么大数量的书，他得到了什么职位呢？元苏天爵在其所撰《袁文清公墓志铭》中称："孙男曦，以公荫入官，既进遗书于朝，遂擢秘书监著作郎。"

对于袁家藏书的总体评价，徐建成在《元代甬上第一学士袁桷》一文中称："袁家藏书丰厚，元代浙东第一藏书楼就属他家祖业'奇观楼'。虽然至元二十六年（1289）杨镇龙起事，波及四明，袁氏家族逃难，藏书多被烧毁，但是仍有部分书藏于山中，得免于灾。加之袁桷广蓄书卷，后藏补充，藏书楼又复见'奇观'。"

虽然曾经有过这么高的收藏成果，奇观楼旧藏毕竟还是烟消云散了。然其产生的历史影响却不容忽视，陈炜舜在《元儒袁桷藏书始末探略》一文中的评价颇为公允："元代国祚不及百年，科举久废，文献散逸，故学者较少研究元代之私人藏书。袁桷乃南宋世家之后，广蓄书卷，甲于浙东，且编有《袁氏新旧书目》。自南宋绍定四年（1231）袁韶构藏书楼于四明，至元代覆亡（1368），袁氏藏书岿然东南百有余年；若自世祖入主中原算起，亦近九十年，与元祚相终始。如此时间跨度，于历代藏书楼中自非最长，然亦不容忽视。元末孔齐谓袁氏藏书'国朝以来，甲于浙东'。欲考有元一代私人藏书之风，袁桷典藏可谓知味一脔矣。"

对于奇观楼之旧址，陈莉萍、陈小亮所撰《宋元时期四明袁氏宗族研究》中称："袁氏'南园'藏书楼也如楼、王氏一般，先后不过百年而烟消雾散。而今，唯有清容学士桥与藏书处依然令人遥想当年。袁桷藏书处位于学士桥旁，故居东轩有石窖，胡三省注《通鉴》成，贮此。"

这段话所说的"石窖"，是本自全祖望《胡梅磵藏书窖记》中的所言："南湖袁学士桥，清容之故居也。其东轩有石窖焉。予过而叹曰：'此梅磵藏书之所也。'宋之亡，四方遗老避地来庆元者多，而天台三宿儒预焉。其一为舒阆风岳祥，其一为先生，其一为刘正仲庄孙，皆馆袁氏。"

梅磵乃是胡三省之号，至元二十六年（1289），宁波发生兵乱，胡三省把自己所写的《资治通鉴释文辨误》藏在了袁桷家东轩的石窖之内。可见，袁桷家中不只有自己的藏书，另外还包括胡三省的一部分收藏。

2017 年 11 月 5 日下午，经过上海文艺出版社的联络，我在天一阁举办了一场讲座，趁着上午空余时间我想前去寻访历史遗迹。上海

◎景区介绍牌

文艺社社长陈徵先生称，想看看我究竟是怎样寻访的，而该社的林岚和陆文君两位老师也愿一并前往。有这么多老师陪伴，当然会令寻访变得更加有趣。于是按照我搜得的地址，我们一同来到了宁波城内的文化遗迹保护区。

在这片区域内，存有多个名人故居，这给寻访带来了很多便利，而实际情况却并没那么好找。可能是招商引资还未到位，虽然这片旧居经过了系统改造，但走在一条条小弄内，却很难找到目标。无奈只好一个门牌一个门牌地看上去。今日运气不佳，我等一行兜了三四条街还是未能找到袁氏旧宅。陈徵先生想办法，去找治安岗亭的保安打听，然按其所指还是没有结果。

在边走边看的过程中，陆文君注意到某个院落开着门，他立即走入院内，半分钟后出来向众人挥手，他说目标找到了。原本我们各选一个方向在寻觅，听到陆兄招呼，全都返回到了他这里。果真在他所指门口看到了"南湖袁氏宅"的介绍牌，此处的门牌号为"牌楼巷15号"。

对于袁氏旧宅的介绍，这块文保牌上有如下文字：

南湖，日湖别称。南湖袁氏，系南宋"淳熙四先生"之一的袁燮后裔，属甬上望族。宋末元初的宁海籍史学家胡三省曾寓居袁家数年，埋头注释《资治通鉴》，窨藏于袁宅中。现存建筑系袁氏后裔于清末所建，主人曾为钱庄老板。原位于毛家巷6号，现迁建于此，仍保留了原有建筑格局和风貌，为宁波清末民初较有特色的建筑之一。

看来袁氏后人在清末时期还在此地居住，旧宅原址是毛家巷6号，拆掉后移建到了这里。如此说来，胡三省的藏书窨恐怕在这里是找不到了。但即便如此，我还是想一探究竟。而在进门之时，我注意到院落中"莲桥第物业管理处"的标志。

移建于此的袁氏旧宅，从整体上呈L形。院落占地约一百余平米，而房屋占地则难知其详。院中有一位工作人员在干木工活，他看我端着相机走入，立马警惕起来。我向其解释自己仅是来探访袁氏旧宅，无意曝光任何问题，看我说得如此直白，他没再言语，转头继续干活。

从院落看，地上所铺石板均为旧物，看来的确是用旧物复建者。只是不能确知，是否就是袁氏旧宅的原件。隔着窗户向内张望，室内粉刷一新，被改造成了适合办公的模样，不知建楼所用的木料是否也如铺石一样为当年旧物。我等在院落中查找一番，果真未能发现藏书窨，心下不甘，再向工作人员打问，其称自己也不了解，让我们到莲桥第销售中心问细节。

原来这片旧居还可以销售，这是未曾想到的好事情。如果能将整个院落买下来，然后改建成藏书楼，似乎可以延续几百年的书香。工

◎看到了指示牌

◎一家一家查看

◎终于找对了地方

◎窄窄的回廊

◎院落呈 L 形

◎找不到石窖

作人员的这几句话瞬间让我豪情万丈，那一刻我的心态有如乞丐捡到了一枚鸡蛋，而后经过几何级数的繁衍，在短短的一分钟内这枚鸡蛋已经变成了巨大的养鸡场，而我已然开始发愁鸡蛋销售的问题了。

于是众人一同前往莲桥第销售中心，在那里受到了销售经理的接待。由此我等了解到，这片仿古街区只是部分出让，所有挂着文保牌的旧居一律不对外出售。销售经理的这番话令我身心大受摧残，而他所报出的房价又如此奇高。花那么大价钱买到的房屋仅仅是影子的影子，让人情何以堪。陈社长在一旁努力地安慰我，他说上海也有相应的扶植政策，如果我愿意他可以帮我进一步了解细节。他的建议当然令我兴奋，虽然说上海没有藏书之乡的名号，但毕竟便利程度要比宁波好许多。我期待能有一个好结果，只是唯一的担忧仍然在袁桷身上：如果他知道我如此之意志不坚定，是否会给予我道德层面的谴责呢？

郑性·二老阁

尽得南雷烬余，规模仅次天一

郑性 （1665—1743）

字义门，号南溪，又号五岳游人，郑梁之子，慈溪（今属浙江宁波）人。清代著名藏书家。终生未仕，漫游四方，五岳历其四。家藏书万余卷，遵父命筑二老阁以庋之，有《二老阁书目》。

2017年11月初，我在宁波有两场讲座，借这个机会在宁波地区访了两天的藏书楼。第一天是天一阁的周慧惠老师带我去的，我们寻找的第一个目标是郑性的二老阁。我觉得此程最有趣之处，乃是自己开了一整天的车。

周老师在天一阁工作，她的主要工作是编写馆藏书目，其次是负责编辑《天一阁文丛》。该文丛创刊于2004年，我从创刊之日起就忝列该刊的编委，而后几经变化，此刊现由周慧惠任编辑。因为这个原因，我与周老师保持着较为密切的联系，但这种交往仅限于短信、微信和电话。十余年来，虽然我去过宁波和天一阁几次，却始终没能与她见面。这天她开车到了酒店楼下，我接到电话后就下楼去寻找，然而没能在酒店门前的停车场上发现她的坐骑。去电话询问，原来是开过了头，而酒店门前的这条路又是单行道，她不知怎样掉头回驶。故我只好沿着大致方向边走边寻，终于在两条马路的交叉口看到了她的车。

可能是太过熟悉的原因，见到周慧惠的那刻，我完全没有陌生感。她开的是一辆小小的两门"甲壳虫"，我上车后坐在副驾驶的位置把座位调到了底，而后拿出了行程单与之商议行经路线。其实昨晚我已把欲访之点告诉了她，她说我的这些地点太过分散，只能跑老城区内的几个地方。然而第二天下午我有讲座，上午的半天时间更愿意留出来在市内寻找。周慧惠说虽然她有车，因为距离单位太近，平时大多骑自行车，所以车子买来后也没有开过几回，以她的原话，已经快放成了废品。

通过她的几句话，我了解到，其实周慧惠对宁波周围的路很不熟悉，因为我提到的几个区，她都说没有开车前往过。她同时向我申明，自己的车技很差，如果开远道会让她更加紧张。但既然来到了宁波，我还是希望能够多访几处遗迹。虽然我很清楚，宁波乃是古代藏书楼遗址

◎别致的村牌

郑桂·二老阁

◎ "中书第"

◎ 这条街叫"大会堂"

最集中的地区之一，哪怕再跑几趟也难以探究完。但我还是希望，既然来了，就尽量地多找到几个，无论存在与否，寻访的过程总能给自己以成就感。

于是我向周慧惠提出，由我来开车。她迟疑地询问我，是否有驾照等问题，我当然明白她的潜台词：怀疑我车技如何。于是我骄傲地告诉她，自己已经开车二十多年，肯定是一位老司机。她果真跟我交换了座位，在迅速调整了车子的各个角度后，我开着这辆黄色小车向城外驶去。

方向盘掌握在自己手里，让人瞬间有了掌控一切的主动权，我决定这一天专门在宁波的郊县寻访。因为这些地方特别分散，开车寻访能够增加效率。郑性的二老阁位于宁波慈城镇半浦村，我仅知道慈城位于宁波市区的东北角，具体如何开行我当然不清楚。好在周慧惠一直在用手机导航，我们没费任何周折，就开到了半浦村的村口。

不知什么原因，半浦村望过去出奇地安静。因为寻访地址模糊的原因，仅知郑性故居处在本村，然具体位置在哪里，却查不到所以然。该村的边上有一个小小停车场，停车场的侧旁建起了一座占地十余亩的休闲公园，公园的入口处是一座以南方特有建筑风格搭建的村名牌。

在停车场上停了几分钟，遇不到过往的行人。周慧惠注意到停车场的右侧有半浦村卫生服务所，于是她进去找人打听。我在外面等了几分钟仍不见她出来，担心会有什么问题，于是进去寻找。卫生所占地面积不小，院内有两栋二层小楼，中间架设了通道。院子静悄悄的，我站在两楼之间张望，看到右侧的楼房开着门，便向那里走去。而此时，周慧惠恰巧跟一位老阿姨走了出来，她向我解释说，这位老阿姨刚刚挂完盐水，她知道二老阁遗址在哪里。因为村中之路说不清楚，阿姨愿意带我们前往。

这当然求之不得，我立即请阿姨上车，但对方却坚称走路更方便。于是我跟在她们两人身后，边走边拍照，很快走进了村。一路上周慧惠跟老阿姨聊得很热烈，因为她们说的是宁波本地话，我一句也听不懂。但却有个小发现：周慧惠情商很高！她刚刚见到这位老阿姨，但两个人聊天的热络程度，就像是长时间未曾见面的亲戚。那份亲切，那种说不完的话，决不会让外人觉得她们刚认识了五分钟。

半浦村面积不小，一路走下来能够感受到村子分新区和旧区两部分，新区大多建在村子外围，中心部分却还保留着古老建筑。我注意到老区的一些门牌号，从名称上隐约透出该村的传统底蕴。比如一条

◎大屋30号

◎敲门

◎后院情形

街的名字叫"中书第"，不知道这中书第是否与郑性家族有关，但至少说明该村曾经出过大官。然而还有一条街的名称却让人摸不着头脑，它叫"大会堂"。这条小街不宽也不长，走在街上未能看到高大建筑，也许是人民大会堂给我的暗示，总觉得这应当是该村最宏大的建筑之所在，可惜我的猜测未曾得到印证。

跟着老阿姨穿过了几条街，来到了一处院落，此处的门牌号为"大屋30号"。老阿姨站在院门前喊了几声，很快从屋内走出一位老太太，老太太的年纪与带路的老阿姨相仿。她们用当地话热烈地交流着，周慧惠翻译给我听，由此而让我知道，这处大屋就是郑性二老阁遗址。

眼前所见是一幢二层小楼，占地面积约二百余平米。原来二老阁这么小，多少有点出乎我意料。老太太把我等三人让进了屋中，其家收拾得颇为整洁，地面擦得锃亮。我等三人直接踏了进来，地面的脚印清晰可见，我向老太太表示了歉意，她却一直笑呵呵。而后她带着我们穿过客厅，打开了客厅另一侧的防盗门，从此门穿过来到了其家后院。老太太指着后院说，这就是二老阁遗址。

后院大约也是二百多平米，因为盖房的原因，这个后院呈 L 形，紧临二层小楼的后侧乃是一个水池。老太太说，这就是当年二老阁楼前的水塘。这个水塘约十平米大小，仅剩下窄窄的一条，里面的水清澈见底，十几尾金鱼在其中游来游去。L 形的那个短把则堆放着一些带有包浆的条石。老太太介绍说，这是当年二老阁的旧物，条石的侧旁则有一口古井。我从骆兆平、洪可尧所写的《二老阁始末记》中就已得知，此井也同样是当年郑家的旧物。该文中写道："1983 年 8 月，笔者专程去半浦访问，在乱石荒草之中查看二老阁遗址，发现当年留下来的围墙尚存二公尺左右，墙基整块条石完好，阁后的古井和小池还依然如故，生满青苔的几块假山石倾倒在池边。目睹过二老阁的老人们尚能回忆起旧时的情景，叙述生动的故事。"

1983 年距今已经过了三十四年，三十四年后的今天，眼前的景致竟然与文中描绘的几乎完全一样，不知道算不算是一种时光凝固。老太太向我讲解着这些旧居的变迁，她边讲，周慧惠边翻译，由此让我得知，老太太姓王，这一带的房屋是她公公从二老阁后人手里买来的。当年郑家后人变卖这个院落时，二老阁已经被拆掉了。骆兆平、洪可尧在《二老阁始末记》中写道："1943 年，郑氏后人郑志远、郑怀玉、郑荣祖把摇摇欲坠的二老阁藏书楼拆掉变卖，于是，这座著名的藏书楼便默默地消失了。"

看来是郑家的这三位后人拆掉了书楼，而后将材料卖出变现。对于这件事，《天一阁文丛》第二辑上载有虞浩旭先生所撰《文献世家郑氏二老阁藏书文化的历史轨迹》一文，虞先生在该文的末尾提及："民国初，郑性七世孙公议，将二老阁存书及版片卖于上海书贾，为沈氏抱经楼所得，后大多归北京图书馆。郑氏先人手稿卖归杨泰亨。剩残者为倪春如所得，焚于火。藏书印为马隅卿所得。1943 年，二老阁被后人郑志远、郑怀玉、郑荣祖拆除变卖。至此，历时二百余年之著名藏书楼二老阁便散为云烟了。"

　　虽然这个结果我早已知之，但来到原址看到眼前的这一切时，还是觉得有些不死心，因为半浦郑家乃是本村的大户，按照以往的规律，他家的占地面积绝不可能是眼前所见的这么小。于是我再向王阿姨请教：附近的这些房屋是否也曾是郑家的旧居。她说确实是这么回事，但经过了几十年的变迁，当年院落早已分割成了别的人家。这时我注意到，右手侧旁还有一个小铁门。我问那个院子今属谁家。王阿姨说，这也是郑家的老院，他们将此买下多年，但未做整理。我提出进内一看，于是她打开门带我踏入了另一个院落。

　　这个院落内的情形，与王阿姨所居的院落反差较大。这里完全保留着老建筑，从格局看，我感觉应当是郑家的祠堂。祠堂的前方还有

◎打开了小铁门

一进院落，如今成为了王阿姨家的杂物间。但总体格局未曾破坏，见此情形我大感高兴。毕竟郑家旧居还有老的痕迹在。

在前来二老阁遗址的路上，我已注意到，路边有一个名牌指向此处，上面明确地写着"二老阁""郑家大祠堂"等字样。看到此牌时，我大感兴奋，以为二老阁又重新建造了起来。而带路的阿姨却称：这是个愿景，因为村里一直想恢复二老阁，但却没有相应的资金，而郑家大祠堂曾经是村委会开会之处，可惜后来那个祠堂失火烧掉了。如此说来，我眼前所见的这个祠堂，恐怕跟郑家大祠堂不是一回事。但究竟如何呢？这事值得仔细探讨。

拍完郑氏旧居，我注意到另一侧又有两扇大木门，王阿姨解释说，这是旧居的正门。她将这两扇门打开，我看到此处其实就在王阿姨家新楼的侧旁。从整体格局来看，这显然也是当年郑家的一部分。而门口侧旁的条石，也能够显现出：这里才是旧居的正门。因为古代大户人家大多会在大门侧旁摆放条石供人小坐，而藏书楼前当然不会有这

◎打开了正门

◎依然精美的门扇

◎祠堂状建筑

◎门旁的条石

样的条石。王阿姨家后建之楼，应该是侧旁藏书楼旧址。我的猜测得到了王阿姨的认证，因为她也说带条石的房屋才是正房的大门。

二老阁究竟位于郑家宅第的哪个方位？骆兆平等在《二老阁始末记》中写道："二老阁建造在郑梁翰林第东首，坐北朝南。为二层楼，歇山式建筑，面阔三间，阁前有明堂，阁后有池塘，围墙北面即半生亭，栽竹木花卉，是郑梁游咏之所。二老阁楼上中间一间供奉黄宗羲、郑溱、郑梁神位，左右两间贮黄氏遗书，楼下收藏郑氏遗书。"文中很明确该阁处在郑家院落的东侧。这个说法应当是出自全祖望的《五岳游人穿中柱文》："先是尊府君高州，欲立祠于家以祠南雷而不果，先生成其志，筑二老阁于所居东，以祀南雷及王父秦川观察，春秋仲丁，祭以少牢，黄氏诸孙及同社子弟皆邀之与祭，使知香火之未坠也。又言于提学休宁汪公，谋其墓田。初南雷之卒也，托志文于高州而未就，至是先生以属之予。四方学者，或访求南雷之学，不之黄氏而之鹳浦。即黄氏诸孙访求簿录，亦反以先生为大宗，盖其报本之勤而笃也。"综上所述，我的判断得以印证：二老阁建在郑家院落的东侧，而非正后方，这也恰恰说明，刚才所见的那个老院落确实是郑家旧屋。

关于二老阁的外观，郑伟章在《郑氏二老阁刻书》一文中有如下描绘："郑性于康熙六十年始建二老阁，雍正元年完工，其阁在所居住宅之东侧。当年，渡孝女江，抵四明，离鹳浦四五里，即可望见崇檐杰阁，岿然峙立于天际，那就是二老阁。"看来当年的二老阁颇为高大，远在四五里之外就能望见。如此说来，二老阁应当是一座高楼。可是曹月堂、吴光主编的《中国文化世家·吴越卷》中却有另外的说法，该卷中有俞信芳所撰《二老阁　二老堂——明清·慈溪鹳浦郑氏文学世家》一文，有如下说法："从康熙五十一年（1712）开始动土，至乾隆三年（1738）建成。谢为雯《二老阁记》说：'南溪善继先生，经营缔造阁二十六年，岁戊午四月初九阁成。'阁仿天一阁形制，稍有差别的是：天一阁是楼屋，楼上储书。郑性所造的阁底仅仅架空数尺，以通风防潮。"

文中的这段话把二老阁建成的时间，前后都作了展延，称二老阁的外观模仿天一阁，但又与天一阁不同。该文明确地说，天一阁是楼房，而二老阁却仅一层。只是这一层建造得较高，为了通风防潮，地板距地面有数尺之高。如此说来，二老阁的总体高度并不巍峨。但为何从四五里地之外就能够看到它？这只能说，该村周围建筑都太矮了，才使得该楼突显了出来。

关于二老阁藏书楼在历史上的地位，《二老阁始末记》一文中给出了这样的评语："浙东藏书之家，除范氏天一阁外，当推郑氏二老阁。二老阁经历了二百二十多年，其历史之久，在我国古代藏书楼中也是

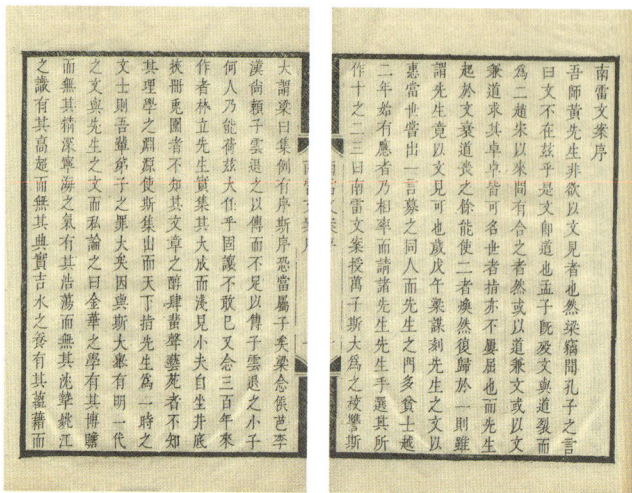

罕见的。"

　　天一阁是中国现存最古老的藏书楼，而《二老阁始末记》作者之一骆兆平先生原本是天一阁所长，我看过他的多部研究宁波藏书史的专著，他将二老阁定为"浙东第二"，当然很有权威性。而陈登原先生在《古今典籍聚散考》中则称："此阁藏书，在时间上则继余姚黄氏之绪；在空间，则与宁波范氏天一阁、卢氏抱经堂鼎足而立。"陈登原在天一阁之外又加上了卢氏抱经堂，这样算来，二老阁也可称为宁波三大藏书楼之一。

　　然而全祖望对于浙东"三大藏书楼"的称谓有着另一番看法。《慈溪县志》卷四十四收录有全祖望的一首诗："浙东藏书家，首推天一阁。其后澹生堂，牙签最审确。于今有鹳浦，善在精且博。我观古著录，诸家亦纷错。藏书不择书，糠秕混精凿。藏书不读书，庋置怜寂寞。读之或不善，丧志恐作恶。南溪真书仓，万选钱在索。收拾南雷书，门墙幸有托。反疑过高妙，一切弃糟粕。我生苦謏闻，渔猎久荒

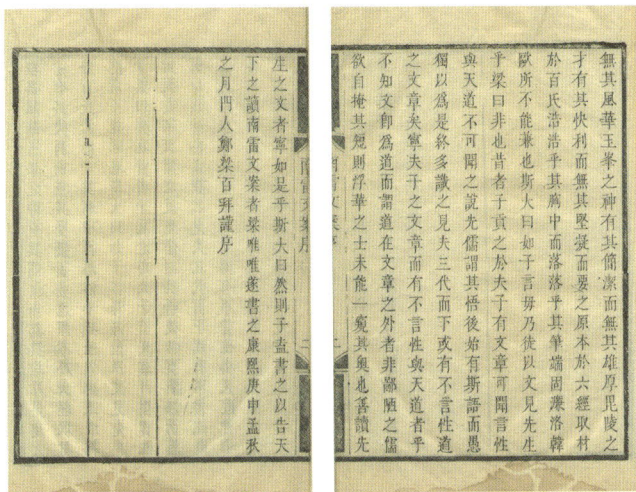

◎黄宗羲撰《南雷文定》清康熙刻本，郑梁序二

落。何时得假馆，疑义相弹搏。直溯西江波，以济枯鱼涸。"

全祖望认为，浙东三大藏书楼应当是天一阁、澹生堂和二老阁。无论哪种排法，都说明二老阁曾经是一处富有盛名且影响很大的藏书楼。而今天一阁得到了完善的保护，二老阁却被其后人拆毁变卖，想来是何等令人痛心的一件事。

二老阁在藏书史上的地位，并不单纯是因为递传久远，其藏书质量也极具特殊性。

全祖望在《二老阁藏书记》中说过这样一段话："太冲先生最喜收书，其搜罗大江以南诸家殆遍。所得最多者，前则澹生堂祁氏，后则传是楼徐氏，然未及编次为目也。垂老遭大水，卷轴尽壤，身后一火，失去大半，吾友郑丈南溪理而出之，其散乱者复整，其破损者复完，尚可得三万卷，而如薛居正《五代史》，乃天壤间罕遇者，已失去，可惜也。郑氏自平子先生以来，家藏亦及其半，南溪乃于所居之旁，筑二老阁以贮之。"

全祖望在给二老阁写藏书记时，从黄宗羲写起，他说黄宗羲在江南大量搜罗藏书，而祁氏澹生堂所藏和徐乾学传是楼旧藏大多数到了黄宗羲手中。但黄因为事情太多，并没有将所得的这些书进行整理，到其晚年，家中遭遇水灾，藏书损失大半。其去世之后，家里又遭遇了火灾，剩余部分又烧掉了不少。全祖望的朋友郑性听到这件事后，前往黄宗羲家中帮着整理，总计整理出来三万卷残余。

经过了水灾，又遇火灾，两场大的灾难之后，黄宗羲的藏书还有三万卷，可见当初藏书规模是何等之大。虽然全祖望也叹惜，劫难之后，薛居正的《五代史》化为了灰烬，令人痛心，但毕竟经过郑性的努力，还保留下来了一部分有价值的书。全祖望又称，郑家从平子以来，就有数量不小的藏书，到了郑性这里才建起了藏书楼。

这里所说的"平子"，乃是指郑性的爷爷郑溱，因为平子乃是郑溱之字，也有的文献称其为子平。看来郑家藏书从郑性的爷爷辈就已开始。光绪版的《慈溪县志》卷三十有《郑溱传》，传中称："弱冠游庠，研究六籍，于诸史百家之书，无不手披口诵，抄纂等身。"

郑溱在年轻之时，就喜好读百家之书，由此而有了不小的藏书量。但是他的孙子郑性为什么前往黄宗羲家帮着整理藏书呢？这个渊源也同样可以追溯到郑溱，因为郑溱曾经跟黄宗羲共同拜刘宗周为师，两人既是同学，又相处得很好。更为有意思的是，郑溱的儿子郑梁又是黄宗羲的弟子，故郑家与黄家彼此交厚，关系密切。这一点可由郑家藏书楼的名称——二老阁为证。全祖望在《二老阁藏书记》中写道："二老阁者，尊府君高州之命也。高州以平子先生为父，以太冲先生为师。因念当年二老交契之厚，遗言欲为阁以并祀之。南溪自游五岳还，阁始成，因贮书于其下。"

全祖望所说的"府君高州"乃是指郑梁，郑梁为康熙二十七年（1688）进士，康熙三十四年（1695）曾做过广东高州知府。他当年跟老师黄宗羲的关系处得很好，而其父郑溱又是黄宗羲的密友，基于这两层关系，他命儿子建一个阁来纪念这段往事，阁名"二老"乃是指郑溱和黄宗羲。

郑性尊父之命，建起了二老阁，同时把自己的藏书跟黄宗羲残存的部分汇在一起，存放于此阁。二老阁藏书质量之高，全祖望《二老阁藏书记》中有这么一段话："太冲先生之书，非仅以夸博物、示多藏也。有明以来，学术大坏，谈性命者迂疏无当，穷数学者诡诞不精，言淹雅者贻讥杂丑，攻文词者不谙古今，自先生合理义象数名物而一之，又合理学气节文章而一之，使学者晓然于九流百家之可以返于一贯，故先生之藏书，先生之学术所寄也。"

全祖望从黄宗羲的藏书质量谈起，他认为黄宗羲是学者，其藏书也属于学问家的专藏，而这些书归到了二老阁，无形中也提高了该楼的藏书质量。全祖望的说法自然不错，但是如果往前追溯，黄宗羲所藏也是在前代藏家的基础上萃取而成的。比如澹生堂的藏书精华，黄宗羲得到了不少。郑伟章先生在《文献家通考》中总结道："黄宗羲续钞阁喜藏书、抄书，于世学堂钮氏、澹生堂祁氏、千顷堂黄氏、绛云楼钱氏、天一阁范氏、传是楼徐氏等藏书，无不借而钞之。尤其祁氏书散出时，精华尽归南雷。这部分书价值是极高的。"这些书虽然被毁掉了一部分，但毕竟还有三万卷归到了二老阁中。

除此之外，二老阁藏书的来源，也不止黄宗羲一处。因为郑家原本就有藏书，郑勋在《二砚窝书目记》中说道："余家自先濮州公以文章显，代有传集，至宪副公积藏书二万卷。"《清史列传·郑梁本传》中称："家中藏书甚富，与范氏天一阁相埒。"如此说来，二老阁在建成之前，郑家藏书已经很有质量。

全祖望仅说郑性到黄宗羲后人那里整理藏书，但就这些书如何归到二老阁的过程，却未曾提起。骆兆平等在《二老阁始末记》中谈到了郑性把黄氏旧藏运回家乡的方式："郑性亲自到黄竹浦，把南雷图书用船载运到半浦。"对于这种说法的出处，文中引用了郑性写的一首诗：

劫后残编四五千，辞黄归郑上江船。

可怜手泽消逾半，敢道心香绍得全。

往以今朝从我载，未知异日倩谁传。

中间做个邮亭卒，一站程挑一站肩。

郑性在这首诗中，仅说他运回残存之书四五千，而全祖望却说是三万卷，这样推论起来，郑性所说的数量乃是指册数而非卷数。而这批书究竟占黄宗羲续钞阁旧藏多大的比例呢？乾隆六年（1741），郑性给黄宗羲刊刻了《南雷文约》一书，在序中他说到这样一段话："其已刻者，先生谓俱刻者为正非尽可传，因自删之，存四卷，目曰《文约》。康熙癸巳，先生家火，遗书仅存五分之一，丁酉悉归余，《文约》

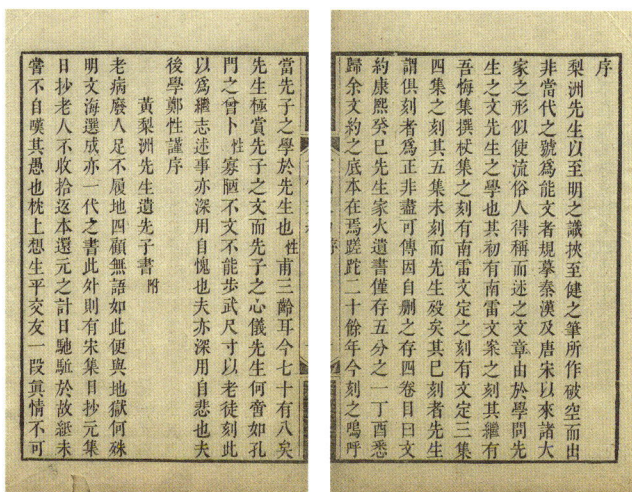

◎黄宗羲撰《南雷文约》四卷，清乾隆郑性刻本，郑性序

之底本在焉。蹉跎二十余年，今刻之。呜呼，当先子之学于先生也，性甫三龄耳，今七十有八矣。"

按照郑性的说法，他从黄家运回的乃是续钞阁藏书的五分之一。由此而可推论出，当年续钞阁藏书量是何等之大。可惜的是，这些难得之本在郑性身后渐渐散失了。骆兆平在文中写道："郑性去世后，藏书由他的长子郑大节管理。大节怕善本遭失，就把宋元珍椠，及稀见的抄本抽出来藏于私室。后来这许多珍本再也没有回阁，此为二老阁藏书的第一次散失。"

乾隆三十八年（1773），弘历命大臣纂修《四库全书》，为了编书乾隆皇帝命各地大臣在全国范围内征集底本。二老阁的所藏被浙江巡府三宝盯上了，当年闰三月二十六日，其给皇帝的奏折上写道："又访有宁波府慈溪县郑大节家，藏书颇富，亦已飞饬宁波府徐崑亲往访购。"一个月后的四月二十八日，三宝又在奏折中称："又慈溪郑大节家藏书，虽远逊于范氏之多，其中亦有未曾习见之书，可备采择者，亦复抒诚愿献，现查有书八十二种。"

按照弘历答应的条件：从民间征集去的《四库全书》底本，等用完之后都要返还。然而实际情况并非如此，姚椿在《樗寮日记》中写道："至鹳浦，访郑氏二老阁，规制略似范氏天一阁，但范阁下有屋，此仅离地数尺耳。主人云：'乾隆丙午间，曾被焚毁，又进呈书皆未领回。'此二事后来考文献者不可不知。"就这样，书的有去无回，又使得二老阁的精品损失不少。

除此之外，二老阁还有另外的重大损失，骆兆平在文中写道："乾隆五十一年（1786）夏天，郑氏翰林第东厢房因烧饭不慎而失火，东面廊屋居家烧尽，唯二老阁未危及，然而当地恶少却趁火打劫，登二老阁，见有巨库以为货物，发视皆古书。盗者私语：'吾闻郑氏藏书十余世矣，其中必有重值者。'遂争取而去，所存仅十之一二，且多残编

◎在路上看到的保护牌

断简，不堪收拾。"

　　这些损失听来令人感慨。虽然如此，郑家后人仍然在努力恢复该楼的藏书规模。郑伟章在《郑氏二老阁刻书》中提及："郑性之曾孙郑浩，字芝室，四岁而孤，性好古书名画，见辄购之。尝见乌斯道《春草堂》一书的板片，被城中一户人家当作柴火烧饭，他急忙花钱买下，把被烧毁的补刻上，将这部书印行于世。虽仅知他刻印了这一部书，但可见郑氏一门对保存文献的贡献。"

　　除此之外，郑氏后人也有不少为保留二老阁藏书而做出贡献的。可惜的是，到了太平天国时期，太平军攻入慈溪县城，二老阁的藏书又受到了重大损失。数年之后，这批被盗之书最终归了慈溪冯氏醉经阁。对于二老阁藏书的最终归宿，骆兆平等在文中这样描述："自同治初年至清朝末年这八十年间，二老阁藏书没有受到大的变动，但是管理制度渐渐松弛，书楼又陈旧破漏。民国初年，由郑性七世孙公议，将所存藏书和书版卖给上海书贾，后来辗转归慈溪沈德寿抱经楼，抗战前沈氏书散，大多流入北京图书馆。郑氏先人稿本卖给同县杨泰亨。

其他剩余的残破书籍陆续论斤估价卖给镇海倪春如。倪氏住在宁波江北岸杨善路。解放初书籍尽毁于火。至此，二老阁的藏书便散失殆尽。同时，冯帝赍手书二老阁匾额为倪春如所得，象牙刻二老阁藏书章为鄞县马隅卿所得。"

　　一代名楼就这么烟消云散了，遗憾的是，至今我未曾得到过任何一部二老阁的旧藏。好在二老阁遗址仍然存世，而当地有识之士也准备将其恢复，这样的消息总是令人高兴的。而我开始纠结将要恢复的二老阁，究竟是盖成一层还是两层呢？周慧惠笑我捡了一个鸡蛋，就想到了办养鸡厂的烦恼。我觉得她的所言有道理，无论把二老阁建成什么样子，毕竟在天壤间又恢复了一座著名的藏书楼，让天下的爱书人又多了一处寄托情绪点。有这样的结果，足可安慰了。

　　在跟着老太太前往二老阁遗址的路上，我注意到路边有一座保留完好的古院落，返回之时，我仍然惦记着前往一看。该院落的门口挂着文保匾的标牌，我走进去时，连问两声"有人吗？"然而听不到回答，于是走入院内拍照。这时，身后突然有人说：你拍的位置不对。回身一看，原来旧居对面的房屋门口站着一位妇女。我马上向她表示歉意，她并不回应我的话，只是跟我说：你要站在廊檐的下面往回拍，那样效果最好。看来她一眼就看出我拍摄水平之差，这也由此说明，不知有多少游客曾来此处拍照，以至于让她学到了摄影的门道。

　　她的建议我当然要听，于是转过角度，从镜头看过去，果真画面丰富了许多。而我在拍摄之时，又无意间注意到，另一个房间有响动，走进一看，有位妇女像是在织毛毯。她见我走进礼貌地向我点点头，然后继续忙活自己的事。我在寻访过程中，为了走进院落拍照受到过无数次的呵斥，而在本村遇到的都是些很和气的人。这村子依然固守着人性

◎保护完好

的善良。我很想把这一切归功于郑家两百多年来书香传播。我觉得一个村落如果出现大力提倡文化者，定然能够浸淫出向善的民风，想来我的猜测不会错到哪里去。

汪辉祖·环碧山房 出为师爷，退隐著藏

汪辉祖 （1731—1807）

字焕曾，号龙庄、归庐，浙江绍兴府萧山县人。乾隆三十三年（1768）举于乡，四十年（1775）成进士。早岁游幕，后知湖南永州府宁远县。著有《元史本证》《二十四史同姓名录》《学治臆说》《佐治药言》等。事具阮元《揅经室集二集》卷三《循吏汪辉祖传》及瞿兑之《汪辉祖传述》。

汪辉祖的故居位于浙江省萧山区瓜沥镇大义村。到萧山的寻访，当然会想到萧山古籍印刷厂的张国富先生，张先生从事古籍印刷业达几十年之久，经过他的苦心经营，该厂已经成为江南地区三大古籍印刷厂之一。我与此厂打交道近二十年，在此厂印刷过多部线装书，正因如此，我跟张先生的熟识程度，超过了与其他的古籍印刷厂。而今来到他的地盘，当仁不让地要给他添麻烦。然不巧的是，在我所定的日期内，他不在杭州，但他说会安排儿子张鹏带我去寻访。

　　我跟张鹏有一面之缘，几年前，张国富为他举办了盛大的婚礼，我印象中前来的嘉宾超百桌之多。但因为婚宴上太过热闹，我并没记住张鹏的长相。然而在杭州市内约定地点见面时，他一眼就认出了我。看来，在记人脸方面，这位张鹏颇有特长，而这也是经常做企业最重要的优点之一。我在车上给张鹏看了自己的行程单，因为我已定好晚上的航班，他计算一番后，告诉我行程单上的几处寻访点都不在同一个方向，而现有的时间仅能去其中的两处。张鹏是当地人，他当然比我熟悉地理环境，于是按其所言，用了一个下午的时间访到了两处名人古迹遗址。而他将我送到机场之时，时间不早不晚。由此而让我佩服这位年轻人做事有板有眼。

　　乘张鹏的车驶上机场高速，在距机场不足几公里的地方右转，而后在县道内转来转去，先找到了任伯年故居，一番周折拍照完毕后，接着奔瓜沥镇大义村。从距离上看，这两个寻访点并不遥远，然而却无便捷的直通道，穿过几个村子又变换了几次路径，总算开到了大义村。然而汪辉祖故居究竟位于大义村的哪个方位？我却始终查不到具体的信息，于是前往村委会了解情形。

　　从近几年的情况看，各地乡镇对当地的文化名人越发重视，这跟十几年前有了较大反差。以前寻访之时到当地打听，村委会等机构很不耐烦，而近几年遇到此况则热心了许多。社会毕竟在进步，每念及

◎大义村主街

此都大感欣慰。而今天的境遇也同样令人欢喜。

在村东的十字路口很快找到了村委会，张鹏担心我不会说当地话，他停好车后，主动跑进村委会内去打听。几分钟后张鹏带出来一位中年人，此人名汪建国，是大义村村委会委员。他告诉我说，汪辉祖故居在前些年坍塌了。但即使如此，我也想到那里去拍照。我向汪建国请教这处故居遗址的街名和门牌号码，他说那里没有门牌号，故寻找也不容易。他想了一下跟我说："走吧，我带你去。"这种情形当然求之不得，于是我请他坐在副驾驶位置上，让张鹏开车驶入村中。

在路上汪建国向我讲述着汪辉祖故居的变迁情况，他说汪辉祖以前并不受人重视，而近几年突然热了起来，就是因为有人写书介绍了汪辉祖的情形。我觉得他说的可能是鲍永军所著的《绍兴师爷汪辉祖研究》，但汪建国说，这部书之前，还有多部书名字就叫《绍兴师爷》。回来后我查了一下，果真以《绍兴师爷》为题目的专著就有多人写过，比如王振忠所著福建人民社 1994 年版，郭建所著上海古籍社 1995 年版，另外郭建还写过一本《师爷当家》，除此之外相关的研究论文还有许多。说来惭愧，因为我仅关注汪辉祖在藏书方面的成就，而他是绍兴师爷的这个身份，我却未曾研读过。

汪建国告诉我，本村对汪辉祖特别看重，他们村委会已经筹划了几年，准备明年动工重建汪辉祖故居。同时他还告诉我，本村还有汪氏祠堂，现被小学占用，他们现在正在想办法腾退出来。

车停到了本村的一个十字路口上，而后我们跟着汪建国下车，徒步穿行在大义村的小巷之内。他说这里道路狭窄无法驾车通行，而所经过的道路上时不时有人跟汪建国打招呼。张鹏告诉我，那些村民们在问汪建国带人去干什么，他回答人家是去看汪辉祖的故居。我从那些村民的脸上可以看到，本村之人都对汪辉祖颇为熟知。于是我问汪建国，这些村民中是否还有汪辉祖的后人？他说有许多。我突然又想到他本人也姓汪，于是问他是否也是汪辉祖的后人。他平静地说："那当然，我是汪辉祖的第十九代孙。"听其所言我大感兴奋，难怪他对汪辉祖的事情了解得这么多。但汪建国却告诉我，以前人们对祖上汪辉祖并没那么上心，是因为他在社会上的名气不够响。师爷研究热闹了起来，倒是促使本村的汪氏后人以有这位祖上为傲。

说话间我们进入了一条窄窄的小巷，此巷的地面铺装的是暗红色的硕大条石。汪建国介绍说，这就是汪辉祖故居院中的道路，而此路左右两侧原本都是故居的范围之内。展眼望去，条石右侧有一些简易房屋，另外还有一个几十平方米大小的菜园。而道路的左侧则是一栋已经被拆掉了一半的老房屋，房屋的前方有一大片碎石瓦砾。汪建国介绍说，这原本都是汪辉祖故居中的房屋，只是前些年坍塌了，从那时起就再没有修建起来。

沿着条石路一直向前走，其铺装之地长达百米，汪辉祖的故居竟然如此大的面积，这颠覆了我认为师爷仅是幕僚随从不会太有钱的固陋认识。嘉庆年间，汪辉祖退休返回家乡，由此而让他有时间整理自

◎汪建国说，这些拆迁就是为了下一步重建汪辉祖故居

◎汪建国说，这两侧原本都是汪家老屋

己的藏书，之后他编了一卷《环碧山房书目》。他在此《书目》的序中写道："余少孤露，先世手泽仅坊刻《古文嗜凤》《陈检讨四六》二书。《纲鉴正史约》一部，假诸舅氏，未几归焉。年十四五，见《五经类编》，如得琅嬛秘简。既补博士弟子，家奇贫，衣食出两母十手指，力不能具一卷书。间从友人借读经史古文选本，率意抄撮，不终卷辄索去。已而读律糊口，寄迹官中，主人有插架书，稍稍翻阅，官事不易了，未能卒读，读亦无所得也。忝赋鹿鸣，年已三十有九。游京师，侧闻大人先生绪论，甚愧向学之晚，亟走琉璃厂西门，市得《汉书》，归寓读之。"

看来，汪辉祖家中原本有的藏书数量极少，即使是寻常之本也让爱书的汪辉祖视若珍宝。因为家中太穷，他只能从别人那里借书来抄写，但很多人还未等他抄完就要了回去，这样的心情可想而知。再后来，他成为官家的幕僚，能够在主人那里翻看其府上的藏书。后来因为考官，他来到了北京，在琉璃厂买到了一部《汉书》，琉璃厂是那个时代的中国最大的图书市场，如此爱书的汪辉祖仅在这里买了一部书，足见其囊中羞涩到何种程度。

但是后来他考中了进士："及成进士，益惭枵馁，脩入较丰，先人遗事以次告竣，馆苕雪间，与书贾习者七八年，聚书数十百种。谒选都门，增所欲备，约载一车，请急过里。"成为进士就当了官，收入也就多了起来，处理完家中的旧事，于是开始跟书商打交道，从此开始了他的买书历程。

对于自己的买书情况，汪辉祖在该序言中说道："榆阴衰促，家无余资，不能再聚书矣。虽所聚之书，类塾本恒见，绝无枕秘，然毕生心力，尽此区区。得之不易，则思守之不失。世世子孙，不得赠人，不得假人，即遇密交懿戚、贵人达官，不得违吾此训，私为赠假。度仁人孝子，罔有瑕疵，别具经史副本，留传家塾。非能考订著述，不

◎汪辉祖故居残余部分

必登楼启视，致有损失。"

汪辉祖感慨说，他已年老再无法出外做官赚钱，故只能整理自己的所藏。而他的藏书中也没什么珍本秘籍，虽然如此，他同样有着敝帚自珍的心理。他嘱咐自己的几个儿子，不能把他的藏书赠人，也不得借出，即使是亲朋密友也决不可以从这里借出去。如果不是特殊情况，一般不能登楼开箱拿书。他的这段话很可能是效仿天一阁主人范钦给子孙留下的遗训。看来天一阁世守陈编能够保持持久，就是因为有这样不近人情的规定。藏与用之间的矛盾永远存在，这就要看书主人以什么心态来对待自己的藏书了。

通过这段论述，我本能地以为，汪辉祖只是位本分的读书人，虽然当师爷多年，后来也做过县令，但应当没有太多的钱。比如他在自传体《病榻梦痕录》中说道："余不幸少孤，先人遗田十数亩，典质至再，幸得归原。佐幕数十年，增田七十亩，以四十余亩为累世祭产，五男所受，数亩而已。四年为吏，禄羡无多，不足置产，酌分儿辈，听其治生。惟培、壕稚弱业儒，不得不赖余经理，多男多累，不能为向平五岳游矣。"

汪辉祖说他家的先人虽然留下来十几亩地，但因为时常缺钱，所以这些地多次被典当给他人。等到他本人做了师爷，而后用赚得的钱把这些地赎回来，同时还增加了七十亩地。到其晚年，汪辉祖把他辛苦买来的地做了分配，除了留下一些不分的外，五个儿子每人仅分到几亩。这在那个时代来说，确实算不上有产阶级，因此我在其旧居原址上看到的这么大的范围，就此产业来看，汪辉祖在乾隆时期，也应当只算是大义村数一数二的富户。

汪建国带着我二人在汪辉祖故居遗址上边走边讲解，而在其前方不远处，有一栋孤零零的小楼，这座小楼占地面积估计仅有二十多平米。但汪建国却告诉我，这也是汪辉祖后人所建，此人已经成了院士，

◎汪辉祖撰《病榻梦痕录》清光绪十二年（1886）山东书局刻本，书牌

◎汪辉祖撰《病榻梦痕录》清光绪十二年（1886）山东书局刻本，卷首

现全家住在上海，他是汪辉祖的第二十五世孙。前几年他们回到此处，建起了这栋小房子。我很是奇怪于这种建造手法，汪建国解释说，这些旧居原本形成了一个一个的大杂院，每个大院落居住的都是同姓族人，后来分产每一家只能分到一小块地方。而张鹏说他家也是如此，他讲到父亲原本也住在一个大杂院内，里面的张姓人家有十几户之多，因为人多，每一家仅能分到很小的房屋。有的两家人之间，仅用薄木板隔开。看来这个院士当年分到的房屋面积也很小，所以才建起了如此小的一座小楼。

走到小楼近前，汪建国指着地面说，这些地上的石板与石条也同样是汪氏故居的旧物。如此说来，汪辉祖故居的地理范围十分的清晰，如果要恢复完全，按照地面的石条范围建造即可。

穿过小楼继续前行，石条的尽头乃是一条不宽的河道。古代的大户人家都是沿河而居，其重要的原因，是那时的船犹如今天的汽车、火车，而河道当然就是高速公路。富户人家的门前有这样一座码头，

◎房前的石板说明这是当年地界

那大概就是私家车库。汪辉祖也有这样的待遇，这也足见他做师爷和做官后，也努力地向大户人家看齐。

汪建国告诉我说，以前这条河比现在宽一倍，前些年因为要拓宽道路，把河道的对面填了一半。而此河右侧的这一边，却保留了古代的原貌。展眼望过去，果真我所在的一面，河边有着古老的石条。而在上船的石台阶上，有一位汉子在那里洗衣服。我看到这里的河水虽然没有发臭，但也足够混浊，这让我想到渔父的那两句话："沧浪之水清兮，可以濯吾缨；沧浪之水浊兮，可以濯吾足。"这么脏的水是否能洗脚我不确定，但洗不干净衣服却是显然的事实。那位汉子边洗衣服边张望着我的拍摄，我忍了忍没有吟出这两句诗。

但我还是惦记着汪辉祖故居的具体门牌号，汪建国说虽然本村前一度重新规划了门牌号，但因为汪辉祖的故居坍塌了，所以没有办法标号。而后他又把我带到了院士所建的小楼前，这座小楼门旁的门牌号则为大义村（华表弄）86号。看来，这条石板铺就的小路就叫华表弄了。汪建国证实了我的推论。

我在这片遗址的周围拍了一通照片，而后又跟随汪建国往回走，重新来到了汪辉祖故居残存的部分。从侧面望过去，沿路的两个侧门已然斑驳，这两个门已经被封闭了起来。汪建国说，后来的住户已经搬走了。我试着推了推窗户上的折板，竟然未能推动，故而房间里的结构看不清楚。而汪建国劝我不要费这些劲，因为这两间屋是几十年前才增建出来的，不是汪辉祖原有的故居。即便如此，建这两间房的人愿意跟大藏书家比邻而居，他们多少也能沾一些灵气。

可惜的是，汪辉祖被人贴上了绍兴师爷的标签，他的这个身份太过响亮，以至于少有人关注他在藏书方面还有着那么大的成就。虽然他的藏书数量我了解得并不清楚，潘衍桐所编纂的《两浙輶轩录续录》一书中则称："积书数万卷，不问外事，暇则手书一编，丹黄铅椠，躬自校雠，以撰述课子孙。"

汪辉祖的藏书达几万卷之多，并且这些书有很多他都做过批校，遗憾的是他的批校本我却一部也未曾得到。然而，由此可知汪辉祖不但藏书，他还批校书。看来，他的藏书更多是为了读。他的儿子汪继培、汪继壕在续补《病榻梦痕录》中称："生平略无嗜好，惟癖耽经籍。向幕游时，暇即浏览书史。归里后键户读书，往往至夜分不止。尝笑曰：'吾依书为命，子但见吾废书，当为料理后事。'易箦前三日，犹坐堂中看书。数数折角若将复阅者。"

汪辉祖是位达观的人，他整日里不分昼夜地读书，家中劝他注意身体，他却笑着说：自己是以书为命，你们一旦看到我不能读书写作了，就说明我的大限已到，赶快给我料理后事吧。果真他在去世的前三天仍然在那里读书。

关于汪辉祖的藏书数量，虽然《两浙輶轩录续录》上说他的藏书

◎汪家的码头

仅有数万卷，但从其他的情况上来推论，应该不会这么少。汪辉祖在《环碧山房书目》序言中称："罢官归来，启钥见书，幸无蠹敝。会移居城南，即于宅后隙地筑楼三楹，中奉神主，藏书左右。"

汪辉祖退休后，又在萧山城南买了一处住所，此处名为"树滋堂"，他在这里又建起了一座藏书楼。除此之外，他的藏书处还有撰美堂，这样说来，其藏书量应该不小。

汪辉祖先后有三位夫人，共生育了六男六女，其中一男三女夭折了。到其晚年，似乎汪辉祖最喜爱曹氏所生四子继培和五子继壕。看来，这两个儿子也喜欢藏书，然而他们喜爱的门类却有所不同。汪辉祖在《书目》序中说道："两儿嗜好已不尽同，培喜收经集，壕喜收类书及说部，各得其性之所近。余亦不复强之使一，听其别立书目，附庋楼西。随时检阅，各从其便，不必援公书之例。"

汪辉祖倒是位通达的父亲，他知道继培和继壕藏书偏好不同，任由其各按自己的方式来藏书。看来，这两个儿子的藏书量也不小，因此汪辉祖让此两儿分别把自己的那一部分藏书放在藏书楼的西房，而不与自己的藏书相混。嘉庆元年（1796），汪辉祖中风，继培和继壕照顾父亲很周到，于是汪辉祖就分别赠书给二人："于公书中酌赏以犒其劳，培儿喜读经考古，给《通志堂经解》全部，《通典》《通考》各一部。壕儿喜读杂览，给《说郛》一部，令各自收藏检阅，不入公书数内。"（《病榻梦痕录》卷下）

从他赠给儿子的这些书来看，就版本而言并不珍稀，只是部头都很大。但汪辉祖究竟在意不在意版本呢？从他的交往看，他跟很多重要的版本学家都有联系，比如《病榻梦痕录》上记载，乾隆五十一年（1786），他见到了纪晓岚："见《越女表微录》甚契，属邵二云约日来候，余因走谒，蒙赐五言古诗一首，相赏笃至。余向读先生闱艺，乡会二试实有渊源，因修弟子礼。"纪晓岚看到汪的著作后，命邵晋涵约汪来见面，见面时纪赠给汪一首诗，两人交谈颇为投机。汪说他曾读过纪晓岚的高考作文，正因为这样才使他提高了写作技巧，由此而考中了举人和进士，所以他把纪晓岚视为自己的老师。

汪辉祖跟邵晋涵的交往更为密切，而邵也是著名的目录版本学家。除此之外，他还与著名的藏书家王宗炎、卢文弨等等有着较多交往，而其跟大藏书家鲍廷博的关系更为密切。汪辉祖是在乾隆四十二年（1777）认识了鲍廷博，从此两人之间有了四十年的交往。鲍廷博所刻《知不足斋丛书》中收录了汪辉祖多部著作，而汪辉祖的文中也有多处提及鲍廷博。比如他在《梦痕录余》中记录了嘉庆十年（1805）十二月十二日两人的交往："鲍君以文东渡，喜阴雨连日，藉可信宿盘桓。予交以文四十年，双节诗文刻碑镂版，具费心力。尔来岁一访予，今七十有八，精神愈健，谈说旧事，靡靡可听，于书籍尤殚见洽闻，尝劝其录记异同存佚，以资考订，以文每笑额之，至今尚未属笔。"

两人有着多年的交往，以汪辉祖的说法，他们两个每年至少要见

◎汪辉祖撰《双节堂庸训》清光绪十二年（1886）山东书局刻本，书牌

◎汪辉祖撰《双节堂庸训》清光绪十二年（1886）山东书局刻本，卷首

一次。见面之时，所谈之事都是跟藏书与著书有关。但两人偏好上还是有所区别：鲍廷博把主要精力都用在刊刻稀见书方面，他的《知不足斋丛书》让乾隆皇帝和嘉庆皇帝两代帝王都为之关注；而汪辉祖则把精力用在了撰写个人著述方面。对于汪辉祖的著书数量，鲍永军在《绍兴师爷汪辉祖研究》一书中写道："汪辉祖著述宏富，有三十余种五百余卷，今尚存 15 种。他的学术成就是多方面的，在史学、文学、文献学等领域皆有建树，尤邃于史，长于名姓之学。"

汪辉祖的这些著作，有一些在后世产生了较大的影响，比如他所写的佐幕方面的著作《佐治药言》《续佐治药言》《学治臆说》《学治续说》《学治说赘》，这些书在社会上产生了广泛的影响，成为师爷入幕前的必读书。故而，同样为萧山人的来新夏先生在《仕宦箴规百种》序中给予了这样的评价："乡贤汪辉祖所著《佐治药言》《续佐治药言》《学治臆说》《学治续说》诸作，皆尝寓目，深以龙庄娴于吏道，形诸

◎汪辉祖撰《学治臆说》清光绪十二年（1886）山东书局刻本，书牌

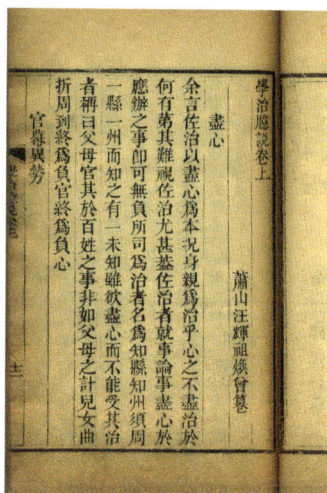

◎汪辉祖撰《学治臆说》二卷清同治七年（1868）湖北崇文书局刻本，卷首

文字，为入仕作幕者有所指南。"

但相比较而言，学界更在意他的《史姓韵编》。1923年，胡适在《国学季刊发刊词》上说："一部《二十四史》，有了一部《史姓韵编》，可以省多少精力与时间？"为什么胡适会对该书有着这样的评价呢？1934年，瞿兑之在《汪辉祖传述序》中作出了这样的解答："他创作一部《史姓韵编》，可以说至今还没有一部比他更好的《二十四史》索引。"

《史姓韵编》乃是《二十四史》的索引，既然是一部索引之书，为什么会受到胡适的高看呢？鲍永军对此解释道："《史姓韵编》开我国索引书风气之先，对后世影响至深且巨。"看来该书乃是很有名的一部索引专著。而汪辉祖能够写出这样一部书，至少说明他的藏书量十分之丰富，否则他无法写出这样一部体例庞大的著作。

以上的引文中多处提到了《病榻梦痕录》，看来这部书对研究汪辉祖十分重要。鲍永平称，该书与《梦痕录余》均为"汪辉祖自定年谱，是他晚年回顾一生而写的自传"。对于这部自传的价值，瞿兑之在《汪辉祖传述》的序言中评价道："尤其使现代的人看了不胜惊服的，就是他的一部自传——《病榻梦痕录》。中国文人的自传，很少有成整部书的。他的书不独自己描写自己的性情好尚，发抒自己的思想，记录自己的遗传环境、一生经历，而且将时代背景的一切社会制度风俗，小至于衣服饮食器用，无一不很忠实地写出来。我们看这部书，不独可以了解他个人，并且可以了解他的时代，不但当他一部《汪辉祖传》，而且可以当他一部乾隆六十年中社会经济小史。近来胡适之先生讲到传记文学，很表彰这部书。这种书在中国确实是难得的。"

汪辉祖的这两部书记载了生活中的点点滴滴，我当然更关心其中跟藏书、刻书有关的内容。而《梦痕录余》在嘉庆六年（1801）果真记录下相关的信息："曩刻《双节赠言初集》，每百字版片写刻，共制钱五十六文，迨刻《续集》，增工价七文。丙辰儿辈刻《梦痕录》又增十七文，今欲仍八十文之数，承揽者尚有难色，强而后可。昨年以文言，杭苏已至一百十文，而刻手不如《初集》之工，镂版日增，势实使然。"

看来，在乾隆时代，刻书价格也是一直在上涨，而苏杭等重要城市的刻书价格则更贵。但正是因为汪辉祖的细心记录，后世得以了解那个时代的很多细节，难怪胡适把他的这两部书看得极其重要："二千五百年中，只有两部传记可算是第一流：汪辉祖的《病榻梦痕录》及《梦痕录余》，王懋竑的《朱子年谱》。"（胡适《中国的传记文学》）

王宗炎·十万卷楼　整理章氏遗书，学观调和今古

王宗炎 （1755—1826）

原名琰，字以除，号穀塍，晚号晚闻居士，浙江萧山人。清代藏书家、文学家。乾隆四十五年（1780）进士，官至知县。学问渊博，淡于仕途，藏书甚富，筑十万卷楼。工古文词，研习经史。喜提掖后进，汤金钊曾师事之。著有《晚闻居士遗集》。

借萧山会议之机，准备到当地访两座藏书楼，但航空公司无故取消航班，接下来的时间变得没有那么从容。斟酌一番，决定就近去寻找萧山老城内的十万卷楼。之前会议方已通知，将负责到机场接站。但我觉得召开这样一场会议，会有着太多的会务工作需要安排，我不好意思霸占着一辆车去跑私事，便去电萧山古籍印务公司董事长张国富先生，麻烦他代为安排，于是我在机场见到了该公司办公室主任张杨先生。

按照我所查到的资料，十万卷楼主人王宗炎的故居位于萧山区城厢镇西河路的花鸟市场内。还有一种说法，则是位于萧山国际大酒店的后身，西门菜市场旁。究竟孰是孰非，我难以做出判断，只能与张主任商议，是否前去一一查看。张主任告诉我，他虽然不是当地人，但在印务公司已经工作了多年，所以对萧山区较为熟悉。以他的判断，这处故居应该处在老的花鸟市场内。

驱车前往此处，虽然说杭州机场也在萧山区的范围内，但由此驶入老城区还是有着数不清的红绿灯。张杨向我讲解着萧山的地理变迁，看得出他虽非当地人，却对这里的山山水水充满了感情。我们边聊天边来到了花鸟市场旁，然而此处处在一座立交桥的旁边，兜了一大圈也无法将车停靠下来，只好将车停在了西河路的便道上。我猛然想起来：我所查到的地址之一就在西河路，原来两者之间相距如此之近。

因为停车之处没有停车位，我担心车被贴罚单，于是让张杨原地等候，我独自前往人民路上的花鸟市场。这个市场处在一条河边，展眼望过去，如今这里建成了一座现代化的大商厦，里面出出进进的购货之人，让我想到了北京的"官批"。站在大厦前问一位保安，他告诉我花鸟市场在大厦的后院。走进后院仍然看到的是两座楼房，我由此房转到了后方，后面则是另一个小区，完全看不到我想象中的花鸟市场。难道这一带已经拆干净了？正在踌躇间，张杨来电话说，让我原道返回，因为其停车之处的对面就是花鸟市场。

看来花鸟市场已搬迁乃是传闻，返回到停车处时，果真在西河路边上看到了几家卖猫狗的商店。我始终妇人之仁地心疼这些小生灵，但今日惦记着十万卷楼，只好遗憾地向它们挥挥手，继续前行。在这处宠物商店的侧旁，有两楼间的过道，拐角的商铺名为"万里文具"，由此左转，眼前就见到了一个摆满花木的院落，显然这就是所说的花鸟市场。

不知什么原因，这个花鸟市场未曾悬挂匾额，从外观看上去更像某个停产的工厂。进入院中，感觉这个院落占地在两亩大小，此时已是下午四点，院落里不见一位顾客。可能是因为南方气候的原因，这些绿植物大多摆在院落中，从摆放的区域看，这里大约有几户商户在经营。我站在院中拍照期间，一位妇女走出房屋，问我想买哪些植物。我直率地告诉她，自己只是来拍老房子。因为我注意到花鸟市场的四

◎看到了西河路

围全部都是新盖的楼房，唯有这个院落有一幢二层的老屋，其余者都是后盖的简易房。从这处楼房的建筑格局，及木门窗雕饰来看，此房至少有两三百年的历史。这个年龄很符合王宗炎所处的时代，说不定该房就是我找的十万卷楼。

然而妇女说她不知道王宗炎是谁，并且说这个老房子长期封闭，无法进内查看。这句话当然令我不能满意，我问她：如何绕到楼的后方，是否能够进入房中？此女称她也不清楚，不过她建议我前去试一试，而后告诉我如何才能绕到此楼的后院。

重新回到西河路而后右拐走入人民路，凭直觉穿入了一条很窄的小巷。走入此巷后我甚至怀疑这是一条死胡同，然而从小巷的另一侧却驶来了一辆摩托车，看来这是"疑无路后的又一村"。前行不到一百米，果真走到了那片楼房的后侧，但在这里望过去，这片老楼房依然处在大片楼房的包围之中。从道路四围的环境来看，显然这片老房是刻意保留下来者。然而我围着这片旧房的外侧查看一番，却未能找到文保牌。我注意到，这片老房第一家的门牌号是"太平弄20号"。

正在探看之间，一位妇女推来一辆电动三轮车，然后在上面搬上搬下一些纸箱。我趁她干活的间歇，礼貌地向她打招呼。这位老阿姨看上去约六十多岁的年纪，说话很和蔼。她问我前来这里是不是寻找王宗炎故居，这句话令我大为高兴，没想到还未问就得到了结果。她告诉我说，后方的这几处老房是近百年新增加出来的，这个院落的前半部分才是王宗炎故居。而后她停下手里的活，带我走到了那个小胡同的入口，入口的左侧是二层的老楼，楼的后方有一侧门，其门框像上海的石库门。阿姨说，这就是王宗炎故居。她同时告诉我，这是故居的后门，前门就在花鸟市场的院中。

然而眼前所见，无论是前门还是后门都上着锁。我问阿姨如何能进入楼中，她说这点不容易。然后告诉我，这处故居早在几十年前就

◎ 这应该就是十万卷楼

◎小院的门牌号

◎石库门的形象

成了军产，正因为这，这一带拆迁时，军产不好动，所以才得以保留了下来，然而这处旧居却从未对外开放过。而后老阿姨把我带进了旁边的一个院落，进入此院，里面的凌乱形象显然是等待拆迁之中。这个院落的天井仅十几米大小，站在这里，阿姨指着前方的围墙说，这就是王宗炎故居的后墙。既然是后墙，当然还是难以探看到里面的情形，故只好从此院走了出来。

　　站在院外探望，我注意到阿姨所住旧居的左旁，呈L状还有几间老房。从外观看上去，刚才我所看的两个院落，显然是后搭起的简易房屋。而左旁的这些房屋却有着一米高的石墙裙，这显然是古时候的高门大户。我想走过去拍照，阿姨却告诉我那不是王宗炎故居，但是同时代的建筑。既然如此，我还是想进内一探究竟。而这个院落的门牌号是"太平弄15号"。

　　走入此院，果真格局完整。我刚想拍照，从正房内窜出一条狗向我狂吠，我很礼貌地制止了它的喧嚣。接着从屋内走出一位中年男人立即喝止此狗，而后问我有什么事情，我告诉他自己只是来拍老房子。从其脸色看此人并不反感，他只是说你随便拍吧，而后就回到正堂独自吃饭。我在拍照的过程中，发现他房内还有一块门牌号——"太平弄18号"。看来这个院内住着不仅一户人家。从这个院落望过去，隔壁就是王宗炎故居，然而院落围墙很高，由此可以想见当年王宗炎故居是何等之壮观。我的感叹声引来了房主的话语，他说我想拍尽管拍，因为过不了多久这里就要拆迁了。

　　我向此人道谢后走出了院落，而那位阿姨竟然在院门口等我。她跟我说自己在此处居住了五十年，对这一代的变迁了解得特别仔细，而后站在院中向我讲解了起来。我忍不住插话说，自己更想了解王宗炎故居的情形。她想了一下告诉我说，自己家的二楼可以拍到王宗炎故居的院内，而后把我带到了她的家中。

◎柳暗花明

不知是什么原因，阿姨家中的一楼堆满了大量的杂物，我不好意思问她这些杂物的用途。因为室内光线十分昏暗，阿姨马上打开了灯，由此而让我看到通上二楼者是一条很窄很陡的木楼梯。我担心自己难以登上去，但老阿姨却再三地鼓励我。她随手接过了我装着相机的布兜，于是我手脚并用努力地攀爬上去。阿姨在后面完全不用扶，如履平地地登了上来。她顺带告诉我这个木楼梯也有一百多年历史，而今也成了文物。

虽然如此，我还是很怕这种又窄又陡又没有扶手的楼梯，这个恐惧缘于儿童时的经历。大概是在刚上初中之时，我跟小伙伴们前往正定大佛寺游玩。那时的大佛寺不像现在这样管理严格，里面的所有大殿均开放，尤其那二十二米高的千手观音最令人震憾。这座观音像的两侧有直接登顶的木楼梯，这座木楼梯与这位阿姨家的木梯宽窄相仿佛，但其长度却比阿姨家的长十倍以上。然而这么长的楼梯却没有中间缓冲带，小时候不知害怕一路向上爬，爬到顶端时下望却突然有了晕眩感，以至于腿软到无法走下来。经过好一会儿的心理调整，才以倒着的方式用了很长时间挪了下来，从此我再不敢爬这种陡而窄的无扶手楼梯。如今在阿姨家又遇到了同类梯，虽然短得多，但还是挑战了我的心理。而我努力登上的那一刻，终于让我盘桓于心中几十年的恐惧瞬间消散了。

在楼梯口迎接我者乃是几只小狗，能够看得出我的到来令它们很欢快，甚至一只小狗一直扒我的腿，希望我将它抱起来。我的爱狗之情，在阿姨那里赢得了好感，她向我一一介绍每个小狗的特点。而后打开过道的小窗，让我向外拍照。果真从这里清晰地看到了王宗炎故居的一角，阿姨为了让我拍照清楚，从这个窗口收起了挂在外面的衣物。然而窗口毕竟太小，还是不能拍到原貌。阿姨把我又让入了她的家中，显然二楼是她的卧室，这里除了一张床，剩下的全是一些杂物，而复合木地板却擦得很干净。阿姨打开卧室的外窗，果真拍照便利了许多。虽然如此，其实拍得者均为王宗炎故居的外观，对于楼内的情形，阿姨建议我今后再来。因为她认识这里管房的那个人，此人每过一段时间都会来看看，到时她通知我前来拍照。

我边拍照阿姨边向我讲解着眼前的这处旧居，她说该处故居已经在建花鸟市场时拆掉了很多，现在余下者仅是其中的一部分，而后她告诉我当年拆迁时的情形。拍照完毕后，我沿着木梯慢慢走下，而后站在那里郑重地向她表示谢意，我问她如何称呼，她告诉我说自己姓项，乃是项链的项。项阿姨告诉我说她原本在报社工作，知道出外采访很不容易。她问我在哪个报社当记者，我告诉她自己只是业余爱好。我的说法更让她表示赞赏，她建议我下次一定再来此地，一定让我拍到房内的情形。

就历史上业绩来说，后世对王宗炎的了解，更多者乃是他对于章学诚文稿的整理。王宗炎的朋友汪辉祖在《梦痕录余》中记载了嘉庆六年（1801）的一段事："闻章实斋十一月卒。余交实斋三十二年，踪迹阔疏。甲寅归自湖北，就馆近省，往来吾邑，必过余叙谈。见余撰述，辄作序言、书后以赠。去春病瘁，犹事论著，倩写官录草，今夏，属志归庐，实斋易名'豫室'，中有数字未安，邮筒往返，商榷再三，稿甫定而疾作，遂成绝笔。昔二云言，实斋古文，根深实茂，重自爱惜，从无徇人牵率之作，文稿盈箧，数月前，属毅塍编次，异日当有传人也。"

汪辉祖的这段记载，提到了章学诚在嘉庆六年（1801）十一月去世的事情。他说章学诚晚年双目失明，但仍靠回忆并找人书写进行撰述，并且在这个过程中他仍然跟汪辉祖通信探讨学问，章感到文中哪怕有几个字不能确定，也要跟朋友再三地进行商讨，可见章学诚对自己的著作看得何等之重。然他在去世前的几个月，把自己平生的撰述全部交给了"穀塍"，并请穀塍代为整理编次，而穀塍正是王宗炎的号。由此而可以做出这样的推论，王宗炎不但是章学诚最可信赖的好友，同时王的学问也让章能够信服，否则，如此严谨的章学诚，不太可能把自己的一生心血交给一位不靠谱的人。

王宗炎不负友人的重托，他接到这些手稿后，对于文体的编纂拿出了自己的意见，而后他给章学诚写了封信，其在信中讲到了自己编辑文集的思路。王宗炎的《晚闻居士遗集》卷五有《复章实斋书》，王在此信中说道："奉到大著，未及编定体例。昨蒙垂问，欲使献其所知，始取《原道》一篇读之。……至于编次之例，拟分内外二篇。内篇又别为子目者四：曰《文史通义》，凡论文之作附焉；曰《方志略例》，凡论志之作附焉；曰《校雠通义》；曰《史籍考叙录》。其余铭志、叙记之文，择其有关系者录为外篇，而以《湖北通志传稿》附之，此区区论录之大概也。"

由此可知，后世看到的《章氏遗书》主要分为《文史通义》和《校雠通义》两部分，正是王宗炎的主意。而王宗炎的这封信还直接表达了自己的学术观和立场："来谕以儒者学识不广，囿于许、郑之说，此言深中近日之病。鄙人尝谓，西汉经学深于东汉，董、刘无论，即匡衡亦岂易几！若叔重《说文》，自是一家之学，而谓违此者即非圣无法，此拘虚之见，非闳通之论。若郑不及毛，则近人已见及之矣，阁下以为然否？"

对于王宗炎的这段表述，张舜徽在《清人文集别录》中给予了颇高的评价："盖有感于当日学者囿于许、郑之说，而学识不能广，故发此持平之论，以矫一世之枉。足以觇其平日治经，本不局于东汉诸儒之学。非特与并世诸儒异趣，即视绍兰之以许郑学庐自颜其居者，宗旨亦殊矣。"可见王宗炎对于传统的经史之学，确实有着自己独立的观念。

◎从楼梯上的小窗眺望王宗炎故居

由这段话可知，王宗炎乃是属于调和古文经学和今文经学的折中派，也正因为如此，他的这段话被后世经学研究者广泛引用，而这种观念也与章学诚的学术观基本吻合。可能正是基于这一点，章才对王有了很大的信任。

可是，章学诚去世时仅六十三岁，还没有来得及修订自己的著作。但其实他早在去世前的四年，就想过修订自己的著作，章在《跋丙辰中山草》中说："所草多属论文，是其长技，故下笔不能自休。而闲居思往，悼其平日以文墨游，而为不知己者多所牴牾，而谬托于同道也，故其论锋所指，有时而激，激则恐失是非之平，他日录归《文史通义》当去芒角，而存其英华，庶俾后之览者，犹见其初心尔。"

既然章学诚还未来得及修订自己的著作就去世了，那么这个重任只能由王宗炎来完成。如前所言，他的编排方式事先征求了章学诚的意见，而章是否同意王的这个编法呢？因为后世未能找到章给王的回信，故难知其态度。然而章学诚去世后的一些年，章的次子章华绂想刊刻父亲的这些著作之时，查看了一番王宗炎所编之稿，他对王宗炎的所编有些不满意。道光十二年（1832）章华绂在大梁刊刻《文史通义》时写了篇序言，其在该序中称："易篑时，以全稿付萧山王毂塍先生，乞为校定，时嘉庆辛酉年也。毂塍先生旋游道山。道光丙戌，长兄杼思，自南中寄出原草并毂塍先生订定目录一卷，查阅所遗尚多，亦有与先人原编篇次互异者，自应更正以复旧观。先录成副本十六册，其中亥豕鲁鱼，别无定本，无从校正。庚寅辛卯，幸得交洪洞刘子敬、华亭姚椿木二先生，将副本乞为覆勘。"

看来大梁本的《文史通义》，其编排体例与王宗炎所编不同。那么王宗炎的学问，究竟如何呢？道光十一年（1831），经学大家王引之给王宗炎的遗著《晚闻居士集》写了篇序言，该序中称："萧山王晚闻（宗炎）先生，东南硕学，祖述三代、两汉之书而发为文，故其辞质，

◎虽然残破，还是原汁原味

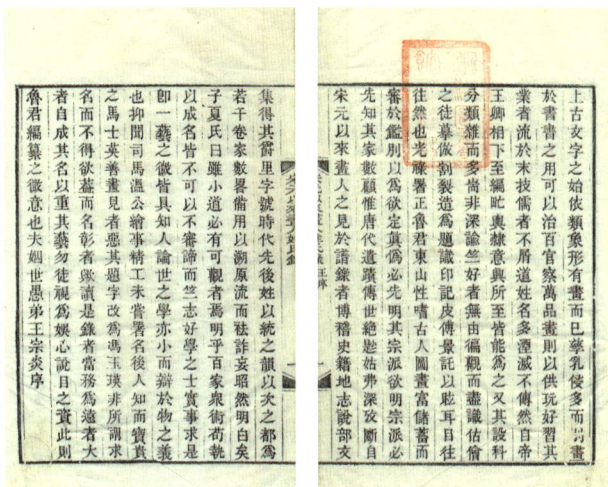

◎《宋元以来画人姓氏录》三十六卷，清道光十年（1830）刻本，王宗炎序言

其义醇，其出之也有章，其言之也有物。昔人谓文章尔雅，训辞深厚者，先生之文，其庶几乎！余既快读先生之文，愈欲读先生之著作，它日将从敦甫（汤金钊）尚书转求之，以广闻见，则所敬佩而服膺者，非直此一编而已也。道光十一年三月朔日，高邮王引之叙。"

由王引之的这段话可知，王宗炎的学问还不错。关于王的学问观，钱钟联主编的《清诗纪事》中引用了王绍兰的所言："兄幼以敬敏闻，言坊而行表，经明而史通，其号晚闻，盖取庄子《渔父篇》'晚闻大道'，欲继于圣人贵真，不拘于俗以自儆也。尝告绍兰曰：欲为文，《文言》曰'修辞立其诚'；《论语》曰'辞达而已矣'！欲为诗，《诗大序》曰：吟'咏性情'，亦不外乎诚与达，无它巧也。兄言如此，其深于文若诗者哉！"

对于王宗炎的评价，李慈铭在《越缦堂日记》中说道："先生名宗炎，字以除，乾隆四十五年进士，未授官而归，著书教授，垂五十年。至道光乙酉冬卒，年七十一。越东学者奉为魁艾，而萧山人至今犹以

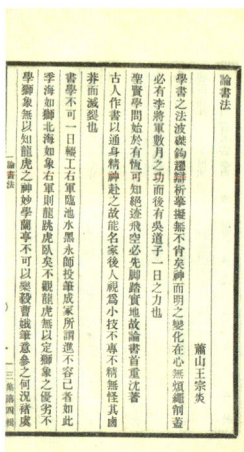

论书法

学书之法波磔钩躍翻析举擢無不肯奥神而明之變化在心無頌繩削壹
必有李將軍数月之功而後有吳道子一日之力也
聖賢學問始於有恆可知絕逐飛空必先刻錄論書首重沈著
古人作書以通身精神赴之故能名家後人觀賞小技不專不精無怪其庸
菲而減製也
李海如獅北海如象右軍則龍跳虎臥矣不觀龍虎無以定獅象之優劣不
學獅象無以知龍虎之神妙學蘭亭不可以犛穀曹娥筆意參之何況猪虔

萧山王宗炎

◎王宗炎撰《论书法》,民国二十五年(1936)上海神州国光社排印《美术丛书》本

'小进士'呼之,盖先生登第时年甚少也。先生聚书甚富,于《易》《诗》《书》《礼》《公羊》《春秋》《尔雅》《孟子》,皆有论撰,与同郡章进士实斋、同邑汪吏部厚叔交最厚。"

看来王宗炎的学问在萧山一地很有影响力,而对于他的藏书,李慈铭以"甚富"二字来形容。余外,李慈铭在日记中还提到了王宗炎之子王端履的情况:"阅萧山王小毂端履《重论文斋笔录》,共十二卷。小毂字子临,嘉庆甲戌庶吉士,告归,遂不出。其父毂人先生宗炎,乾隆庚子进士,未授官而归,藏书甚富,号十万卷楼,校勘极精,年八十余,犹孜孜不讫,著有《晚闻居士集》者也。"

李慈铭的这段话虽然讲到的是王端履,但他却称王端履很受父亲的影响,他在考取功名之后,跟父亲有着同样的行为,那就是返回家乡整理藏书。也由此可见,王宗炎的十万卷楼藏书十分之丰富。叶昌炽的《藏书纪事诗》中引用了沈豫《补今言》中的所言:"萧邑藏书之富,毂塍王经师筑十万卷楼、陆氏寓赏楼、陈氏湖海楼,此外如王中丞南陔、汪吏部苏潭,俱大族,皆充栋盈车,不假南面百城。"

由此可知,王宗炎的十万卷楼乃是萧山三大藏书楼之一。关于王宗炎的藏书质量，可由近代大藏书家傅增湘所写题记能够看到端倪。傅增湘藏有几部王宗炎的旧藏，其中一部为："《圣宋名贤五百家播芳大全文粹》一百二十六卷，影宋钞本，半叶十四行，每行二十五字。前附目录三卷，目末有朱笔题'王宗炎校'四字。"

可见这么一部大书，王宗炎都做了仔细校对。然而该书版本留传后世者却颇为混乱。藏园老人在文中列名有二百卷本、一百五十卷本、一百二十六卷本、一百一十六卷本以及一百卷本。为什么一部书有这样多的版本呢？傅增湘在该书的题记中作出了这样的分析："二百卷者世无其书，疑竹垞误记，《四库提要》已言之。瞿氏本卷数最多，据孙均跋，知为叶氏续增未刊之本，与历来从宋刊传录者固迥然不侔，可无庸置议。宋刊本之一百卷，余假得细校，留几案者三年，实残缺不完之本，《季目》即注不全。为书贾挖改卷第，以充完帙，而明以来传钞本遂沿袭而下。如邢氏本自卷七十三以后逐卷补缀之痕犹显然可按也。慈溪李氏本亦经挖改。其题一百二十六卷或作一百二十五卷者，详检之，实即一百一十卷，不过将子卷改作正卷耳。今以王宗炎本考

◎《札朴》十卷，清嘉庆十八年（1813）山阴小李山房刻会稽徐氏补刊本，王宗炎序一

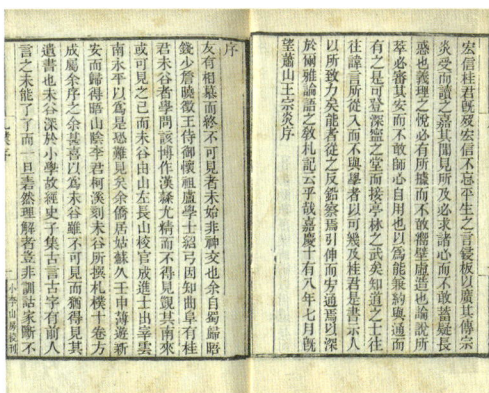

◎《札朴》十卷，清嘉庆十八年（1813）山阴小李山房刻会稽徐氏补刊本，王宗炎序二

之，如卷一至卷七原本分上、中、下子卷，兹本遂展为二十二卷。"

对于这样的分析，傅增湘正是借鉴了王宗炎旧藏之本而得出了部分结论。也由此可见，当年十万卷楼藏书质量之高。对于王宗炎当年的藏书情况，傅增湘又在该题记中作出了如下简述："王氏字毂塍，萧山人，家有万卷楼，藏书甚富，与同邑湖海楼陈氏相埒。其钞校遗籍，余曾得《松漠纪闻》《吴中旧事》《河朔访古记》诸书，此帙则出自徐梧生司业家。余校宋本将毕，获此藉资参证，且岳雪楼所钞虽原于阁本，然其中目存而文佚者多至三卷，人名亦脱误极夥，宋本所佚之卷据此必多所补正。呜呼！百卷钜编，流传至百年之久，触手如新，原帙草订，未装。宁不足珍乎！庚午闰月朔，藏园记。"

关于十万卷楼藏书的归宿，从后世记载来看，至少有一部分到了丁氏八千卷楼。丁立中在《先考松生府君年谱》卷二中称："（同治）九年庚午，三十九岁，十一月……（丁丙）命兄立诚至四明访购《四库》遗书。（自注：故家遗籍荟萃四明，府君命修甫兄偕吴兴朱叟东皋访之，得《四库》遗书数十册暨十万卷楼王氏旧本八百册以归。）"

光绪三十四年（1908），两江总督端方创设江南图书馆，而后买下了八千卷楼所藏之书。当年王宗炎十万卷楼的藏本也就跟着这批书来

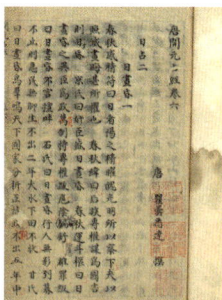

◎《唐开元占经》一百二十卷目录二卷，明蓝格抄本，清王宗炎旧藏

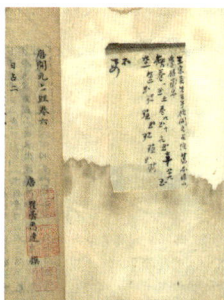

◎《唐开元占经》一百二十卷目录二卷，明蓝格抄本，清王宗炎批校

◎《唐开元占经》一百二十卷目录二卷，明蓝格抄本，清王宗炎落款

到了该馆，而江南图书馆就是如今的南京图书馆。陈诗懿前往该馆翻阅出七部王宗炎父子当年的旧藏，而后写成了《萧山王宗炎王端履父子十万卷楼藏书题跋辑释》一文，该文发表在了《版本目录学研究》第六辑上，文中辑录了王宗炎在《静斋至正直记》上所写跋语两则：

此书言虽浅近，而保家涉世之道具焉，视他小说之诲淫语怪去之远矣。嘉庆乙亥正月六日，雪夜重校。晚闻居士书。

入岁以来，连日雨雪大寒，米价斗五百钱，穷饿者何术以救之也。读书终卷不觉感叹。炎又识。

嘉庆乙丑祀灶日晚闻居士校

这两则跋语，一者可以看出王宗炎正统的藏书观，二者则让人能够得知，他虽然是当地的富户，然而却心存善念，在雨雪大寒之天惦记着吃不饱的人。而王宗炎在《新刻广雅》中又谈到这样一段交往："嘉庆壬戌，北溟在诂经精舍为云台侍郎续勘《经籍籑诂》，其时千里以校勘《十三经》同寓于精舍，此书所由赠也。明年北溟死，此书归于我，庚午十月六日，检箧得之，追忆故人，为之怆然。晚闻居士记。"看来王宗炎也藏有顾千里旧藏，可惜不知道这些书如今藏在了哪里。

不知什么原因，王宗炎的个人著作，其初刻之本也同样流传不广。道光年间，杭州刊刻了他的《晚闻居士遗集》，虽然仅是道光本，然颇不易得。黄裳在《来燕榭读书记》中为该书写了这样一段跋语："此萧山王氏晚闻先生遗集十卷，久求不获。前年于湖上闻萧山人有之，意颇珍重，书亦未见。只得王端履《重论文斋随笔》两巨册以归。今日午后出游，乃拣得于地摊上，掷半金与之，亟挟之归，漫阅一过，所记祁忠敏遗印铭及蔡祖洲故事，皆久欲一知者，真快事也。乙未六月初八日记。"

对于王宗炎的旧藏我仅有一部明代蓝格钞本，书名为《唐开元占经》，此书每一卷后面都有王宗炎校对后的落款。由此可知，这位萧山著名的藏书家不但藏有数量较大的善本，更多者他能藏能读，对自己的藏本仔细地校勘。仅凭这一点，萧山人应当更加重视这位前贤。真希望，他的旧居经过协调，能够对外开放，由此而让萧山又多了一处著名的人文景观。西河路当然是由毛奇龄而得名者，我已从张鹏那里了解到，他小时候玩耍的毛奇龄旧居已经被拆得没有了痕迹。如今在这西河路上，王宗炎故居因为特殊的原因留存至今，若以此作为萧山的文化地标，定然能够引起世人的关注。

姚燮·大梅山馆　梅花知己，曲史巨擘

姚燮 （1805—1864）

字梅伯，号复庄，又号大梅山民，镇海（今浙江宁波）人。清末文学家。道光举人，由誊录例选知县，未赴。学识赅博，工诗词骈文，兼擅戏曲与绘画。著有《复庄诗问》《复庄骈俪文榷》《疏影楼词》。

姚燮故居位于浙江省宁波市北仑区小港街道姚张村姚家斗 12 号。这是从网上搜得的地点，按说已经十分明确，可是真实寻找起来并不那么容易。我开着周慧惠老师的车，她在旁边用手机导航，然而开到北仑区这一带时，手机报出的语音只是不断地重复"这条路"。这条路，是哪条路啊？眼前岔道不断，手机导航最大的麻烦是当它胡言乱语时，你却无法跟它讲理，有时恨不得拿起来将其摔个稀巴烂。当然今天肯定不能这么做，因为手机是周老师的。

听到了无数次的"这条路"，我们渐渐摸出了门道：凡是无名路它都会这么说。这种玩法有如诸葛亮的空城计，只可有一不可有二。而导航不断在重复，让开车者无所适从。尤其北仑区这边的无名路，大多穿行在无人的田野之中，田地之间"阡陌交通"，哪里拐弯，哪里掉头，完全找不到可问之人。只好任选一条小心试探，但问题是在这些小路掉头都十分困难，为此而产生一肚子的气，料想看官也能够理解。

按照导航搜索，这个自然村叫"姚家兜"，可能是因为"兜"字不好写，有人将其改为了"斗"。在路上遇到行人时，我始终是让周慧惠去询问，因为她那一口本地话，跟对方交谈起来颇具亲和力。虽然导航让我们煞费周折，但好在路人没有把我们引向冤枉路。到达姚家斗时，在村边看到了一个小型停车场，水泥硬化地面上画着标准停车位，如此之规整，在北方农村中颇为罕见。

下车之后，周慧惠立即跑上前接着问路，我注意到，停车处的门牌号是"姚家斗 76 号"，而与之相邻的一户则为 34 号。此村号码的排列方式让人摸不着头脑，但既然门牌号在小下去，也就指明了前进的方向，而周慧惠打听的结果也正与我的判断相同。于是我们停好车，步行穿入村中。

姚家斗村面积不小，我们在村子居中位置看到一个小广场，根据周边建筑来猜测，这里应当是当年生产队的开会之处。小广场的侧旁，随意摆放着一些废弃的水泥柱，这些物件如今成了村民的休闲座椅。此时，已是下午三点多，条石上坐着十几位村民在那里闲聊。当我向他们打听姚燮故居，众人纷纷指向同一个方向。看来，姚燮在此村名气很大。

穿过小广场，前行的道路变得狭窄起来，我边走边注意观察两侧的门牌号，号码的排列方式延续着村口的特色：几乎每家相邻者的号码都不是按顺序递增或递减。从村口到这里已经行进二百多米，竟然才看到75号，而旁边则是16号。一直到探访结束，我都没能弄明白此村门牌号的排列规律。真不知道，邮局送信和送报纸的工作人员是如何来排列送件顺序的？忽然想起来，这年头哪里还有寄信的人，邮政人员的麻烦几乎可以忽略不计了。

通过号码查找显然行不通，正因为如此，周慧惠一路前行，她想尽快帮我找到12号，省得走过多的冤枉道。看来，在我开车之时，她已发现了我的急性子脾气。她走到这条路的前方，找到了9号院，而再往前号码变得越来越小。在一个丁字路口，周慧惠右转前行，而我则走向左方。沿此方向走出不到十米，看到了村边的田地与河流，看来左方又不对，于是我掉头走入另一条更窄的胡同。

我在这窄窄的小街上，注意到一扇石雕的镂空花窗，这花窗在整条白墙的街上显得颇为突兀。从风化程度看，此物件有着不小的年份，通过细节上表达出的美感，显然出自读书人家。继续往前走，看到另一扇花窗，造型为简洁的栅栏式，虽然简洁，却也是用整块青石雕造而成的。其实从材质角度来说，这样的石块更难选择，因为原石稍有裂痕就会被废弃，远不如雕花可以遮盖瑕疵。花窗周围是古老的条石，只是被村中统一粉刷过的白墙所掩盖。

花窗的前方有一户院门，此处竟然没有门牌号，我想走进去一探究竟。刚刚迈入，就听到有声音从右手边的小房间传出："你有什么

◎精美的花窗

事？"这是一句标准的普通话，让人瞬间搞不清楚自己身在何方。顺着声音望过去，房内床上半躺着一位七十多岁的老人。我马上跟他说，这里是不是姚家斗12号，自己想到里面看一看。老人继续躺着不动，而后跟我说："你是来找姚燮故居的吧，就在里面。"

闻其所言大感高兴，我没往里面走，而是掉头跑出了院子。周慧惠已经走到了胡同的另一头，我大声地把她喊了回来。重新返回此院时，答话的长者已经起来站到了门口，我向他请教，姚燮既然在本村这么有名，为什么门口既没有门牌号，也没有名人故居文保牌。他只是告诉我："门牌号在院里。"

走入院中，眼前所见有些像北方的四合院，中间的院落大约两百多平米，四面都是房屋。而每一侧房上都挂着门牌号，左侧的那排房子是"姚家斗12号"。终于找到了目标，我正要上前拍照，突然从正房内窜出一条狗，它冲着我狂吠。紧接着正房前堆放的杂物后又窜出一条更凶猛的狗，好在这条狗拴着铁链，无法冲到我面前，然而它的拼命挣扎使得铁链抖动得哗啦啦作响。此时右侧房屋走出一位五十多

◎终于看到了姚家斗 12 号

岁的男士，他严肃地跟我说："不要向前走，狗会咬人的。"

按理来说，我跟狗颇具亲和力，未拴铁链的这一只我跟它讲了几句道理，它就乖乖地退到一边自得其乐去了，转而又对周慧惠充满了好奇。而此时，周老师跟门口坐着的一位老大娘聊起了天，在大娘的呵斥下，那条狗嗅了嗅周老师后，转身离去。

站在院中定眼观看，院落的建筑材料大多是木材，从色泽看，老屋虽然做过必要的维修，但基本上保持了原结构。院落的另两侧有些拆改，但正房和东偏房保持得较为完好。那条拴着铁链子的狗跟我狂吠一番后，感觉从气势上没有把我压倒，于是回到窝内蹲在那里盯着我的一举一动，而我则小心地绕到它的侧旁，跟它处在了一个屋檐之下。从侧边望过去，这里的老门扇保持得颇为完好，简洁细腻的窗棂竟然没有丝毫损毁。而窗棂侧边的门轴同样保留着精美雕饰，使用了这么多年，也没有做相应的支撑，看来只要没有人为的破坏，"流水不腐，户枢不蠹"，这句话的确是真理。屋檐下则铺装着两米多宽的条石，条石上堆满了杂物。屋檐下有两个石臼，从风化程度看，也是几百年前的老物件。

在观看过程中，我无意间发现，正房与西偏房的交界处，有着登楼的木梯，而木梯的侧旁透出了亮光，看来后面还有一个院落。由此穿过去，果真后面还有一个四合院，此处的门牌号是"姚家斗 10-1号"。从外围来看，这户院落也还完好，只是每一间屋内都空空如也，不像前一处还有住家。想来房屋也很有灵性：无论多么结实的建筑，只要长期无人居住，很快就会衰败下来。这里也是如此，我在地面上看到屋顶掉下来的瓦，这些瓦跌落在地面的石板上摔得粉碎。此况给我以提示：不能只图拍摄，还要留心顶上的坠物。

院落的几间房屋有的已经冒顶，看来若再无人收拾，不用多久，房子就会坍塌。而本院的另一个门牌号则是"姚家斗 11 号"，此房锁着门，隔着窗望进去，也同样空无一物。这时我隐隐约约听到了说话声，顺着声音向前走，穿过一个狭窄的夹道，竟然从另一个方向回到了正院。原来，是周慧惠和那位老太太聊得正投机呢。当我走近时，两人仍然用我听不懂的宁波话讨论着什么问题，我注意到老太太身后的门牌号

◎完好如初的窗棂

◎正房

是"姚家斗163-1号"，而此屋的隔壁却是12号。这让我忍不住想向老太太请教，你们村编排门牌号的人是不是研究哥德巴赫猜想的？

显然老太太没有跟我说话的欲望，她仍然向周慧惠讲述着什么。而我只好站在院中继续打量眼前的老屋，到此时我才看到院中有人用水泥砌了一个菱形的花坛，花坛四周摆放着一盆盆绿色植物。无论怎样的处境，人们对于美的追求都不会泯灭，这也正是人性的阳光吧。

走出院落之时，我很好奇地问周慧惠，她了解到了哪些新的信息？周老师告诉我，这个院落在土改时已经分给了不同的人家，而后又几经转卖，而老太太却始终住在这里。这位老太太还感慨于父亲能够带着女儿到处游览，我问周慧惠这句话是什么意思。她看了我一眼说："老太太认为你是我爸。"我长得的确有些着急，老太太虽不属于朝阳大妈，却同样火眼金睛。周慧惠跟我说，老太太在向她忆苦思甜。她说几十年前自己怀着孩子还要去干水利工程，而家中的孩子因为没饭吃饿得直哭。好不容易熬过了苦日子，如今却老得走不动了，不能像周慧惠那样让父亲带着到处去看老房子了。

看来只有吃过苦的人才能体味生活的甜，听到周慧惠的描绘，我瞬间滋生了幸福感。虽说人生不如意十之八九，而今我能自由地行走在这山山水水之间，寻找自己认为有价值的人文遗迹。仅凭这一点，就应当感谢生命的美意。哪怕是被人误识为爸，那也是出自欣羡的口吻。从这个角度而言，我比当年的姚燮要幸运许多。

姚燮祖籍浙江诸暨，高祖时其家从诸暨迁到了镇海，而今镇海就是宁波的北仑区，所以说此村乃是其出生之地。姚燮自小聪慧过人，徐时栋所撰《姚梅伯传》中称：

生周岁，未能言而识字二百余，坐大父膝头，手指无谬者。有客过其父，梅伯方五岁，索佩囊不与而啼。客笑曰："能作'灯花诗'，当与汝。"琅琅赋五言二韵，客大惊，解佩囊去。

　　一岁能识字，五岁能对诗，这等天才确实他人难及。姚燮家学甚好，祖父、父亲、叔父均有诗名，常常邀请诗友在家饮酒唱和，父辈的这些活动，给童年的姚燮以很好的诗艺熏陶。他在《元夜作诗示皋儿》诗中记录了这么一个儿时跟从祖父学诗的场景："影堂悬像尔曾祖，昔抚我顶牵我衣。南城北郭看灯市，索钱市果兼糖饴。归来未即索床睡，依尔祖膝学哦诗。"

　　大凡少年得志者，皆有其自负的一面，姚燮也不例外。他的兴趣

◎人去屋空

◎从这个小夹道穿入另一个院落

爱好广泛，性无拘束，不肯一心只读圣贤书。其在《陈桐屋明经春明集序》中自称："少年忘检束，避礼法如槛囚；好宴娛，弃精神于菅蒯。贞素就涵，风云不还。訾我者以为司勋之狂，昵我者以为湘累之愤。抑复高意气，好结纳，车笠满天下，标榜雄一时。姓氏耳习，恨不见我；缣楮目遘，疑为古人。或以文章坛坫相尊，或以弋猎科名为勖。"

道光六年（1826），姚燮成了县学生员，也就是所说的秀才。八年之后，他考上了举人，而他的功名也到此止步，因为之后他多次参加进士考试，均铩羽而归。为了生活，姚燮来到了苏州，在那里靠卖画为生。

原本姚家虽不是富户，倒也算殷实之家，然而在其二十岁左右时，家道已经中落。姚家迅速衰败的原因，我未查到相应史料。只知道此后有一度，姚燮的日子过得颇为艰难。他在《与叶仲兰书》中这样叙述自己的困苦："风雨不晴，并绝燕巢之食，仰视屋脊，咄嗟奈何。辄思囊铗卷襓，丐食他方。又恐王孙踅遇，仲宣罔依。不为伍胥携吴市之簏；即为马周困新丰之店……白头在堂，难委任于弱妇。辄又思离家谢俗，空山影韬。自劳薪汲，尚友巢许。猨狄堪役，拾橡以代粮；石屋可栖，搴云以作户。老庄而外，不置杂编。登临告倦，眠藉芳草。吐茹元气，佚宕天游。所计亦非左也，然且未能焉……家累牵率，若继系囚。谁来投卖文之钱，难复书乞米之帖。幸获升斗，全家笑颜；或绝炊烟，邻子避匿。"

姚燮擅长绘画，特别喜好画梅花。他字梅伯，自号大梅山民，而堂号又是大梅山馆，起这个堂号的原因有二：一是其所居之地有大梅山，二是他酷爱画梅花。姚燮还有另一个堂号叫二石生，关于这个堂号的来由，民国《象山县志》中称："仪征阮元字以二石生，谓其词似白石，画似煮石也。"

阮元认为，姚燮有两大才能，一是作词，二是绘画。其词风酷似姜白石，而绘画则像王冕，因王冕也是以画梅著称。姜夔号白石道人，王冕号煮石山农，所以阮元把姚燮称为"二石生"。

姚燮的词作，大多收录于《疏影楼词》中。对于填词之道，姚燮在是书的序中说："词小道也，然韵不骚雅则俚，旨不微婉则直，过炼者气伤于辞，过疏者神浮于意，而叫嚣积习淫曼为工者尤弗取，余幼辄耽此，搜宋元以来诸家名集，沉浸讨索，效之，似锢之益深。迨弱冠后，日与世涉，哀乐渐多，兼以友朋宴游，饥寒驱逐，每有感触，即寄之。数年以往，共得千阕余，并少作，删存六一，厘为五卷，各以类从，此中甘苦，余颇自信；其有合于古人之旨否，余未敢自断也。成连安在乎？吾抱琴以俟之。"

由序可知，姚燮对自己填词水准颇为自负。对于他的词，我颇喜那首《霓裳中序第一·故苑》：

江山易换局，昔苑今栖樵与牧，多少椒丹蕙绿。叹复道沉虹，香斜埋玉。舻棱一握，尽上摇、天半凉旭。无回挐，草深花谢，那忍向前躅。　乔木，荒鸦来宿。便披殿、只游麋鹿。当年旄骑卫毂。想禁御秋栏，壶街春束。才人遭乱逐，苦卖唱、内家旧曲。陵合树，杜鹃哀魄，夜望紫烟哭。

这首词的内容谈的是咸丰十年（1860）圆明园被烧为废墟时的情形，这片废墟中最令我痛心者，乃是文源阁的被焚毁。文源阁所藏《四库全书》，几十年过去了我仅见过一册零本，可见当年焚烬之彻底。姚燮的这首词，形象地描绘出了劫后圆明园的悲凉，然词中并未提到这部《四库全书》。姚燮毕竟是位爱书人，故其未曾提到此处遗迹，让我觉得是个小憾。

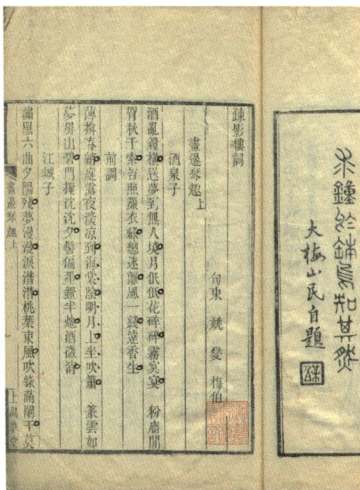

◎姚燮撰《疏影楼词》，清道光十三年（1833）上湖草堂刻本，卷首

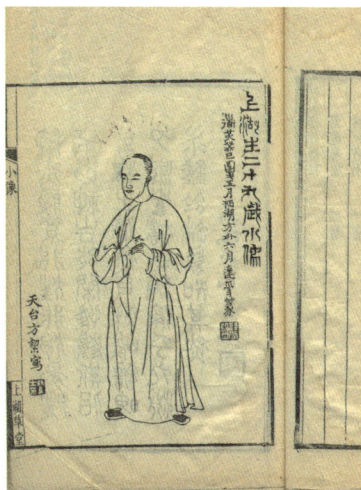

◎姚燮撰《疏影楼词》，清道光十三年（1833）上湖草堂刻本，小像

正如阮元所言，姚燮很有诗才，可惜他未在这条路上走下去，这跟他得了一场病有关。陆玑在姚燮所作的《玉枢经籥》中的序言中写道："迨癸卯秋，养疴玉清道院，恍惚中若有人告之者：'多作绮语，当入无间狱，不独疾之不愈也。'乃猛然愧悔，即焚小说板，愿注《玉枢经》，遂号'复庄'……譬如昨日死而今日生者，实隐寓悔过之意，而复见天地之心也。"

道光二十三年（1843），姚燮得了一场大病，而后他就住在了一处道院内。某天，他冥冥中感到有人在劝诫他，不要再写这类花样文章，之后病痛就能自动痊愈。姚燮醒后，果真焚烧掉了相应的著述，而身体也就好了起来，于是他给自己又起了个号，叫"复庄"。

对于绘画这件事，尤其是画梅，则是姚燮终生爱好，也是他赖以生存的主要经济来源。民国《镇海县志》中称："客中金尽，则闭门作画，市人争购之。其画仕女花卉翎毛皆佳，而梅花尤淋漓尽致，世以大梅先生称之。"

姚燮一旦缺钱了，立即闭门作画，而他的画又特别受市场欢迎。张培基在《复庄诗传》中称："能作人物花鸟，或赠人以为酬酢，不知者邂逅求画，甚于求其诗文，故又以画著名。"不仅如此，姚燮还把自己画梅心得写成了一本书，可惜此书流传稀见。骆兆平在《姚燮与大梅山馆》一文中写道："同时他总结了画梅的心得近百条，写成《画梅心语》一书。此书于咸丰八年（1858）四月由唐载銐抄传，后虽有刻本，而知者甚少。天一阁藏有刻本一册，署大某山民撰。姚燮又有《题画梅三章》诗，其二云：'平生画梅几千幅，换得青钱供酒肉。画本流落半天下，谁能相梅如相马。……'"

姚燮自称一生画了几千幅梅花图，以此来作饭资。其实这说法乃是自谦，因为画梅所得的积蓄大多被他用来了买书。王荣商在《大梅山馆书目记》中称："而以鄞之大梅山署其馆，画之所入，一日可得百金，而尽其金购书，于是大梅山馆之藏书，几与甬上诸故家埒。"

通过画梅，姚燮不仅改善了生活，还能够有余钱大量购书。从此，他成为了一位重要的藏书家。姚燮藏书并非仅为堆积，他有着自己宏大的计划。《清史列传·姚燮》中称："自经传子史至丛书小说，旁逮道藏、释典，靡不览观。诗笔力雄健，自遭海夷之乱，出入干戈，备尝艰苦，著《茧拊录》一书，缕述事故，信而有征。"

姚燮爱好广泛阅读，而那个时代没有公共图书馆，想要博览群书只能靠自家的藏书。张培基在《复庄诗传》中评价他说："流览群书，著作皆有所据。"

何为著作皆有所据呢？这里指的是姚燮的二部著作：《今乐考证》十二卷和《今乐府选》五百余卷。

对于姚燮在戏曲方面的研究成果，骆兆平在《姚燮与大梅山馆》一文中评价说："姚燮还是近代系统研究我国戏剧历史的第一人。他写

◎姚燮评《国朝骈体正宗评本》，清光绪十年（1884）张氏花雨楼刊朱墨套印本，书牌

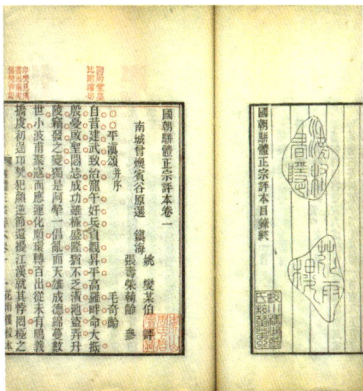

◎姚燮评《国朝骈体正宗评本》，清光绪十年（1844）张氏花雨楼刊朱墨套印本，卷首

的《今乐考证》对各时代作者及曲目详加著录，兼采诸家评论及作者世系行状撰为提要。另一部《今乐府选》是元、明、清戏曲选集，共收四百三十一种，内容非常丰富，收集保存了大量珍贵戏曲文献。"

众所周知，王国维对曲学的研究最具名气。但从时间上来说，他却比姚燮晚了六十多年。因此郑振铎在《姚梅伯的今乐府选》文中说："当举世不为之时，梅伯独埋头于戏曲的探讨，且较王静安先生更早数十年完成他的戏曲目录（且还有提要的）《今乐考证》，实不能不谓为'豪杰之士'……而像他那样的有网罗古今来一切戏曲于一书（《今乐府选》）的豪气的人，恐怕自古至今日还不曾有过第二人。"

姚燮对曲目的编纂和研究的确下了很大的功夫，故郭延礼所著《中国近代文学发展史》中用专章给予了评价，首先对《今乐考证》一书列简目如下："此书有《缘起》一卷，《宋剧》一卷，记载宋、金杂剧、院本名目；另有著录十卷：分别著录元杂剧二卷、明杂剧一卷、国朝杂剧一卷、金元院本一卷、明院本二卷、国朝院本三卷。全书共著录宋、金杂剧、院本 992 种，元杂剧 83 家，剧目 491 种，无名氏

100 种，明杂剧 46 家，剧目 137 种，清杂剧 72 家，剧目 228 种，无名氏 8 种；附花部剧目 45 种；明和明以前传奇 170 家，剧目 314 种，无名氏 55 种；清传奇 197 家，剧目 487 种，其他 251 种。全书共著录作家 515 家，剧目 3108 种。"

《今乐考证》宏大体量，是该书的独特之处，郭延礼评价说："是书卷首《缘起》，考证戏曲源流、角色、音乐、砌末行头。其著录部分，于每一个作家名下首列作品，然后附各种评论资料，是研究中国戏剧史的重要史料。"

《今乐府选》虽然价值极高，然至今仍然是残稿。此稿在姚燮生前并未完成，到了 1954 年，浙江省图书馆从一位叫俞子良的人手中购买到了该稿的大部分，当时的浙图馆长张宗祥对此稿本进行了仔细核对，而后编出了《复庄今乐府选详目》。张宗祥在该目后的跋语中写道："一九五四年夏，购得姚梅伯选抄乐府一百一十本，苦无细目，因为录此。原书凡百九十二册，今逸八十二册，不知是否尚在人间，真使人怅怅。海宁张宗祥记，时年七十三。"

因为浙江省图书馆所藏的《今乐府选》共 110 册，并且含首册及末册，所以张宗祥能够确认书稿原有 192 册。他当时并不了解天一阁藏有该书稿 56 册，另外，北京图书馆也藏有 2 册。若将这三处所藏加在一起，此稿仍然缺少 24 册，不知道这部分佚稿何时才能出现在世面上。

关于天一阁所藏 56 册《今乐府选》的来由，周慧惠告诉我：这些残稿原本藏在朱鼎煦家，而朱鼎煦又是从林集虚那里买得的，再往上追溯则是出自小港李氏家。至于到这位李氏是从哪里得来者，周慧惠说她还未查到史实，若有信息定会转告。同时她还说，天一阁藏有十几种姚燮的稿本，这些手稿也大多是从朱鼎煦家转来的。虽然这个断环未能补齐，我相信以周老师的执着，早晚能够找到那些递传过程中不为人知的细节。

《今乐府选》所收之剧从元代迄至明清，其中有些剧目颇为罕传。《中国近代文学发展史》中写道："《今乐府选》共收各类戏曲（包括少数散曲）429 种，保存了大量资料，有些还是颇为罕见的剧作。比如所选明院本，未见于毛晋编的《六十种曲》者就有 11 种，像沈鲸的《鲛绡记》、高濂的《节孝记》、史叔考的《双缘舫》，都是比较难得之作；清院本部分，所选剧作最多，价值亦高，有不少是今日的罕见之作，如袁令昭的《珍珠衫》和《鹣鹣裘》、王翙的《词苑春秋》、湖上逸人的《双奇会》、薛既拐的《醉月缘》、李玄玉的《麒麟阁》、叶稚斐的《琥珀匙》、吴梅岑的《马上缘》、朱良卿的《九莲灯》和《牡丹图》、石恂斋的《香鞋记》和《饰香亭》、无名氏的《梅花楼》等。"

姚燮何以能够收到这么多罕传之书？郭延礼在其专著中有如下描绘："姚燮为选录这些戏剧，付出了巨大的劳动。有些剧本是出自他的藏书；有些剧本是他奔走苏、沪、杭各地，从收藏家或作者手中借来的。如《牡丹图》校记云'此从吴局写本录出'；《列子御风》校语曰'此本从彦卿借抄，为瓶水斋旧藏写本'；《芙蓉峡》校语说'此卷从张春水征君风雨茅堂书架检借，惜仅下半卷，未睹其全'；杂剧《艳禅》一种，还是他游苏州时从作者王复那里得到的。这些剧作，有的是海内孤本或罕见的抄本，幸赖《今乐府选》得以保存，仅此一点，就可表明此书在中国戏曲史上极其珍贵的史料价值。"

由此可见，购书、访书、抄书，是大梅山馆戏曲类专藏得以丰盛的秘诀。王瑜瑜在其所著《中国古代戏曲目录研究》中以专节谈论了《大梅山馆藏书目》，作者首先评价说："有清一代，《今乐考证》作者姚燮的戏曲收藏最为全面、丰富。姚氏大梅山馆藏书中，戏曲作品数量十分可观，这些戏曲收藏成为他编撰《今乐考证》和《今乐府选》的重要文献基础，其中许多依赖《今乐府选》流传至今的曲本颇为珍稀，为中国古代戏曲史留下了一笔宝贵的财富。更值得庆幸的是，姚燮所编的家藏书目《大梅山馆藏书目》为这批珍贵的收藏留下了详细记录。"

通过姚氏的藏书目录，即可分析出他的藏书方向所在。王瑜瑜在书中写道："从《大梅山馆藏书目》在戏曲作品之后附录编演、说唱、散曲、杂腔、京都鼓词、通俗小说诸类的情况来看，我们可以肯定，姚燮不仅醉心于典雅的文人传奇、杂剧，对于通俗文艺样式如大鼓、俗舞、杂曲、小说等还有着广泛的爱好。在中国古代藏书家中，能将如此众多的通俗文艺作品正式录入藏书目录者寥寥，姚氏的勇气与个性着实令人钦佩，《大梅山馆藏书目录》也因此得以在书目江海中彰显其特色。"

姚燮的藏书方向也确实与其他藏书家不同，他的所藏是当时很多藏书家不屑入藏的门类，但正因如此才成就了他的事业。

正如王瑜瑜所言，《大梅山馆藏书目》之外，姚燮还收藏了一些其他通俗类戏曲作品。天津图书馆的张增元、郭治凤两位老师写过一篇《新发现的〈大梅山馆藏书目〉"鼓词目"》，该文中提及："天津市图书馆藏有近人金大本所抄《大梅山馆藏书目》，记载了姚燮的藏书情况，其中著录的戏曲作品，大都见于《今乐考证》，但也有《今乐考证》遗收的书目，在我们看来，最有价值的当为'鼓词目'。这个'鼓词目'之所以重要，是因为填补了清初至清中期鼓词文献的空白点，其中又颇多未见著录的鼓词目，而且是长篇钜制，都有卷数，又是同治三年（1864）以前的作品，是研究鼓词发展演变不可多得的史料，尤其是对探讨小说、戏曲、曲艺与鼓词题材的互相渗透提供了证据。"

关于鼓词的概念以及姚燮此目的下限，张增元等在文中称："鼓词多从小说、戏曲衍化而来，多为长篇，后因演唱、观众的需要，将长篇鼓词中精彩部分选出来，单独演唱，例如，《呼延庆打擂》则是从

《呼家将》分离出来的片段。从这个角度看,《大梅山馆藏书目》'鼓词目',系姚燮生前的藏书。姚燮卒于同治三年(1864),故《大梅山馆藏书目》'鼓词目'的作品,最迟的也不会晚于同治三年(1864),应该说大部分早于同治三年(1864)。"

按文中的观点,鼓词乃是长篇历史戏剧精选集,为什么这类戏剧片段更受观众欢迎呢?文中又写道:"清代中期以后,由于大鼓的异军突起,长篇鼓词内容冗长,引不起观众兴趣,渐渐地衰落下来,而短小精彩的鼓词小段,依然有其生命,顽强地生存下来,清代后期,内忧外患,大批图书损失,姚燮所藏的鼓词书可能也都损失了,后人看不到清初至清中期的鼓词文献史料,对研究鼓词的发展脉络增加了难度。现在,由于《大梅山馆藏书目》'鼓词目'的发现,填补了这个空白点。"

由以上可见,鼓词乃是民间流传的唱本,而姚燮为了研究戏曲,也搜集到不少这类书。这个目录总计著录鼓词40种,而其中的34种都很稀见。如果不是姚燮的著录,这些鼓词的存在就无人能知了。

可惜的是,姚燮在同治三年(1864)四月二十五日去世了,终年六十岁。如果他能够活得更久一点,一定能将自己的藏书搜集得更为完备,相应著作也会更加宏大。大梅山馆所藏在其殁后不到二十年就散了出来,这些书一次性地卖给了蔡氏墨海楼。王荣商在《大梅山馆书目记》中写到了这件事:"先生殁后,书归墨海楼蔡氏,目亦随之以去,故《镇海艺文志》尽载先生之著作而书目独遗。壬午春,余于墨海楼见之,叹其聚之多而散之易也。"

清光绪八年(1882),王荣商来到了墨海楼,他在那里看到了大梅山馆的旧藏,这让他大为感慨。墨海楼主人名为蔡鸿鉴,这座藏书楼也在宁波,因为其家藏有一方古砚名叫墨海,故以此来命名楼。说来这蔡鸿鉴也是姚燮的弟子,不知道是否受了老师的影响,而有了藏书

◎粗壮的梁柱

之好。总之，墨海楼不但买下了大梅山馆旧藏，同时抱经楼的旧藏也有不少归入了此楼。

蔡鸿鉴去世后，他的藏书归了儿子蔡和霁，当时蔡和霁方9岁，虽然年幼但也喜欢藏书。蔡和霁渐渐长大之后继续购买书籍，他喜欢收藏明版书，所以将自己的堂号写为"明存阁"。遗憾的是，这位蔡和霁年仅18岁就因病去世了。好在他已经有了儿子，名蔡同璋，字为明存，有纪念乃父之意。蔡家世代经商，蔡同璋也在经商之余继续收书，其祖孙三代所藏之书达七万余卷。

民国十年（1921），蔡同璋在上海经商失败，面临破产，不得已准备出让墨海楼藏书。经过三代积累，此楼在当地已颇具名气，故很多有识之士呼吁不要把书卖到外面去。此时，蔡同璋在与人合资的泰巽钱庄中借款白银十万两暂时渡过了难关，而后却无力偿还这笔款项，最终以墨海楼藏书做价四万银元抵债，而买得这批书者乃是萱荫楼主人方矩。

方矩是一位女士，女士藏书颇为罕见，故骆兆平在《书城琐记》中称："在浙东藏书史上，萱荫楼是二十世纪二三十年代唯一由一位女子创办起来的著名藏书楼。楼主人方夫人和李庆城又是新中国成立之初较早把藏书化私为公、向国家捐赠大量文化典籍的爱国藏书家。"

这位方矩为何如此有钱？从相关资料来看，她在年轻时嫁给了宁波富商李瑞湖，这位李瑞湖家里经营钱庄，以后世说来乃是开银行的。然而李瑞湖去世较早，故其家由夫人方矩来支撑。蔡和铿在《李氏萱荫楼藏书目录序》中称："夫人故大家女，贤明慈惠，素娴文墨。于归未几，旋丧所天，执勤慎己，家获再造。"

民国十六年（1927），方矩出资买下了蔡氏墨海楼的藏书，这批书藏在了东轩的三栋楼房内，然而方矩并不知道如何整理，于是她请来蔡和铿负责此事。因为李瑞湖无子，所以方矩收李庆城为嗣子，而蔡和铿又是李庆城的老师，萱荫楼之名也是蔡和铿所起的。

总之，经过这段辗转，姚燮大梅山馆所藏最后到了墨海楼，而墨海楼又转卖到了萱荫楼。那么萱荫楼所藏的大梅山馆之书是否为当年的全部呢？李性忠在《萱荫楼——民国时期宁波著名的藏书楼》一文中说道："根据《大梅山馆藏书目》统计，共有藏书 3242 部，其中有卷数的 2950 部 19502 卷，无卷数的 208 部，以册计的 84 部 410 册。以分类统计：经部 384 部，史部 575 部，子部 556 部，集部 1727 部。有人说，萱荫楼保存大梅山馆藏书计明椠本 88 种，抄本 36 种，清椠本 336 种，这也仅占大梅山馆旧藏的七分之一。"

看来，萱荫楼所藏仅是大梅山馆的一部分，那大梅山馆其他藏书去了哪里呢？李性忠在文中又有这样的简述："清道光二十一年（1841）镇海陷英军之手，姚燮挈家避地鄞西，生活困顿，艰苦备尝，藏书流散。后一部分由墨海楼入藏，流散在社会的也不少，浙江图书馆历年收集所得，入藏善本库的就有 13 部 42 卷，这些图书上都有姚燮亲笔题识，相信皆大梅山馆旧物。"

对于萱荫楼藏书的具体状况，李庆城在《宁波李氏萱荫楼藏书记事》一文中有如此详细的说法："我宁波李氏萱荫楼藏书得之于同邑蔡氏墨海楼，墨海楼得之于镇海姚氏大梅山馆，其中天一阁与卢氏抱经楼之书亦间有流传。李氏原以货殖起家，祖及父辈弃商就学，遂成'书香门庭'。李氏曾与蔡氏合营钱业，后以钱庄倒闭，蔡氏遂以其墨海楼藏书作价抵与李氏。我自幼出继与从叔母（姓方名矩）为子，母氏娴于文史，性喜典籍，因出资独购李氏各户共有之藏书，请我师蔡芝卿先生加以整理、编目，庋藏于东轩之三栋楼房。蔡师以是书为母氏所得，乃颜其楼曰萱荫。计有宋椠经、史、子、集10种164册；元椠史、子、集16种516册；明椠有集部66种550册，经部48种849册，史部89种1917册，子部195种2641册，集部169种1973册；抄本经、史、子、集189种，1394册；清椠经部265种3173册，史部412种5262册，子部551种6626册，集部935种5429册。总计2945种30494册。以时局不宁，自1931年建楼起，即为封闭式的私人藏书，故虽有楼名，却无匾额，亦无印鉴，因而鲜为人知。"

李庆城也是萱荫楼的主人，其所说出的数据却远远大于李性忠所言的"七分之一"。不清楚萱荫楼如此众多的藏书数量是否还有从他处所得者，李庆城在文中未曾言明，但他却讲到了萱荫楼中的一些难得之本，其中最受后世瞩目者乃是明崇祯年间所刻的《天工开物》。

对于萱荫楼藏书的艰难，李庆城在文中又有这样的描绘："我自少年以至中年时代，国势蜩螗，内忧外侮，战祸频仍，为保护藏书安全，曾数度辍学。1937年日本侵华，我与亲族等数户避地鄞西凤岙市，迁居前，与妻登书楼，以巨型衣箱数只分储宋元明精刊及部分抄本，随身运抵乡间。1938年秋，我来沪继续学业，临行前，与舍亲陈氏协商，把储藏于衣箱内的书局锁加封，寄存于他所熟知的一钱庄之楼房内。

◎完好的柱础

我们对藏书的保管从来是事必躬亲，未曾轻易假手于人。"

此后，萱荫楼所藏还有很多的曲折经历，但最终方矩和李庆城将其一并捐献给了公共图书馆："1951 年春，文化部文物局郑振铎局长因公南来，获悉我家有藏书，对其中《天工开物》一书尤为重视，即通过徐森玉先生请舍亲秦康祥与我联系，我极为振奋。征得母亲同意，即走访郑振铎先生，愿以全部藏书捐献给浙江图书馆。郑先生原拟作价收购，闻知捐献，面予嘉奖，于数日后约我去上海乐义饭店叙谈。在座的有沙文汉、徐森玉、唐弢与朱鼎暄诸先生以及浙江图书馆的一位负责同志，商定图籍移交的具体事宜。六月间，我和母亲会同华东文化部文物处的一位同志以及浙江图书馆的二位工作人员前去宁波办理交接手续。接收人员对藏书无尘无虫和不潮不霉极其赞许。全部藏书遂运往浙江图书馆庋藏。（其后有部份善本运往北京图书馆）。"

如此说来，姚燮大梅山馆所藏之本，经过这么多的周转，最终都到了浙江省图书馆。而其中几部特别的善本，比如《天工开物》等藏到了如今的国家图书馆。这些书历经艰难未曾损毁，总算得到了善果。而令人遗憾的是，姚燮的故居却未能得到妥善的修缮，虽然村民们都以家乡出了这样一位文化人为荣，然而他的故居却连一块文保牌也没有。真希望有一天再来此处时，能够看到修旧如旧的大梅山馆。

劳格 （1819—1864）

字季言，清仁和（今浙江杭州）人。劳氏累代富藏书，与其兄劳权专攻群史，精于校勘，时人有『二劳』之目。自幼受到家庭熏陶，热爱读书、藏书。继承父志，致力于唐史研究，续完父亲未竟的《唐折冲府考》。曾校订《元和姓纂》《大唐郊祀录》《北堂书钞》《蔡中郎集》等，引征博而且精。著有《读书杂识》。

陈乃乾在《上海书林梦忆录》中讲述了这样一个有意思的故事："光绪末年，杭州文元堂主人杨耀松以六十元从塘栖购得旧书两大箧。启箧检视，但见每册皆有蝇头小字批注满幅，而无一棉纸书，大为失望，以为无利可获矣。他日试以数册示京估，每册索十元，京估欣然受之。嗣后北京人相继追踪而来，索购有蝇头小字之书，傅沅叔亦派专人来杭，所获较多。两月之间销售一空，获利两万余金，杨氏得以起家。事后始有人告耀松曰：'尔所售去蝇头小字书，皆劳季言批校本也。若持至京沪，每册当百元以上。'耀松大为悔恨。因伪刻劳氏藏印，苟得刻本稍旧而有批校者，皆钤之。如是数年，钤伪印者皆得善价。"

　　这个故事讲述的是书商走眼的事，杭州书商杨耀松从塘栖镇购买到了两大箱书，看来这两箱书是让伙计去办理的，之前他并未验货，等买回来后查看发现这批书全是一些批校本及钞本，没有一部是市场热销的明代白绵纸本，这个结果让杨老板很是失望。某天他试着拿出几册来出让给北京的同行，因为不懂行所以他就胡乱开价，每册要价十元。他原本以为北京的书商会使劲跟他砍价，没想到对方一点儿都不还价立即买下。而后不久，北京又来了一些书商找杨老板专买这种批校本，大藏书家傅增湘也专门派人找他购买这种书。

　　两个月后，杨耀松以六十元买到的这批书最终卖了两万多元，为此杨老板发了家。但为什么他的这些批校本能够卖出这么大价钱，杨并不了解，他的这笔财发的确是懵懵懂懂。直到后来有人告诉他，他卖出的这批书都是著名藏书家劳格的批校本，这样的书如果他自己拿到北京和上海出售，每册的价钱还能翻十倍。

　　同行的这番话让杨耀松听了大为悔恨，看来人的贪欲真是无止境，当时他买下两大箱劳格批本仅花了六十块钱，在两个月的时间内他就赚了几百倍，然而杨依然不满足。而今从同行那里得知劳格批本的价值，比他的胡乱开价还要高十倍，这当然让杨老板咽不下这口气。但是书已经卖完后悔也没用，于是这个杨老板就开始搞邪门歪道。他到处寻找有批校而无落款之书，然后找人伪刻了几方劳格的藏书印，之后将这种假印都盖在那些无名批校上，这么一干就是几年。因为劳格批校本的名声太大了，书界有着"顾批、黄跋、毛钞、劳校"四大名品之说。但是真正能够认出劳格亲笔之人看来并不多，因此杨耀松伪造的这些批校本均以高价卖了出去，看来他真的又发了一大笔。由这个故事也可得知，劳格批校本在民国年间是何等的受藏书家的追捧。

潘景郑先生所著《著砚楼书跋》中有《劳季言手校笠泽丛书》一篇，而季言就是劳格的字。潘先生先在文中讲述了《笠泽丛书》版本上的各种关系，而后他又讲到了该书的书主"顷吾友黄君永年，携示碧筠草堂初印本，为越缦堂旧藏。眉端行间，朱墨烂然，其所依校，如《新唐书》《唐文粹》《文苑英华》《万首唐人绝句》等书，分别异同，殊多创获。校本未著姓名，字体细如针缕，书友妄拟为越缦所校，黄君阅肆得之，审是劳季言先生手笔，承与赏析，深佩黄君之明眼为不可及也"。

看来这本书是现代文献家黄永年先生的旧藏，这本书上批校很满，潘景郑阅读后查出此书的批校用到了多种文献，并且其校语颇有独创性，可惜此校本上没有落批校者的名号。其所批之字十分的细小，因为该书上有李慈铭的藏书印，所以书商认为该书的批语乃是出自李慈铭之手。而黄永年在旧书店看到此本时，因为他认得这是劳格的手笔，所以将其买了下来。

黄先生是捡了个大漏，这让潘先生很感慨，"劳氏乔梓手迹，余所见者以平甫、季言两先生为多，皆细楷精整，平甫尤见工致。余所藏劳校，有平甫之《寇忠愍集》，季言之《云山日记》，惜俱易米以去。今观斯帙，恍逢旧识，缅怀聚散，益不胜其怅惘于笈藏之流转耳。"潘先生说他见过多种劳权、劳格钞本，所以他对这两人的笔迹很熟悉，而其本人也藏有劳权批校的《寇忠愍集》和劳格批校的《云山日记》，潘先生感慨说这两部书他都转让给他人了。

查潘景郑所著《著砚楼读书记》中果然有"劳权手钞云山日记"，潘先生在此跋中写道："是本缮写精致，疑是影元出者，惟钞写时重文杂沓，而眉间亦多为写官摹体所污，经前人以笔涂乙，庶便省览。眉间别有校语，所据有元本及厉樊榭、宋芝山两家钞本，校语下注'饮香'二字，饮香何人，当待考之。此本于无意中观之市肆乱书堆中，旧黏兔园册子上，从贾人乞归，觅工重装为蝴蝶式。顷携来沪上，重为展读，焚燎之余，弥以珍视矣。"看来潘景郑得到这部劳权批校本也是捡了个大漏，因为他是在乱书堆中翻捡出来的，而后他请人改装为蝴蝶装，看上去肯定很漂亮，只是不知道他的这个改装本最终卖了多少钱。但卖出的时间肯定是在20世纪50年代之前，因为他给黄永年所藏的劳格批本《笠泽丛书》所写跋语的时间是1955年11月。

潘景郑虽然卖出了他所藏的劳格、劳权批校本，然而黄永年得到的这部批校本令他颇为喜爱，于是他就想找到一本《笠泽丛

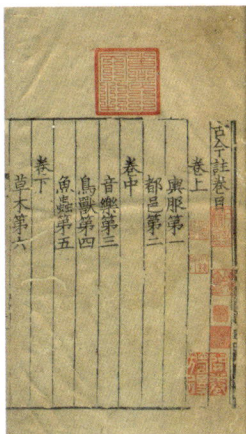

◎丹铅精舍旧藏《古今注》三卷，明嘉靖间芝秀堂刻本

书》，将劳格的批语过录下来，但是碧筠草堂所刻该书特别漂亮，这让潘景郑不舍得在上面写字。于是他就委托苏州书商"江君"帮助找一本大叠山房翻刻本，这里所说的江君有可能指的是苏州文学山房主人江澄波先生，也可能是江先生的父辈。总之江君给潘先生找来了此书，于是潘景郑用两个晚上把劳格的批语过录到了他的这部翻刻本上。而后潘又在这个翻刻本上写了段跋语："知季言所据，以《唐文粹》及《文苑英华》为主，而副以《吴郡志》《姑苏志》《吴都文粹》诸书，其校语之精整，虽点画之差微，亦加以注明，足征劳校之精诣为不可及也。"在这里潘先生又在夸赞劳格所批之书是何等精审，因此劳权、劳格兄弟批校之书能够卖得很大的价钱这也绝非是浪得虚名。

其实劳校指的是劳权、劳格兄弟的钞本和批校本，因为他们兄弟二人共用丹铅精舍这个堂号，故而兄弟被人目为"二劳"。他二人的父亲是劳经元，劳经元有三个儿子，劳权是老二，劳格是老三，而老大叫劳检。但不知为何老大很没有名气，藏书家吴昌绶写过一篇《唐栖劳氏三君传》其中也仅提到了劳检的名字，而对他的事迹未着一字。对于老二和老三，吴昌绶在此文中说"颙卿季言皆精校雠之学，季言少受业于同邑朱进士以升，一时名宿咸倾衿相契"。对于劳氏兄弟校书之事，王大隆在《劳氏碎金》跋语中也说："劳氏兄弟孜孜矻矻，爱书若命，手自抄校，虽乱离不辍。又得同志之友高学治、丁宝书互相通假，文字之乐为不可及。"王大隆提到劳氏兄弟跟高学治、丁宝书相互借书用于校雠，而丁宝书在《读书杂识》序言中也夸赞劳格说："予家去塘栖百里，自是邮筒往复，一月数至。季言嗜收书，与予同癖，遂互相借录，率以为常。"看来丁宝书家距劳格家有百里之程，所以他们都是通过邮件往返，每月都会通信几回，而对于劳格的学问丁宝书同样很赞赏："季言习诸史，而尤熟于唐代典故，钱少詹以后，一人而已。"丁说劳格对史学十分熟悉，他认为劳格在这方面的水平仅次于钱

◎《读书杂识》十二卷，清光绪四年（1878）吴兴丁氏刻月河精舍丛钞本，书牌

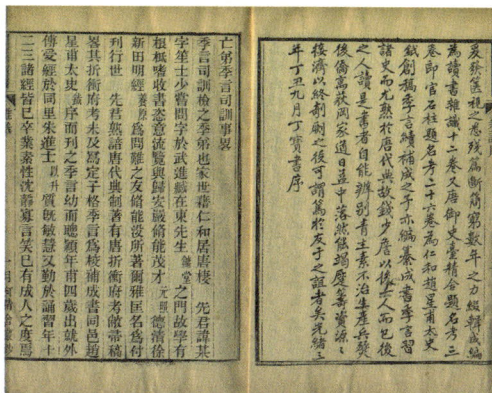

◎《读书杂识》十二卷，清光绪四年（1878）吴兴丁氏刻月河精舍丛钞本，丁宝书序言

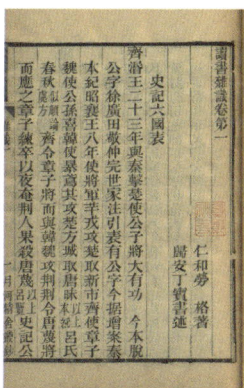

◎《读书杂识》十二卷，清光绪四年（1878）吴兴丁氏刻月河精舍丛钞本，卷首

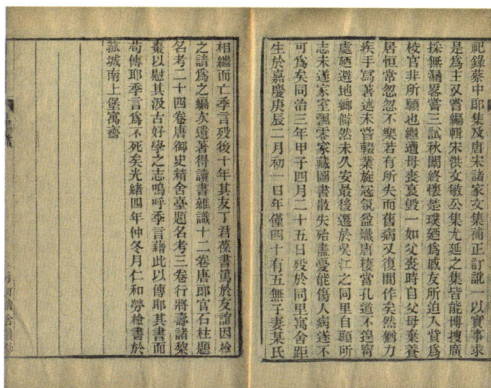

◎《读书杂识》十二卷，清光绪四年（1878）吴兴丁氏刻月河精舍丛钞本，劳检序言

大昕。

以上是朋友和后人的评价，而劳家的老大劳检也对三弟劳格的刻苦批书颇为赞赏："尽发先人所藏书遍读之，于是其学益邃矣。尤勤于校书，尝镌小印曰：'实事求是，多闻阙疑。'凡所校之书必钤其印于卷端，盖以此为读书之旨也。"（劳检撰《亡弟季言司训事略》）

劳氏兄弟何以有了藏书和校书之好？其实他们兄弟二人的这个爱好是本自其父劳经元，而劳经元乃是常州著名经学家臧庸的弟子，对于他的藏书之好，顾志兴在《浙江藏书史》中说："劳经元性喜读书，又喜聚书，每遇好书，即行收藏，恣意流览，有味经斋藏书处。为劳权、劳格后来丹铅精舍藏书打下坚实基础。"

相比较而言，关于劳权藏书之好的历史资料不如其弟劳格为多，但是劳权有一妾名叫陈染兰，她对装订很是在行，看来此妾心灵手巧。劳权在《片玉词》的跋语中说："丁巳（咸丰七年）正月初九日晡时写毕，明日立春。陈姬归余匝月矣。姬人初名染兰，予复字之曰双声，盖取春风故实也。"看来染兰二字是此妾在来到劳家之前的名字，从声韵角度来说染兰这两个字应当属于"叠韵"而非"双声"，但不知道为什么劳权却给此妾赠字为"双声"。劳权又在《古梅吟稿》跋语中说："顷得禄饮先生手抄《夹漈遗稿》，倩双声重装，补缀熨贴，殊可人意。"

劳权得到了一部鲍廷博的钞本，可能是该书品相不好，于是他让陈染兰重新装订，装出之书让劳权大为满意。藏书家能够得到这样的妾当然令人欣羡，因此王大隆在给《藏书纪事诗》所作"补正"时称："有双声为掌书记，其风雅韵事，不亚于梅谷之有虹屏，久能之有香修，宜附著之。"

劳钞中以劳格的名气更为响亮，晚清藏书家叶廷琯在《浦西寓舍杂咏》中写道："真读书人贼亦钦，纤尘不使讲帷侵。黄巾知避康成里，汉季儒风又见今。"叶在此诗后面写了一段小注："仁和劳季言，家塘栖，累代富藏书，季言尤以博洽名。贼酉至其门，戒其徒谓此读书人家，毋惊之。入室取架上卷帙观之曰：'闻此家多藏秘籍，何此皆非善本，殆移匿他处邪！'徘徊良久，不动一物而去。贼亦知书，异哉！季言人素笃实，贻札自述，当非虚语。"

叶廷琯说劳家世代藏书但名气最大的还是劳格，当年太平军打到了塘栖，其中有位头领听说过劳格是著名的藏书家，所以他告诫手下不要进行抢掠，而此头领却走入劳家翻看其中的藏书，他自言自语："都说劳家藏有好多的善本，可是为什么在架上却未能看到。"看来劳家有可能已经把善本转藏到其他地方了，于是这位首领没有取拿劳氏所藏之书。这段话让叶廷琯大为感慨，他说反贼中竟然也有懂版本的人，同时这件事也反证劳格藏书是何等的有名气。

对于丹铅精舍旧藏未曾毁于太平天国这件事，丁申在《武林藏书录》卷下中也有记载："迄今不四十年，（丹铅精舍）遗籍流落尘寰，书目亦散佚不传。书之不毁于寇，此中岂有数邪？"丁申在此感慨说丹铅精舍旧藏全都失散了，甚至连书目也未能留传下来，这些善本未曾毁于抢掠，但同样未能逃过失散的结局，看来有些事情的确在冥冥之中有定数。

太平军打到塘栖时，劳权、劳格确实躲了出去，吴昌绶在《唐栖劳氏三君传》中写道："壬戌癸亥间，寇氛益炽，唐栖当孔道，不遑宁处，青主与罨卿、季言仓卒扁舟至双溪，就友人归安丁宝书，僦一室居，所著在行箧间，虽流离迁徙，犹荟萃手写不辍。俄警至，又偕之吴江之同里，季言忧伤致疾，同治三年甲子卒，年四十五。"

兄弟二人乘船来到了朋友丁宝书家，在这样的逃难过程里劳格仍然批书不止，后来丁宝书家也不安全了，于是他们又躲到了吴江的同里镇。这样的辗转走难让劳格得了重病，在同治三年（1864）就去世

◎塘栖古镇

了，年仅 45 岁。劳格因为没有儿子，他在去世前把自己的手稿托付给丁宝书，十年之后丁将劳格的文稿编为《读书杂识》十二卷予以出版，另外还有其他的一些文稿，这些书一并刊成于光绪戊寅年（1878）。劳格虽然没有儿子，但他却有丁宝书这样的好朋友也真是一件欣慰的事情。

对于劳格所撰的《读书杂识》，后世给予很高的评价，比如李慈铭在《越缦堂读书记》中著录有该书，李在此文中评价劳格说："其学泛博无涯涘，强识过人，勤于搜采，不愧行秘书矣。"

到丹铅精舍看书的那位太平军将领是谁呢？劳格所藏的善本藏到了哪里呢？这当然都是令人好奇的问题，《塘栖艺文志·丹铅精舍书目序》中虞铭称："初，太平军未至，劳家取所藏之绝精者，分装皮箱数十个，以船运之东塘永泰，劳氏祖宅、宗祠在焉。舟过武林头，为乡间乱民所劫，皆以为金银物，发之，见是旧书，尽弃于古荡洋中，仅取其箱。故宋元旧椠，流传者少，存世者多巽卿兄弟手自抄校之本。未久，洪、杨军占塘栖，有某首领入藏书楼阅书，惊曰：'人称劳家所藏俱罕本，此皆寻常之物！'遂于户外榜一纸，戒军卒勿入，谓：此读书人家。乱后，劳氏惧祸而毁之。劳季言之曾孙告余，此忠王李秀成也。"

原来太平军还未打到塘栖时，劳家人就将丹铅精舍所藏的最佳之本装了几十个皮箱，而后用船把它们运到东塘永泰的劳氏宗祠里面，但是运书的船在途中却被一些乱民打劫。这些人看到船上装的几十个大皮箱，以为里面都是金银财宝，拆箱一看全是旧书。这些东西对于不识字的暴民来说一点用处都没有，于是他们就将箱中的书全部倒到了河里。为什么这样做呢？因为他们觉得书箱不错。如此暴珍天物岂止可以用买椟还珠形容之。丹铅精舍藏书中的精华就这样被毁掉了，难怪那位"贼首"在劳家看不到善本，不过这也足以说明此人对版本极其内行。那他究竟是谁呢？虞铭在文中说是劳格的曾孙亲口告诉他，此人竟然是名气很大的忠王李秀成。

对于李秀成，后世多关注他被捕后所写的《供状》，对于此《供状》，后世多关心曾国藩删改问题，少有人研究过李秀成何以对版本如此的内行，这倒是一个很有意思的视角。

丹铅精舍的精华全部倒到了水中，但剩余之物其实也极其难得，虽然这些书从版本而言已经难有珍善，但是许多书因为有着劳氏兄弟的批校，依然有很大的价值。

何以知道劳格所藏之本有其兄劳权的批校呢？2010 年第 4 期的《文献》季刊上刊有崔瑞萍所撰《〈劳氏碎金〉失收劳权题跋辑补》一文，该文中著录了赵元方旧藏的《司空表圣文集十卷》，此书有劳权所书跋语，该跋中称："《一鸣集》旧刻未得见，钞本亦未蓄。此本经诸家勘过，虽未能尽复其旧，亦妙本矣。曩为素门先生古欢书屋藏书，后归何氏梦华馆，今为吾友高叔荃所得。前月家弟季言入城，从叚归，躬自景写，每钞一卷，余为度校抄，匝月而毕。鲍氏所据宋刻殊非佳书，故未能校定。赵氏所云一本者，未知何本。其他校改之字，似出思误，非必尽有所据。季言思更觅善本，援证他书，重加覆校，殊未善也。"看来兄弟二人的跋语都会相互题写，故丹铅精舍所藏之书中多兼有兄弟二人的字迹。如前所言，因为他们的批书太有名，所以后世更加关注劳批之书而并不在意其所批校之书的底本。

因此，丹铅精舍所藏虽然没有了太好的版本，但他们的书同样受到了后世藏书家的追捧，前面提到那么多大藏书家都在抢丹铅精舍所批之书，显然都是在劳格去世后从劳家散出之物。当时，散出之书为许多藏家所得，顾志兴在《浙江藏书史》中写道："劳权、劳格藏书后有部分流入同里朱学勤结一庐藏书楼及杭州丁氏八千卷楼、湖州陆氏皕宋楼。有部分为武进藏书家董康诵芬室所得，董康友人亦得部分，据称劳氏藏书多为写本。"

两个月前，国家图书馆古籍馆的赵前老师给我来电话，他说给国图搞录像的宗晓菊老师是劳格的亲戚，问我是否想认识宗老师。这当然对我而言是求之不得的好事，这么多年的寻访，我最希望的就是找到藏书楼主的后人，因为从那里可以了解到许多不为人知的细节。

于是我就跟宗老师很快取得了联系，从通话中可以感受到宗老师为人爽快，这样的人最好打交道。她向我讲述了跟劳格的关系，原来宗晓菊的公公黄法良跟劳家有一定的关系，黄法良外公的爷爷就是劳格。然而我所查到的史料就是劳格无后，他为何又有这样的关系呢？而后想到劳经元有三个儿子，按照古代的习俗兄弟之间的儿子可以相互过继，说不定此子也是过继来的。而宗晓菊说她也搞不清这其中的细节，她说有机会带我到塘栖寻找丹铅精舍遗址，见到她公公时也可以了解其中的细节。

此后不久，恰好我要到浙江图书馆去办事，在徐晓军馆长的安排下，童圣江主任和何勤带我到浙江几个县市去寻访，我给宗老师打电话请她告诉我塘栖镇她公公的联系电话。宗老师说她正巧也要回杭州办事，她愿意带我等一同去塘栖，这当然是求之不得的便利。而后由何勤开车，我等四人一同前往塘栖。

从距离上说，塘栖距杭州不足百公里，但正赶上修路，三条行车道仅余一条，于是我们的车就跟着缓慢前行的大车后面慢慢吃土。在至少折腾了两个多小时后我们才来到了塘栖镇，在到达之前宗老师已经给其公公打过了电话，我等在约定地点见到了黄法良先生。

黄先生也是位爽快人，他见面就说自己已经 66 岁，称自己的外公有兄弟四人，而外公为老二。他说话语速较快，向我讲解着他所了解的往事，而后带着我等来到了致和堂街。此街应当算是塘栖镇的主街

◎下车处的街名

◎大光明眼镜店

◎眼前的仿古街

◎运河上最大的虹桥

之一，在该街的十字路口上看到了一家"大光明眼镜店"。此眼镜店乃是临街楼房的底商，此楼后面有三排六层板楼。黄先生说这几座楼所处的地方就是丹铅精舍所在地，他甚至准确地告诉我说："以大光明眼镜店为坐标，向东45米向南25米就是丹铅精舍的准确位置。"

站在那里看过去，这一带已经看不到任何老房的痕迹，如果不是找到了黄先生，恐怕不会有任何人知道这片现代街区就是建在丹铅精舍之上。虽然我早已知道丹铅精舍被拆掉了，但眼前的所见还是让自己忍不住大感失落。而我这不加掩饰的情绪也让黄先生感受到了，他告诉我说丹铅精舍原来的门牌号是"西小河153号"，他从小在这里玩耍，这个院落总共有三进庭房，均为二层的木结构，四围还有高高的风火墙，院落里很安静。他们可以在院中跟小朋友们追逐打闹，但是他却从没有在楼内看到书。并且他问过父亲，父亲已经90多岁了，在这里也同样未曾看到过书。看来，在民国年间的旧藏的确散失得一本都没有了。

对于书楼的拆毁，黄先生说这大约是1988年的事情。因为这里要搞旧城改造，此房也在被拆的范围之内。当时也有人说这座书楼有历史价值，因此在拆房之前有一位副县长特地来查看，他看到这里只是住着一些居民并且房屋已经破烂到岌岌可危，所以他认为已经没有了保留价值，这处旧居就整个被拆掉了。

这真是一种无奈，但我辈无缚鸡之力，当然无法阻止而今的旧城改造运动。既然丹铅精舍已经没有了痕迹，我还想了解塘栖镇内还有哪些历史遗迹在。黄先生说这样的遗迹倒是有不少，而后他带领我等来到了京杭大运河边，黄先生边走边说，原来塘栖镇内河道纵横，而今基本上都被填埋成了道路，但他又说现在的政府准备将这些路再挖开恢复成河道，以便建成旅游的水乡。

从大光明眼镜店走到运河边大概仅有一百多米，不知道当年劳氏兄弟是否就是从这里装船运走了书楼中的珍品。在前行的路边看到了一家新华书店，我明知道这书店跟精舍不会有任何关系，但是能在这里看到书还是令我有些欣慰。书店前方不远就是大运河边，不知道什么缘故这一段的河道十分开阔，沿着运河当地政府建起了不少的仿古建筑，看来真的要大兴土木打造旅游景点。

而今的河边建成了长长的仿古屋廊，我在屋廊的入口处看到了京杭大运河的文保牌，而后走入廊中，在里面看到了许多家不同的商店，一家肯德基最让我新奇，这样的土洋结合的确别有趣味。

黄先生介绍说塘栖人的观念中河对岸不便于居住，所以很少人会住到对面去。而两岸相连者则是一处高大的石拱桥，黄先生说此桥总共七孔，乃是京杭大运河上最大的拱桥。而今这里成了著名的旅游景点，说话间我们又走到了拱桥的入口处，在这里果真看到了大量的游客。而今拱桥只允许行人通过，看着那斑驳的石面，我想象着劳氏兄弟在此走过的情形。然而我果真在拱桥侧方看到了一尊古人的雕像，这让我本能地以为他应该是劳格，可惜介绍牌上写着的名称却是陈守

◎建桥人陈守清

清。此人乃是一位经商者，明弘治年间这座广济桥倒塌，陈守清募集了一笔钱重新修建起了这座高大的拱桥。

修桥铺路当然是功德事，但能将古书递传下来也同样值得后人景仰，真希望在这熙熙攘攘的广济桥畔能够有一尊劳氏兄弟的雕像，以此让人在游览玩耍之余还能记起这两位清代藏书史上的大名家。

蒋光煦·衍芬草堂　三世所聚，兄弟并称

蒋光焴 （1825—1892）

字绳武，号寅昉，亦号吟舫、敬斋，蒋光煦从弟，浙江海宁硖石镇人。清末著名藏书家、出版家。幼年失学，后为贡生，曾候选清廷大理寺评事。其祖父性喜聚书，建有『衍芬草堂』『渊芬草堂』藏书楼。延至光焴时，收罗尤勤。祖孙三代共得图书珍籍数十万卷，藏于衍芬草堂，与蒋光煦之『别下斋』藏书楼齐名。当时知名学者如钱泰吉、俞樾、邵懿辰、张廷济等慕名前往访问。

此程的浙江之行虽然赶上了雨，但因为何勤先生对省内道路的熟悉，再加上童圣江主任事先的联系，这使得本次的寻访变得颇为顺利。车开到衍芬草堂门前时，我还没有回过神来，因为11年前我曾来过此处，因此我的记忆已经固化在了那个时段，当时的衍芬草堂正处于待保护的状态，四围都是拆成瓦砾的废墟，而唯有衍芬草堂矗立在这废墟之中。那时这里大门紧锁，我只能围着它四处寻找着拍摄的角度。

　　也正因为如此，未能走进衍芬草堂内一探究竟，成为我心中一个不大不小的结。而今到海宁寻访，必然要将其列为探访对象，但眼前所见的完美修缮却无法与我原有的印象叠合在一起。于是我又站在门前，发出了一堆无谓的忧思。

　　然而还未等我过足忧思之瘾，童主任已经把我介绍给了海宁市图书馆副馆长沈兰女史，沈馆长也刚刚开车到达衍芬草堂门前，因为这一带处在海宁市的老城区，停车十分困难，何勤好不容易把车挤到了河边的一个停车位。而沈兰到达时，已然没有了这样的机会，正在此时，衍芬草堂内走出一位管理人员，他立即指挥沈兰把车开进了衍芬草堂那个小小的院落。这让我跟童主任感慨，只要有熟人，真的难以体会到什么叫不容易。

　　衍芬草堂的大门面冲河道，上次来此探访时，我感觉其房屋距河道还略有一段距离，而今门前修起了院落，这让我觉得此处旧居跟河又近了一块。而今这里的门牌号是"河东路66号"而门牌号的下方还有"免费开放"的指示牌。看来这里的作息时间跟其他公共场馆一样，也是周一闭馆。近几日的寻访让我已经忘记了"今夕是何夕"，但既然找到了朋友，无论今日是星期几，已然跟作息时间没有了关联。

　　看得出沈馆长对这里很熟悉，她跟这个管理者寒暄了几句，而后就带着我等走入楼内参观。从庭院的设计看，衍芬草堂的院落乃是后来改造而成的，但是从查到的资料看，院落所处之地原本也是蒋家的

◎门口有这样一块铭牌

宅院，只是前些年当地改造河道将此处院落拆掉了一部分。顾志兴所著《浙江藏书史》收录了衍芬草堂后人蒋雨田写给顾先生的信，此信详细描述了衍芬草堂原有的格局："蒋雨田致我信说：衍芬草堂门首有门联：'九侯望族，万卷藏书。'自大门向左转，有大厅三间，中有高心夔楷书'宝彝堂'匾额。高字伯足，号陶堂，又号碧湄，江西湖口人，两署江苏吴县知县，与浙中藏书家颇多往还，曾为杭州八千卷楼主人丁丙（松生）作《丁征君书库抱残记》。后进为楼厅，厅分三间，中置槅扇，厅中悬有'衍芬草堂'隶书匾额，为李超孙所书。藏书处在楼上，专藏宋元旧椠。当其盛时，著名版本目录学家钱泰吉、邵懿辰、高均儒及著名画家费丹旭、翁雒，金石学家张廷济，客居别下斋，亦常过往欢叙。衍芬草堂后进为'颐志居'。庭间有梓树一株，为数百年物。再进为'北苑夏山楼'，周寿昌书额，旧藏董源《夏山图》于此。北首最前为'五砚斋'，张廷济隶书额，以藏宋代梵隆写经砚、明陈老莲（洪绶）画梅砚等五砚而得名。'五砚斋'后进为'思不群斋'，匾额为钱尔琳（钱泰吉的受业师）所书，是当年蒋家迎客花厅。"

由此可见，完整的衍芬草堂占地面积较大，总计有七座庭堂，而蒋雨田又在给顾志兴的信中写道："前几年，海宁县因搞排涝工程，将最前面的两座厅堂，即宝彝堂及五砚斋拆了，目前尚存衍芬草堂、颐志居、北苑夏山楼、思不群斋、双峰石室等五座厅堂。"如此说来，沈兰停车的那个院落原本就是蒋宅被拆掉的两座庭堂，因此我在这里看到的衍芬草堂匾额应该是后来改造才有的。

上次，我来此参观时，就已经注意到了此处宅院大门的特别，这种门的制作方式我不知道怎么称呼，因为其里面是铁皮，外面则是用很薄的青砖，以菱形排列，而后用铁钉将其铆在铁门上。这种方式不知道该不该叫作砖包铁，以坚固的内质，用脆弱的砖片包裹起来，以我的解读这也算是儒家观念的具体表现形式：外柔内刚。

显然这是我的胡乱猜测，陈从周先生是著名的古建筑学家，如果让他解读那当然专业许多。巧合的是，他的《书带集》中恰好有一篇的题目就是"衍芬草堂藏书楼"。陈先生在文中说："蒋氏自蒋元凤迁硖石后，子分四支，聚族分居于通津桥之东南。光煦为二房后，光焴为四房后。别下、衍芬两处建筑，其始建时代当在乾隆末叶，为苏南厅堂式，后临河皆建有暖桥。衍芬草堂建筑原为典当基，故高垣铁门，甚为坚固。建筑以地域而论，海宁州治近杭州，建筑形式与细部手法已是浙中风格，而硖石地近嘉兴，其做法犹染太湖流域之苏南形式，较高级精细之建筑皆延聘吴县香山匠师，此屋应属是类。所用石料大部分为乾隆间苏州金山所产。此端为论浙西建筑所应及之者。"

陈从周首先讲述了硖石蒋氏的情况，因为在海宁一地蒋氏出了两位大藏书家，他们分别是蒋光煦和蒋光焴，更为巧合的是这两位还是亲戚。关于他们两人的辈分，陈从周说得很简略，而虞坤林先生在

◎衍芬草堂入口

《海宁清代藏书传承及其姻亲关系初探》一文中以表格的形式将他们之间的关系清晰地描绘了出来，我将此表引用如下：

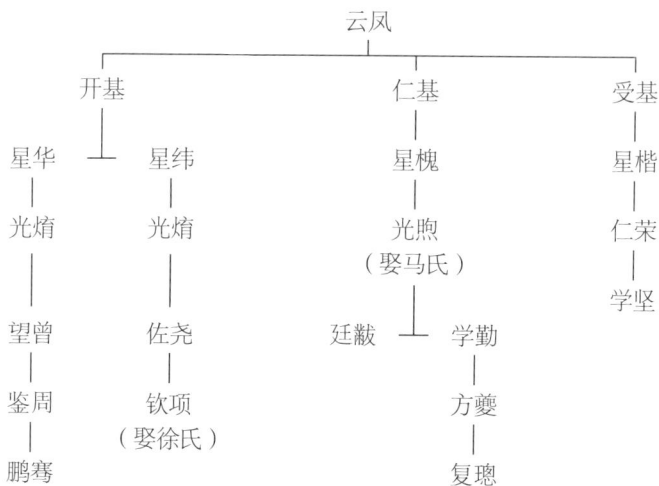

```
                           云凤
         ┌──────────────────┼──────────────────┐
        开基               仁基               受基
    ┌────┴────┐
   星华       星纬          星槐               星楷
    │         │             │                 │
   光焴       光焴          光煦              仁荣
    │         │          （娶马氏）            │
   望曾       佐尧       ┌────┴────┐          学坚
    │         │        廷黻      学勤
   鉴周       钦项                 │
    │      （娶徐氏）            方夔
   鹏骞                           │
                                复璁
```

（注：星纬无子，光焴被过继给星纬，一人承继两房。）

细看此表，光焴和光煦的关系并不远，因为在三代之前他们本是一家。但无论怎样，在同辈分中出现两位著名藏书家，这在中国藏书史上也并不多见，难怪陈从周在该文中说："清代浙江海宁藏书，自吴骞（兔床）、陈鳣（仲鱼）之后，当推蒋光煦（生沐）之别下斋与蒋光焴（寅昉）之衍芬草堂。"

细读陈从周的这篇文章，我终于明白衍芬草堂的大门为什么制作成砖包铁，原来蒋家在当地开办有典当行，而衍芬草堂原本是蒋家的典当铺。典当行内有不少金银细软，当然需要保安措施升级，而今香港的典当铺还有着这样的古老传统：高门小窗，玻璃外面都有坚实的护栏。但可惜在那里看不到像衍芬草堂这样的制门方式。

在这里陈从周又以他那专业眼光描绘了衍芬草堂的整体建筑风格，他认为海宁市虽然归杭州管，但是硖石镇却离嘉兴很近，故其风格与浙中地区不同。而对于衍芬草堂原本的建筑格局，陈从周也有着如下的细致描写："衍芬草堂藏书楼在今蒋宅内，大门西向，为金山石制石库门，入内门屋一间，迎面为账房，越天井入门，南向厢楼三间，其后平屋一间。再进有南向平屋两间，旧为舂米之所。墙外为河，上有暖桥通吴家廊下。别下斋自焚后，其后裔居于此，悬补书新额。自大门内左转为大厅三间，施翻轩带北厢，正中有石库门可直通街道（门外有市屋，平时不通，遇有丧喜之事方开启），厅焚于光绪十年甲申（一八八四年）即重建。是年曾检书一次，殆因被火致藏书有所纷乱，其检书印，印文为'蒋光焴命子望曾检书记'可证。"

陈从周的描写既细致又专业，这让我无法用外行的笔墨来描绘我所看到的衍芬草堂，因此我只能聊几句眼前所见之物。而今挂在厅堂内的书楼匾额乃是出自文献大家顾廷龙先生之手。而在正堂之内还摆放着一个古建筑的建筑模型，管理者介绍说该模型就是蒋家旧宅原本的格局。从模型上看，这处宅院分为三个组成部分，而今留下来者乃是其中的三分之二。

跟着管理者登上了第一进院落的二楼，因为楼梯很窄，脚面只能一半踏在阶梯上，故我只好侧着身一步一步地向上挪动，但二楼的布

◎匾额出自顾廷龙先生之手

◎第一进二楼全貌

置却让人眼前一亮。这里是衍芬草堂的史迹陈列厅，展板制作得颇为精细，首先从蒋家的家族史讲起，而其竟然追溯到了西周皇族，这可真正称得上是九侯望族。回来后我查到了凌冬梅所著《浙江女性藏书》一书，该书中谈到海宁蒋氏也同样称："据《海宁硖石蒋氏支谱》记载，蒋氏自始祖周代之伯龄公以封地蒋国（今河南省淮宾县东南）为姓始，历经3000多年。蒋氏一〇八世孙蒋云凤（1697—1764）迁居海宁硖石后，以经营商业、房地产业起家，后又经营典当业，购置田地，家业日盛，子孙繁衍成四房；老大房蒋受基、老二房蒋仁基、老三房蒋肇基和老四房蒋开基。四房子孙皆读书业儒，繁衍为硖石镇之望族。"

将家族史追溯到三千年以前，这样的追溯方式真的让人望洋兴叹。但海宁蒋氏的发家却是源自蒋云凤，这位蒋云凤是经营高手，他除了从事商业也同时搞房地产，看来在哪个时代房地产都是发家致富的主要门径。而蒋云凤还同时经营典当业，正是他的这种才能才使得蒋家成为硖石镇上的大户，他的子孙才有钱去搞藏书。

我当然最关注蒋家藏书的历史，陈心蓉在《嘉兴藏书史》上说："海宁蒋氏先世居宜兴，南渡时蒋兴迁临安，康熙年间蒋云凤迁硖石蒋村，为蒋氏硖石始祖。蒋云凤有四子，有据可考的家族藏书始于云凤之子辈，尤以后辈之来青阁、别下斋、衍芬草堂及西涧草堂藏书闻名东南。"看来，海宁蒋氏一族的藏书是从蒋云凤的儿子辈开始的，陈从周在其文中称："衍芬草堂藏书始于蒋开基，大集于孙光焴，故藏书印称三世。"

从蒋开基递传到蒋光焴，衍芬草堂的藏书已历三世，到了现代，蒋光煦的后人蒋复璁又当上了中央图书馆首任馆长，以及后来台湾"故宫博物院"院长，而我到台湾时曾经到他的墓前鞠躬致意，唯一可惜的是蒋家的现代名人蒋百里却已然没有了藏书之好，他更多的是一位政治和军事名人。

衍芬草堂二楼还摆放着原本用过的画箱，看到此物让我大感兴趣，因为我也曾买过过这样一批旧画箱，可惜因为没有地方盛放，最后都送人了。但我看到的衍芬草堂画箱却规格较小，不知道大画轴它将如何盛放，且画箱的材质也很一般，我感觉像是柞木。当然这样的画箱能够遗留至今已经颇为难得，说不定当年还有很多大的画箱到如今不知去了哪里。毕竟这个书楼内曾经藏有过北宋大画家董源的《夏山图》，可惜这幅著名的《夏山图》后来被人偷走了，而今此图已经辗转归了上海博物馆。既然有这样重要的藏画，恐怕与之相配套者也应当有很好的画箱与画盒。好马配好鞍，这也算是有收藏癖的人通常的做法吧。

关于衍芬草堂的递藏情况，陈心蓉在其专著中写道："蒋氏祖上以典当业起家，家境富裕，为藏书创造了有利的物质条件。光焴藏书始于其祖蒋淳村（开基），淳村素好藏书，藏书甚富，也是浙江著名的藏书家。淳村延名师，购善本书，以教其子潞英（犀纬）、霁峰（星华，光焴父），藏书处为衍芬草堂。潞英、霁峰二公子皆喜读书，又广购之，四部略备。光焴少孤好学，于书抄癖嗜，每遇善本及世所罕见者，往往不惜重金，或辗转传抄得之，插架数十万卷，且不乏宋椠元刊及手稿精抄之本。"

看来衍芬草堂藏书数量巨大，竟然达到了几十万卷之多，然而它的珍藏中究竟质量如何，陈心蓉又在其文中写道："光焴有《寅昉藏书目》抄本一册，不分类，依箱著录，以'千字文'编号，自'天'字至'珠'字共56箱，约600余种。又有《盐官蒋氏衍芬草堂藏书目录》三册，其孙蒋钦项（字谨旆）所辑，后钦项从弟述彭又为部辑成帙。亦不分类，依箱著录，亦以'千字文'编号，比前目多'称'字到'姜'字11箱。其中第二册为思不群斋专藏。《盐官蒋氏衍芬草堂藏书目录》对各书的版本、卷（册）数、行款字数以及藏书家的印记、名流的题跋，记载极为详赅，工楷缮写。蒋氏后人蒋雨田曾录副本弄藏，惜于十年动乱中散佚。今天只有朱嘉玉所辑的《西涧草堂藏书目》抄本，藏于海宁图书馆。此虽为草目，但从中亦可见当年衍芬草堂藏书之梗概。"以这两个目录看来，衍芬草堂的藏书数量似乎没有前面说的那么大，只是可惜的是现在藏于海宁图书馆的《西涧草堂藏书目》，我在参观该馆时却忘记请工作人员调出细看，故而不知其所藏究竟有哪些主体方向，然而从前人的著述中能了解到一些信息。

比如陈心蓉称衍芬草堂藏书数量达到了几十万卷，这个说法本自于张裕钊所写《赠蒋寅昉部曹序》："好读书，藏图籍数十万卷，其笃好之深，殆非世人所能易也。遭粤贼陷浙东西，出走海上，溯江以至于楚，转徙江汉之间。然必以其藏书自随，不少时委去，盖好之至于此。王师既定两浙，寅昉告余将东归。余唯寅昉与余自此日远矣。然寅昉既归且至，去其向者驰驱颠踬之劳，稍葺旧庐，发书而读之。"看来，衍芬草堂藏书数量的确很大，蒋光焴对这些书十分珍爱，太平军打来的时候，他用船拉着自己的书东躲西藏，甚至将书拉到了湖北，他的辛苦努力果真使得衍芬草堂所藏得以保全。而他的堂哥蒋光煦就没有这么幸运，当年蒋光煦别下斋的收藏无论数量和质量都不在衍芬草堂之下，并且这两座书楼相距很近，而太平军打到硖石时却将书与楼全部烧毁了，顾志兴在《浙江藏书史》中写道："咸丰十年（1860）太平军入硖石，光煦所居被焚，所刻《别下斋丛书》和《涉闻梓旧》等书板，生平所藏珍籍及金石书画等未随身携走者亦同时成为劫灰，蒋光煦痛惜万分，呕血而亡。"

蒋光煦也是爱书入骨髓的人，多年的珍藏就这样化成了灰烬，这当然让他痛不欲生，藏书被焚之后他竟然急得吐血而亡。从前人的资料记载来看，蒋光煦对版本的鉴别十分内行，俞樾在《东湖丛记》序言中说道："海昌生沐蒋君，自十龄即喜购书，其家藏书，甲于浙右，所得多宋元椠本及旧钞本。既出其所藏者，刻为《别下斋丛书》，而又有《东湖丛记》六卷，则皆记其所见异书秘籍，而金石文字亦附见焉。自序称：'破籍断碑，性所癖嗜，丛零掎拾，自备遗忘。'然其书实精审，与同时嘉兴钱警石（泰吉）先生《曝书杂记》可相伯仲。"

俞樾在这里特意提到了钱警石，此人即是著名藏书家钱泰吉，其实从交往来看，钱泰吉和蒋光煦的关系更为密切。金晓东著《衍芬草堂友朋书札及藏书研究》中多有引用《故交遗翰节存》，此节存中有许多钱泰吉跟蒋光煦的通信，比如钱给蒋的信中写道："顷阅来书，知新得好书各种，闻之亦觉神往。旧藏《家语》是九行大字，十五岁购于琉璃，生平所得此为最早，惜不能读。小字本《通典》向所未见，暇日当诣高斋一观，以广眼界。"看来蒋光煦得到一些善本后都会告诉钱泰吉，而钱也会直率地说出自己的评语。

同样，蒋光煦得到一些善本后也跟他信任的朋友进行磋商，《别下斋书画录》序言中写道："且别下斋藏书数万卷，不乏宋钞元刻，亦皆手为雠勘，丹黄灿然。每得一书，必商之丹徒严太史问樵、嘉兴李学博香沚、吴江翁处士小海，故插架所列亦不亚于来青阁。"虽然如此，但蒋光煦也有着自己的鉴别水平，他在《拜经楼藏书题跋记·跋》中称："茗贾弊更百出，割首尾，易序目，剔画以就讳，刓字以易名，染色以伪旧。卷有缺，划他版以杂之，本既亡，录别种以代之，反复变幻，殆不可枚举，故必假旧家藏本，悉心雠勘，然后可安。"看来那时的书贾造假也很风行，而蒋光煦总结出一些造伪的方式以此来避免自己上当，可惜这样一代大藏书家在其精神寄托被毁之后就悲愤地离世而去。

对于蒋光煦衍芬草堂的藏书水准，浙图馆志编纂委员会所编的

◎《别下斋书画录》七卷，民国文学山房木活字本，书牌

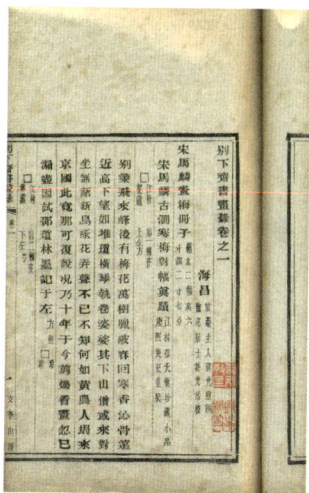

◎《别下斋书画录》七卷，民国文学山房木活字本，卷首

《浙江省图书馆志》上称："蒋氏藏书中有许多珍本，如宋刻小字本《晋书》等，明末谈迁的《国榷》抄本100卷，也冒险躲过清文字狱而得以保存。蒋光焴同时还是一位出版家，其所刻《诗集传音释》被人视为明代以来最善之本。"除了以上这些其实蒋光焴藏的一部《宋律》也最受行家所瞩目，钱泰吉在《甘泉乡人余稿》卷一中写道："尝偕邵懿辰观蒋氏昆季所藏经籍，如入山阴道上，目不暇给，涉览稍倦，余方默坐，位西忽于寅防架上得一书，连称至宝。余惊异取观，则《宋律》也……偶展此册，但惊为目所未睹而已。"

某天，钱泰吉带领著名目录版本学家邵懿辰前往别下斋和衍芬草堂去看书，邵在衍芬草堂翻书时突然惊呼看到了一部宝书，钱泰吉马上凑过去细看，原来是一部《宋律》。邵懿辰阅书无数，能让他看上的书当然不多，而他于此惊呼这也足见该书是何等珍罕。

除了藏书之外，蒋光焴也刻书，王桂平在其所著《清代江南藏书家刻书研究》一书中写道："刻书较多，如《洄溪医案》1卷、《徐批外科正宗》12 卷、《诗集传音释》20 卷附《诗序》1 卷《札记》1 卷、《蓬莱阁诗录》4 卷、《孟子要略》、《敬斋杂著》等，校雠精当。"遗憾的是无论衍芬草堂的藏书还是刻书我却未得到几种。

随着管理者来到了蒋氏旧居的第二进院落，这里的一楼布置成了皮影戏展厅，我对这种把戏完全外行，于是又跟着管理者来到了第二进院落的二楼。此处也布置成了展厅的模样，然而这个展览却让我大感兴趣，因其题目是"海宁古代藏书家藏书楼"。沿着展板一路看下来，原来在海宁一地竟然有过这么多的藏书楼，我很想从这上面找到一些自己所不了解的书楼信息，而管理者却遗憾地告诉我，真正完好的书楼在海宁仅存衍芬草堂这一座。但即便如此我还是想在这里找到一些遗址的信息，我从展板上发现了一个规律：如果有书楼和遗址在，展板上就会配有相应的照片，否则的话则只是人像和文字介绍。

我果真从上面得到了新的信息，那就是陈邦彦的春晖堂，沈兰馆长告诉我春晖堂确实还在，但那里因为旧宅的房屋产权有一些问题，故始终未对外开放。但即便如此，我得到这个信息后也很高兴，这源

◎蒋光煦刻本《诗集传音释》，清咸丰五年至七年（1855—1857）海昌蒋光煦衍芬草堂刻本，书牌

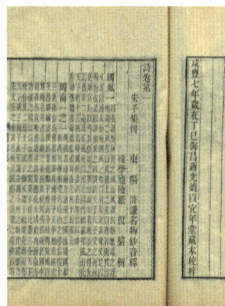

◎蒋光煦刻本《诗集传音释》，清咸丰五年至七年（1855—1857）海昌蒋光煦衍芬草堂刻本，牌记

◎蒋光煦刻本《诗集传音释》，清咸丰五年至七年（1855—1857）海昌蒋光煦衍芬草堂刻本，卷首

◎开窗下望第二进院落

蒋光煦·衍芬草堂

◎陈从周所书堂号

于我藏有陈邦彦的书法作品，而今看到书楼仍在，我当然要想办法前往一探，而在第二天我果真实现了自己的这个愿望。

在这里看到的第二个信息则是周春的礼陶斋，我对此人大感兴趣，不仅仅是因为他的藏书，更多的原因而是他写过一本《阅红楼梦随笔》，仅凭此书就可称周春是最早研究红楼梦的学者之一。管理者告诉我周春的故居已被拆掉，但他听说遗址还在，这句话让我心中又升起了新的希望，可惜此程的寻访安排得很满，只能下次再来海宁时前往一探了。

参观完这个展览又跟着管理者来到了侧旁的另一排旧居，此处的建筑格局也同样让人能够感觉到有些特别，我还是抄录陈从周在文中的描绘吧。"蒋宅因位于硖石镇大街，后临河，其房屋朝向面西，为减少夏季日照，故天井皆为横长形，其旁之厢易以两廊。案浙中及皖南建筑，即南向建筑，其正屋两侧亦多建东西边屋或东西楼，其处理方法，即正屋之旁用狭长天井，迎面为正屋两侧山墙。既遮日照又利通风。至于高级住宅东西厢之前用短垣，有时上开瓦花墙，亦同一用

◎门板上刻满了字

◎收购来的旧家具

意。城倚巨流，镇傍次流，村靠支流，则为过去不变之水乡城镇规划原理。"

这段话中所说的天井应该就是这组旧居房前的那个小院落，看来将天井做成这个模样是有意为之。我总以为江南多雨，应当在建筑方面更多地考虑阳光的照射，没想到此处把院落设计成横长形，乃是有意要减少夏季的日照。而该处院落的第一进厅堂就是思不群斋，其匾额正是出自陈从周先生之手。

在正堂的两侧厅房内摆放着很多老家具，管理者称这是本馆从民间买来的，因为衍芬草堂虽然恢复了起来，然而里面空无一物，所以博物馆拿出一些资金一直在收购一些旧家具，以便让这里的陈设看上去更为丰富。为了能够还原历史的原貌，而今书楼的管理者竟然下这么大的功夫，仅凭这一点就让我对这位管理者又增添了几分敬意。

别下斋的所藏全部化成了灰烬，而衍芬草堂的藏书却基本完好地保留至今，蒋光焴去世后，俞樾所撰一副挽联总结了他一生的所为："万卷抱丛残，当时三阁求书，曾问劫灰搜坠简；卅年嗟契阔，他日一碑表墓，自惭先友列微名。"

对于衍芬草堂藏书的归宿，郑伟章先生在《文献家通考》中写道："其后人又世世抱残守缺，虽历经战乱，仍珍护勿失。抗战中，为避兵计，其曾孙蒋鹏骞（字霞举，号可隐）、蒋鹭涛将藏书携至沪上，贮于某银行保险库，使数十万卷珍籍化险为夷。解放初，兄弟俩悉数捐献国家，现分储于北京、浙江、上海三大馆中。光焴及一门子孙为中国文献事业所作贡献甚巨。"

参观完衍芬草堂，小雨仍未停歇，我站在书屋的门口仰望着这里的一切，又让我忍不住感慨书去楼在的结局，真希望我的书楼寻访之旅能够看到几处楼在书在的完美结局。

蒋光煦·西涧草堂　书藏丙舍，移转多地

西泠草堂的主人是海宁蒋光焴，关于他的事迹，在 20 世纪 50 年代前多有报道，而后沉寂了三十年，蒋光焴再次被人提起，以我眼界所及，已经是到了 1980 年。这一年 7 月 9 日的《大公报》上，载有谢国桢写的一篇《记海宁蒋氏衍芬草堂藏书》。

谢国桢的此文是从 1973 年讲起，这一年的春天，他在琉璃厂中国书店看到了不少陈乃乾的旧藏。谢跟陈是很好的朋友，到这时他方得知陈的书已经散了出来，于是他就从这些书堆中挑选了一些罕传之本，但有一部《敬斋杂著》他却未曾将其买下，谢说此书的作者是海宁蒋光焴，他知道这是一位大藏书家的著作，但他不了解该书内容所谈。三年之后，他认识了蒋光焴的后人：“一九七六年春，余赴上海，由陈从周先生得识蒋雨田先生，出示其高祖蒋光焴所著是书，乃知为蒋光煦（字生沐）之从弟。”

谢国桢是通过陈从周得以结识蒋光焴的四世孙蒋雨田，谢从蒋雨田那里看到了不少的史料，他才对蒋光焴有了进一步的了解，包括蒋光焴何以有那么雄厚的资本来买善本书：“海宁蒋氏是海宁地方的一个大户，以经营商业起家，席丰履厚，富于收藏书籍字画。”

谢国桢的这篇文章发表后的第四年，蒋雨田先生写了篇《西泠草堂藏书纪略》长文，此文发表于 1984 年 10 月。对于其家藏书处西泠草堂的所处方位，蒋先生在该文中说：“予家丙舍，在永安湖畔鸡笼山麓，面北湖，傍西泠，层峦耸翠，巍楼孤峙，秀水陈莲汀（铣）先生颜其额曰‘西泠草堂’。门首有石额曰‘海昌蒋氏丙舍’。门联云：‘万苍山接北湖北，亦秀峰临西泠西。’草堂之楼，榜曰‘亦秀阁’。即予家先世藏书之所。”

蒋先生说西泠草堂处在永安湖畔，他在该文中没有解释永安湖跟南北湖是否是同一地，他又说草堂建在鸡笼山山麓，但后面的对联中又称在万苍山，细品此文，应该是同一地的不同称呼方式。这几句话中提到的"丙舍"二字，本意是指正房旁边的耳房，再后来又引申为客居他处的住房，之后又转化为坟茔旁的房屋，比如钱谦益在《重修素心堂记》中称："余方营先墓于拂水，筑丙舍墓之西偏。"而蒋雨田先生文中所言的丙舍，应当是第三个意思，因为其在《纪略》一文中说到："先六世祖淳村（开基）公及先高祖寅昉（光焴）公均葬于草堂之右侧山麓，墓道幽邃，乔木千寻，直抵北湖之滨。草堂建于清道光间，至今已一百六十余年。"

对于西涧草堂的研究，顾志兴先生在《浙江藏书史》一书中有详细的论述，这是因为他也见到了蒋雨田先生："1985 年冬，我去上海，曾向素所尊敬的胡道静师问学，胡先生提到海宁蒋氏别下斋有后人在沪，是同济大学陈从周教授的亲戚。我大喜过望，返杭后，给陈从周教授写了信，不久即接到蒋寅昉的四世孙蒋雨田（启霆）的长信，为我提供了许多宝贵的材料。"原来顾志兴是通过胡道静才了解到蒋氏后人也在上海，并且他还了解到这位蒋家后人跟陈从周是亲戚，于是他通过陈找到了蒋，而后得到了大量的一手资料。

顾先生在文中详述了西涧草堂的曲折藏书经历，同时在文中也讲述了海宁蒋氏几代藏书的情形："海宁蒋氏原是海盐吴叙桥蒋家村人，于乾隆中叶迁居海宁硖石镇聚族而居。其祖蒋云凤迁硖石后有子四人，蒋光煦是二房之后，蒋光焴为四房之后。蒋光焴藏书始自其祖蒋开基（淳村）、嗣父蒋星纬（潞英）、父蒋星华（霁峰），至蒋光焴更广为收购，发扬光大。"其实蒋光焴的藏书处本在海盐硖石镇，名为衍芬草堂，此堂建于乾隆末年。后来为什么要将藏书迁到山中的丙舍，蒋雨田在《西涧草堂藏书纪略》一文中称："清咸丰丁巳（1857），江南被兵，寅昉公毅然以所藏书从硖石衍芬老屋，移贮于澉山之西涧草堂，盖是处群山环抱，不啻积书之岩，深匿重闭，可作名山之藏。"

原来是太平军打来了，蒋光焴担心藏书受损，于是把原本藏在衍芬草堂里的书全部转移到了山里的西涧草堂，他觉得在这里存放藏书，安全系数更高。但等到太平军打到浙江时，蒋光焴又觉得西涧草堂也不保险，于是又将藏书从这里运出："咸丰庚辛（1860—1861）间，兵戈东入两浙，寅昉公挈眷避兵于绍兴之寿胜埠。旋由宁波航海至沪，溯江而皖、而楚，翌年壬戌（1862）凭居于武昌。转徙数千里，所至必以其藏书自随。"

蒋光焴先把藏书运到了绍兴，而后又辗转宁波，乘船把书运到了上海，之后又几经辗转，将书藏到了武昌。这样的大周转往返几千里，可见蒋光焴为了自己的藏书能够得以完好保存，付出了很大的心血。

战争结束后，蒋光焴又把藏书运回了衍芬草堂，但那场战争已经将原来的藏书楼彻底毁坏，不做整修则无法藏书，蒋光焴只好在别处租房来贮藏藏书，可惜被强盗光顾。这些强盗们属于半雅贼，因为他们只抢名画，而对那些珍贵的藏书没有兴趣，使得这些书得以完好地运回了硖石镇老屋："至同治甲子（1864）春，烽燧初息，遂以东归。夏五月，抵硖石，老屋洞穿，不可以居，乃舍诸濮家桥朱氏，讵意丧乱以后，其乡沦为盗薮，一夕，盗突入门，取财物殆尽，北宋董北苑《夏山图》及清王石谷、恽南田钩临之幅，蔡君谟手书《茶录》卷子，

◎西涧草堂的门牌号

皆被劫去，多方购求，不可复得。幸所携藏书数十筥，未遭觊觎。是秋七月，始返硖石。"

蒋光煦的藏书藏在西涧草堂的阶段，他请当时有名的画家戴熙作了一幅《漱山检书图》，而后蒋光煦请了很多名人给该图作跋。第一个给此图写跋的人是钱泰吉，该文的第一个段落是："数百年来，三吴藏书之家，名闻天下者踵相接。然奉其先人遗籍，藏之墓庐，岁时往省，整齐排比，以寄其僾然忾然之思，前此未有闻也。今乃于海昌蒋生寅昉见之，以视李公藏书于五老峰之僧谷，其用意尤深远矣。"钱泰吉说江浙一带藏书名家太多了，但把藏书转移到墓庐，这样的事却未曾听闻过，可见蒋光煦为了藏书是何等别出心裁。给这张《检书图》写跋语的人还有邵懿辰、王国维、梁启超等大名家，而梁启超在跋语中则是这样夸赞蒋光煦之藏书："前清东南藏书之家，道咸间称'海宁二蒋'，即寅昉先生之西涧草堂及其从兄生沐光煦先生之别下斋也。咸

◎门前的南北湖

丰庚申发匪由金陵窜浙，所过为墟，别下燔焉，斋中珍秘，一时俱尽，而西涧岿然尚存。"

西涧草堂藏书情况能够让后人得知详情，一个重要的原因是当时订有一份《草目》。关于这个目录的由来，中华书局出版的《南北湖志》中有如下描述："咸丰七年（1857），江南被兵，蒋寅昉毅然以其所藏之书从硖石衍芬草堂老屋移至南北湖西涧草堂，看到是处群山环抱，深匿重闭，可作名山之藏。咸丰十一年，澉浦秀才朱嘉玉（字子信）避兵至夏家湾，见西涧草堂藏书有 50 箱，18 柜，还有三长桌上也堆得满满的，但书籍纵横错乱，未经整理，不禁又惊又喜又惋惜，于是毛遂自荐，自备被褥，偕侄福祁住到草堂里，义务为之整理，辑成《西涧草堂书目》一册，远寄避兵湖北的草堂主人蒋寅昉。此事被艺林传为佳话。"原来是一位爱书人主动请缨给西涧草堂编一部书目。

凭心而论，因为这位编目者对目录版本学并不是很熟悉，所以他在著录体例上颇为混乱，但也正是因为有这样一位热心人，后世才得窥西涧草堂藏书的概貌，而蒋雨田先生则是根据这份目录，做出了如下的归纳："按当时予家贮存澉祠图书，据朱先生《书目》所载，有书箱五十号，大、中、小书橱十八号，此外，尚有大批书籍分堆于三只长桌之上，共贮书一千六百零五部，二万四千八百十三册。其中善本书，有宋刊本二十五部，二百三十八册；元刊本二十七部，四百八十二册；旧版本二十二部，四百七十一册；明刊本七十六部，一千二百十三册；手稿及钞校本一百四十六部、九百五十五册。惟《书目》所列，只载册数，不计卷数；或只载函数、箧数、匣数，而不计册数。在五十号书箱中，第四十一号箱中所贮书名册数，《书目》俱漏列。故藏书之精确卷数，已无法考查。"

从这些统计数字可知，当年西涧草堂藏书量足够大，质量也足够高，而蒋光焴竟然带着如此数量众多的藏书，辗转了那么多地方，其

◎文保牌及三种文字的说明牌

为此付出了多大的代价，凡是有过藏书经历的人，都能体味到这里的艰辛，而这种艰辛并没有因为将书运回了硖石镇老家就得以结束。又过了几十年，抗日战争战火燃起，蒋家后人又为了这批藏书的安全将其转移到了更为保险之地："越七十余年，丁丑之秋（1937），抗日军兴，吾祖父辈复以先世遗籍，携至沪上，赁储于某银行之保险库中，时历八年，所费不赀，方使此数十万卷人间秘笈，履险如夷，历劫而无恙。于此见吾先人嗜书之笃，守护之力，有非寻常储藏家所能逮也。"

　　这么大的一批藏书，蒋家竟然将它运到了上海，藏在了银行的保险库内。这一藏就是八年，可见蒋家为了这些书付出了多大笔的保险费用。

　　虽然如此，1949年后，蒋家后人却将西涧草堂的这批藏书全部捐献给了国家，这样的义举真是令人敬佩。《海宁藏书文化研究》中载有虞坤林先生的《海宁藏书家之传承及其姻亲关系初探》一文，此文在谈到蒋家藏书历史及其归宿时，给予了这样的总结："硖石蒋氏，自清初移硖，以典当业起家，开始收藏。其间有蒋星楷的'来青阁'、蒋光煦的'别下斋'，蒋光焴的'衍芬草堂'及蒋学坚的'平仲园'，均为同时代藏书者中之佼佼者。蒋星楷的藏书一部分为其侄蒋光煦所得，而光煦'别下斋'之藏书，毁于太平军进入硖石时期。蒋星楷的另一部分藏书则传于其孙蒋学坚。'衍芬草堂'的藏书却由其祖蒋开基起，直保存至20世纪50年代初，悉数捐献国家，由北京、上海、浙江三大图书馆保存。这是众多藏书家中，结局最圆满的一家。"

十几年前，我的第一次寻访藏书楼之行就来到了西涧草堂，那时是跟天津长征医院的陈景林先生一同前来的，此后就再未来过这里。而本程的寻访则是从杭州出发，由浙江古籍保护中心的汪帆老师陪同。我们的第一站是先去参观了张元济图书馆，而后在该馆特藏部王美萍主任的带领下，来到了南北湖。而今所见的南北湖与上次相比有了较大的变化，在我的印象中，十几年前的该湖仅是一处清水出芙蓉的自然美景，而今虽然多了太多的人工斧凿之痕，但确实是整洁了不少。

王美萍主任对这一带很熟悉，能够看得出，她应当来过这里无数回，难得她还依然能有热情向我讲解这里的一处处名胜遗迹。因为她对道路的熟悉，这次寻访没有经历任何的曲折。我的这句话如果认真起来，倒也并非百分百如此，前往西涧草堂的路上，我们就因为王主任的认真而走了一段冤枉路。

南北湖一带虽然进行了整修，路面也都做了硬化，沿湖的道路大多修成了水泥路面，但不知是出于怎样的考虑，这些路面的宽度都不大，因为路基太软，所以水泥路面都高于两侧的土地。在这么窄的路

◎而今成为了南北湖书画院的使用地

◎定亭

上，相向而行变得十分困难，于是当地就把这些路大多改为了单行。单行道有个毛病，那就是眼看到目的地，却只能绕一个大大的弯路，但南北湖这一带要绕起来就太远了，因此我们从载青别墅出来，王主任说前行不远就是西涧草堂了，但司机却坚持不走逆行路。各司其职，各负其责，司机的做法并没错，但绕行的路，王主任却不熟悉，兜了一个圈之后，还是找不到西涧草堂。而在一处村口上，我却远远地看到了西涧草堂的入口，于是建议众人舍车步行。我的提议得到了大家的赞同。

从外观看，西涧草堂比十几年前要整洁了许多，这里的介绍牌也变为了中、英、韩三种文字。为什么要用上韩文？以我的理解，这是因为当时的大韩民国临时政府领导人金九先生曾避难于旁边的载青别墅。走入庭院，依然能够看到整修后的痕迹，跟上次的区别之一，是西涧草堂的大门上挂上了"南北湖书画院"的匾额，看来这是今日的使用者。而今的南北湖已经统一为一个完整的景区，而西涧草堂也是景区内的景点之一，门口的告示牌上写着要凭门票进入。但既然是王美萍主任带来者，她就应当是我等众人的门票了，可惜在这里没有遇到工作人员。

而今西涧草堂正堂内的摆设方式比当年复杂了很多。初次前来这里时，除了那个匾额，余外基本是空无一物，而今成了书画院，墙上多了许多今人的画作，厅堂内的陈设也变成了成套的仿古红木家具。好在有一排展板介绍着西涧草堂的由来，其中一个栏目就是将朱子信所编《西涧草堂目录》的具体数字列在了这里。而我感兴趣者，在这展板之上还有蒋光煦的画像，只是感觉其绘画的方式太过现代。

西涧草堂的旧藏，其中最著名者是宋刊小字本的《晋书》，此书四函三十二册，乃流传有序之物。1933 年，张元济将其影印进百衲本《二十四史》之中，为此蒋家得到了十部影印本该书及完整的一部百衲本《二十四史》。由此可知，西涧草堂藏书质量之高。对于这里的藏书全貌，钱泰吉在《甘泉乡人余稿》卷一中说："尝偕邵懿辰观蒋氏昆季所藏经籍，如入山阴道上，目不暇给，涉览稍倦，余方默坐，位西忽于寅防架上得一书，连称至宝。余惊异取观，则《宋律》也……偶展此册，但惊为目所未睹而已。"当年钱泰吉带着邵懿辰来这里看书，竟然有那么多的意外发现。此后一百余年，我又光临此地，眼前所见当然仅是这处曾经的书楼了。但即便如此，我也应当知足，因为能够看到就已经是幸运。关于西涧草堂后来的经历以及修复过程，《南北湖志》上有如下说法："建国初，西涧草堂一度缺乏维修管理，曾改作生产队仓库，房屋失修，濒临倒坍。南北湖风景区建立后，经海盐县人民政府批准，于 1984 年 11 月向当地生产队购回西涧草堂和征用土地1.16 亩，次年西涧草堂列为海盐县重点文物保护单位，拨款人民币 3万元按原貌修复，1986 年在西侧庭院内建'定亭'一座，系纪念蒋氏后人、陈从周教授夫人蒋定宝而命名，全国政协副主席、上海复旦大学名誉校长苏步青题额。"

这段话中所说的"定亭"，而今依然可以在院中看到。《南北湖志》中称该亭的命名是得自陈从周的夫人蒋定宝，这也正是陈从周跟蒋家有姻亲关系的由来。但这段话中却没有说明蒋定宝虽然是蒋氏后人，但她同时又是著名诗人徐志摩的表妹。如果做这样的介绍，相信人们会对这个小亭有了更多的兴趣。我所看到的这座小亭仅是个半亭，处在西涧草堂院内的山坡角上，来此参观唯一可惜的是，没能找到蒋光焴的墓址。

赵之谦·二金蝶堂 至孝飞蝶，因病梦鹤

赵之谦 （1829—1884）

初字益甫，号冷君；后改字㧑叔，号悲庵、梅庵、无闷等，所居曰『二金蝶堂』『苦兼室』，会稽（今浙江绍兴）人。清代著名书画家、篆刻家。其书画作品传世者甚多，后人编辑出版画册、画集多种，著《勇庐闲诘》《补寰宇访碑录》《六朝别字记》《二金蝶堂印谱》。

赵之谦的墓我已找到，然而他的故居则始终查不到线索，本次来到绍兴，我向方俞明请教：绍兴城内的赵之谦纪念馆是否跟赵家有关系。他说当然，而后向我简述了这两者之间的关联性。闻方兄所言，我马上翻阅了王家诚所著《赵之谦传》。在该传的自序中，果真查到了相关的说法："会稽赵姓，原住绍兴府的嵊县，明代北迁，进入绍兴府城，落籍于会稽县。入清以后，这个庞大的家族，分成大坊口、观音桥和广宁桥三处居住。赵之谦是迁入府城后第十五世后裔，属于大坊口赵姓。观音桥赵姓，于乾隆年间建筑一座布局幽雅的'赵园'，规模之大，树石流泉之胜，可以媲美宋时号称绍兴第一花园的沈园。赵园后经修建，更名'省园'，现为绍兴儿童公园；赵之谦虽然不是观音桥赵姓的后裔，但他逝世百年后的纪念馆，却设于此园之中。"

赵之谦纪念馆处于绍兴儿童公园内，而该公园就是当年的赵园。这座赵园乃是赵之谦家族所建造者，虽然他不出生于此，但毕竟与之有着密切的关联性。如此说来，赵之谦纪念馆也并非胡乱选址建造而成者。

赵园乃是乾隆间赵焯所建，而后他的儿子赵鼎成就将此园扩建，之后改名为省园，但当地人仍然习惯于称其为赵园。赵园乃是绍兴城内著名的园林，按照道光《会稽县志》中的记载："自宋时沈园而后，越城胜景以此为最。"沈园乃是陆游跟唐琬邂逅之处，《钗头凤》的故事使得沈园可谓世人皆知，而赵园能够成为沈园之后绍兴城内最著名的园林，足见其当年是何等之秀美。

赵鼎成将赵园改名省园之后，乾隆年间大诗人蒋士铨写过一篇《省园记》，该记的前半段为："省园在兴福桥南，乃鹤峤居士手筑别业也。素扉阒寂、扃钥维谨。其中馆池亭树，深秘奥远，门外人不知也。园中池分内外，外池仅以亩，内池十倍之，参廊花岸，界划分四区，而芰荷之盛，遂甲于郡治各墅焉。循池西岸而南，曰寡过楼，楼东月台可登，下辟户如镜曰问源。俯瞰内池，与文昌阁对峙，池西琐廊曲抱，中突小榭曰浮青。由榭后稍南，则秀皋之堂在焉。堂上为文昌阁。天窗四启，群岫环拱，万象横几席。阁南北跨，池阁后飞轩虚敞，芙蕖蔽明。镜轩西、出绣湾，折南为狎鸥亭。"

《省园记》整篇都是在描绘该园的富丽景象，虽然这样的描写不乏文艺式夸张，但毕竟作为沈园后最著名的园林，实况也不会差到哪里去。然而到了咸丰年间，一场大火将省园焚毁。到了民国二十一年（1932），这处废园被金汤侯买下，经过一番改造，而后将此改名为半农园。中华人民共和国成立后，金汤侯将此花园捐献给政府，从此改名为人民公园。到了1978年，此园又改为儿童公园。大概在七八年前，经过当地有识之士的建议，在儿童公园内建起了赵之谦纪念馆，从此绍兴城内有了凭吊赵之谦之所。

参观完倪元璐故居，方俞明带领我等步行前往儿童公园。一同前去者还有绍兴图书馆唐微老师，及《绍兴晚报》记者王敏霞女史。这一天的寻访几乎全部是步行，一路上说说笑笑倒也并不觉得累。而最有意思的是，在前行的路上还分别路过了唐微的出生地，以及王敏霞小时候生活过的地方。以至于我调侃方俞明，他是否有意这样安排，以便让这两位女史的故居也成为我的寻访目标。

绍兴儿童公园位于城区人民中路418号，意外的是，这个公园还收门票。如今国内的大多数公园除了私人联办的之外，基本上都实行了免票，不知道经济发达的绍兴为什么在这方面还没有跟上形势。我本欲上前买票，而三位老师却拦住了我的举措，我只好享受朋友所给予的关爱。

走进公园，沿着左路一直向前走，我们注意到右侧乃是游乐场，而左侧是用太湖石堆积起来的假山，显然不是如今的粗制滥造。穿过假山，几亩地大小的河塘映入眼帘。如今已是初冬，擎雨盖还没落尽，

◎儿童公园的大门

池中的残荷营造出一种颓废之美象。

　　穿过河塘上的虹桥，再往前走已经没有了像样的建筑，再往后则是公园的围墙，看来这个方向有问题。然而公园内的这个角落遇不到行人，展眼望去前方不远处有一个似乎粉刷一新的公厕，见此而觉得内急，快步向前走去，然而我在门口竟然意外地看到了这个建筑门楣上挂着"赵之谦纪念馆"的匾额。

　　这个发现让我大感失望，以赵之谦在艺术史上的地位，他的纪念馆让我想来怎么也是一处宏大的建筑，更何况这个纪念馆建在他家前辈所建造的园林遗址之上，所以从哪个角度来说，都不应当是这个模样。从近二十多年的艺术品拍卖会来看，凡是与赵之谦有关的作品，无论是绘画、书法还是篆刻，均能拍到很高的价钱。以如今的市价来算，哪怕是一幅赵之谦所书对联精品，其成交价格所能建造的房屋也该是眼前这座小建筑的十倍体量。

　　我的感慨也让同来的三位老师唏嘘不已，因为他们三位也是第一次看到赵之谦纪念馆竟然是这个模样。以我的估计，这个纪念馆的占地超不过五十平米，那么里面的使用面积将会更小。可惜纪念馆的大门上着锁，我等无法入内一探究竟，只好隔着玻璃向内探望。然而里面光线很暗，我隐隐地看到，墙上挂着一些赵之谦的作品。如此说来，这个纪念馆虽小，里面还是藏着不少的宝物。想到这一层，更加有了进内一看的欲望。但门上也没有相关的联系电话，故难以知道是何人管理这个纪念馆。唐微决定返回公园门口，去那里找工作人员。方俟明不像唐老师那样乐观，他说去找人估计也没用，而唐老师则坚定地称："我们是花钱买票进来的，并且是专门来看这个纪念馆的，怎么可能不看到结果就掉头离去。"

说完这番话，唐微掉头离去，她步伐之坚定令我跟方俟明有些汗颜。在等候的过程中，我拍起纪念馆附近的情形。

以我的感觉，赵园以水面为主，经眼所见，经过三个池塘，最大的一个池塘中有一个湖心岛。赵之谦纪念馆门前有一座小桥与湖心岛

◎残荷有藕

◎感觉像厕所

◎竟然这就是我要寻找的赵之谦纪念馆

相连，岛的正中有一幢仿古建筑，上面悬挂着"柳荷轩"的匾额。这幢建筑虽然也是仿古，但制作得颇为精整。我真希望将这个匾额换成赵之谦纪念馆，至少这份精整没有辱没赵之谦的英名。

几分钟过后，唐老师果真带来了一位工作人员，此人走到门前把锁打开，而后站在门外等候。我等三人纷纷夸赞唐老师如此有能耐，都悄声地问她，何以把这位工作人员动用到了这里。唐微只是一笑，没有回答我们的问题。

虽然有心理准备，但我四人还是纷纷感叹纪念馆面积之小，感觉里面的实用面积也就在三十平米左右。即使这样，在如此之小的纪念馆里面还摆放着管理人员的办公桌和椅子。正门的前方摆放着几个玻璃柜，里面陈列着一些没有使用过的毛笔。余外还有几本与赵之谦有关的书法和篆刻出版物，除此之外，未曾看到任何一件赵之谦生平用过之物。

纪念馆的墙上挂着一些字画，正前方挂着赵之谦像拓本，左右两边则是他所书的一副对联。一眼望去，这全是复制品，而其他的十余幅字画，均为当代书画家所绘和所写，然而这些当代之物竟然也全是复制品。如此说来，本纪念馆内所陈列的书法和绘画作品没有一件是真迹。我虽然并不专藏赵之谦作品，但他的真迹也总算还有几件。而这里是专门的纪念馆，为什么会是这样的情形呢？我跟方俞明忍不住吐槽，而站在门口的工作人员显然听得清清楚楚，却一句也不回应。

这个纪念馆确实没有可值得品味之物，拍了几张照片，我们纷纷走出。我还是礼貌地向那位开门人表示了谢意，他仍然一声不吭，锁好门掉头离去。虽然纪念馆内没有太多可看之物，但赵园毕竟是绍兴城内的一处名园，于是我等四人在这里游览了起来。

赵之谦纪念馆的侧旁还有一处独立的院落，走到里面一看，这里已经改成了儿童游乐场，园内播放的音乐仍然是 30 年前的曲调。我不

◎全都是复制品

是当今的儿童，所以不能体味他们今天听到这样的老调重弹有着怎样的心理感受。中午的阳光很好，走在园中有着冬日负暄的舒适感。空中回荡着音量很大的儿童歌曲，而我走路的步伐也渐渐随之合拍起来，看来不讲道理地灌输确有实效。

走入这儿童游乐场并非是为了陶醉于童年记忆，主要目的之一是为了找厕所。因为赵之谦纪念馆的外形给我的心理暗示，我一直惦记着这件事。就一般规律而言，厕所会建在公园的某个角落。而这处游乐场也正是处在公园的偏隅。

在这个游乐场内，未曾看到厕所，却无意间发现了一些石雕，我本能地以为这些石雕应当是赵园的遗物。然走近细看，却是一些动物造型，再细看下去竟然是一组十二生肖。从粗糙的雕刻手法来看，这组石雕跟赵园不会有任何的关联。

难道赵园内当年故物真的已荡然无存，这未免令人失望。走出游

◎儿童游乐园的入口

乐场，沿着湖边路继续前行，发现了一棵很高大的树，以此树的粗壮程度来看，说不定在赵园建成之前，它就扎根在了这里。然而这棵树树杆粗壮，树冠却有些不成比例。我向三位老师请教这是什么树，他们均说不熟悉，于是我走到树下仔细辨认叶片。方俞明则发现戳在树下的"古树名木保护牌"，原来这棵树的名称叫"胡颓子"。这是我第一次知道还有这样的树名，而保护牌上称，该树的年龄是225年。能够将树龄测到这样准确，我真佩服当今的植物学家。此树的挂牌时间是2006年9月，如此推论起来，这棵树已经有236年的树龄，看来确是赵园建园时所种。如此说来，这是我在赵园内见到的唯一一处与该园有关的遗物。虽然这个遗物乃是一棵有生命的树，但是有生命者也同样是遗物，比如鲁迅去世后，朱安生活困难，靠变卖鲁迅的藏书来艰苦度日，有人为此对她进行指责，当时朱安正在吃午饭，就着几片萝卜干和半碗冷粥。面对别人的指责，朱安气愤地回答道："你们看，我过的是什么日子？你们口口声声说要保护鲁迅的遗产，我也是鲁迅的遗产，你们谁来保护我？"

既然活人都是遗产，那以这棵稀有的树作赵园的遗产，显然更没问题。我望着这棵长相怪异的树，想象着它看到了赵园历次的兴与衰，不知道这棵有生命之物怎样看待城头变换大王旗。但它的沉默使得它活到了今天。虽然有着这样的无限感慨，但正如胡适所言："你老的好心肠，饱不了我的饿肚皮。"我不清楚这句话用在这里是否贴切，但我内急之时想到的的确是这句无厘头。好在离此处不远就看到了公厕，当我大感释然地走出公厕时，手机却无意中掉在了水泥路上，屏幕瞬间爆裂。我用手机已经有了二十多年的历史，从砖头般的大哥大用到如今，不知换了多少个，但第一次将手机的屏幕摔裂。细想之下，这跟我今日的缺嘴德恐怕有关联：因为我把赵之谦纪念馆误看成了厕所。

◎远远看到一棵大树

其实这种说法仅是我的眼光有问题，而我在心中却对赵之谦有着本能的崇敬。赵之谦是位艺术大家，但他同样是位藏书家，关于他的藏书事迹，散见于不同的文本之中。比如他在《仰视千七百二十九鹤斋丛书》的序言中写道："余家世业贾，余始为儒，旧有薄田供饘粥。自余生十五年，兄为仇诬，以讼破家。至是竟不能得购书资，阅市借人，妄谓强识。咸丰癸丑，遭先赠公丧，鲜民之生，日益危苦，终岁奔走，卖衣续食而已。辛酉，客温州，值故乡沦陷，再毁于贼，敝箧破书未以自随，弱小死亡，简编同殉。曩从借读之家亦半为焦土。俯仰身世，十数年中悲悯穷愁，噩梦忽觉。同治初元，航海入京师，屡试皆黜，栖迟逆旅，煮字为粮，幸积数金，复稍稍置书，钻以故纸，虽昔之所见不能重遇，而零笺断楮转多新得。"

赵之谦是位直率的人，他明说赵家这一支世代经商，到他这里才想做学人。以往家中还有些资产，可惜的是，到他十五岁那一年，因为哥哥被仇人诬陷，几场官司打下来，赵家迅速地衰败，以至于让爱书的赵之谦都没有了买书钱。太平天国期间，他虽然带着一些藏书到处奔波，但最终这些书也失散了。同治中兴之后，生活渐渐安定下来，赵之谦"故态萌生"，又开始了自己的藏书之旅。

虽然说，赵家在赵之谦之前并无藏书的记载，然而他祖上也有名人，比如他的七世祖赵万全就是一位著名的孝子。而这件事也让赵之谦一生引以为荣，他的堂号之———二金蝶堂就是纪念这位先祖者。关于赵万全的生平履历，《清史稿》中有如下记载："赵万全，浙江会稽人。父应麟，明季客授北游，万全始二岁。既长，问母：'父安在？'母告以故。年十九，出求父。应麟初客京师，遇乱转徙死马邑。万全遍访江、淮间，亦至京师，心疑应麟死，见道有遗骸，刺血渗之，不得入，则号于路。又自京师西，亦至马邑。马邑人张文义，尝招应麟主书者，死为之殡。一日遇万全，问得其事，导至殡所，恸绝良久，乃裹应麟骨负以归。既卒，吏为之祠，琢石表异孝。"

赵万全历经艰险用了多年时间终于找回了父亲的遗骨，他的孝心被报告给朝廷，从此他成为了政府表彰的名人，因孝而写入正史之中。可见其行为虽然没有感动天地，却被天子所首肯。而其后人赵之谦也刻过多方内容为"二金蝶堂"的印章，然而以上的记载，并未说到赵万全跟金蝶的关系。而这件事却收录在《思亲录》所附《浙江通志》中的一段话："赵万全，会稽人，甫离襁褓，父即远游。迨长，痛父不归，日夜号泣，请于母，往寻父。缘崖涉水，七更寒暑。抵大同，遍觅无踪。遇父旧徒，指往父墓，一恸几绝。启墓有金蝶自内飞出，扑入万全怀中，人谓孝感。负骸归里，卜葬后庐墓三载，朝夕哭奠。作《思亲录》，以遗后人。"

这段记载虽然简洁，却描绘得颇为形象，赵万全打开父亲的坟墓后，里面飞出了两只金蝶，这两只金蝶并未飞走却扑入了赵万全的怀中。所以《通志》的书写者称，这正是赵万全的孝心感天动地的结果。而赵之谦在其中一方二金蝶堂印章的边款中刻上了这样一段话："旌孝子，七世祖。十九年，走寻父。父已殁，负骨归。启殡宫，金蝶飞。二金蝶，投怀中。表至行，大吾宗。遭乱离，丧家室。剩一人，险以出。思祖德，惟下泪。刻此石，告万世。"

看来，赵之谦对祖上的这段事刻骨铭心。那么，赵万全父亲的墓中是否真的飞出金蝶呢？赵家后人赵而昌先生在其所写《二金蝶堂》一文中有如下表示："其实金蝶云云，如把此事讲给当今稍具科学常识的人听，是不会置信的。笔者十余岁时，正值抗日战争前夕，绍兴山乡亦有掘坟者，称'盗坟'。我们看到夜晚在白热汽灯之下，发掘出来的衣衾，在棺中一般都裹得严严实实，但一经和大气接触，顷刻就凹陷下去，化为灰烬了，如遇上夜风，那些已经灰烬了的丝织品，飞扬开来，不就是想象中的蝴蝶吗？要若它真是具有灵性的话，又有谁会

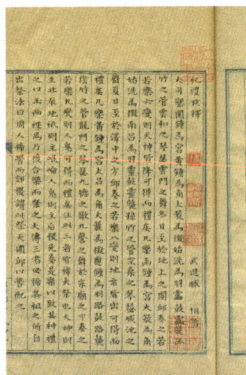

◎《祀礼考释》不分卷，
钤盖"二金蝶堂藏书"印，
清汉阳叶名澧抄本

真的相信它呢！"

赵而昌是一位客观冷静的人，他认为这件事情不太可能，但是我并不清楚赵而昌是在哪个年代什么情况下写出了这番话，也许是不得已的必需表述吧。但不管怎么样，赵之谦以七世祖赵万全的孝心为傲，显然他依然有着正统的观念在。比如同治皇帝登基后，赵之谦刻过一方"生逢尧舜君，不忍便永诀"的印章，他在边款中刻上了这样的字："悲庵居士辛酉以后万念俱灰，不敢求死者，尚冀走京师，依日月之光，尽犬马之用。"

此年之前，赵之谦的藏书及手稿全部因战争而损失了，而他的妻子与女儿也故去了，为此他心灰意冷，给自己起了个别号叫"悲庵"。他在边款上刻了这样的文字"三十四岁家破人亡更号作此"。然而同治帝的登基，又让赵之谦升起了新的希望，于是在同治元年（1862）底来到了北京。他来此是为了参加科考，可惜考运不佳，在近十年的时间内，他考了四次，均落第。而后他呈请以国史馆誉录议叙知县分发江西。他在南昌期间，主要是修纂《江西通志》，这是跟编书刻书有关的工作。而在这个阶段，他也帮着朋友找一些书，比如他给董觉轩所写的信中称："《湖州府志·金石略》，今早费大力寻出，分作三处收之，故遍觅不得也，所欲考者在第五卷，已折角。大约仍是错也。然略一翻阅，必有可益尊著，请悉心阅之。此上觉轩仁兄。弟赵之谦顿首。"

他在藏书刻书之余帮着朋友找书，而在这个阶段他也在忙着自己的撰述。虽然他的著作不多，但有几部颇为重要，比如《汉学师承续记》乃是他的重要作品。清咸丰三年（1853），他在给胡培系的信中称："弟少事汉学，十岁后潜心宋学者七年，今复为汉学。窃谓汉宋二家其原则一，而流则殊。康成诸公何不尝明理道，周程诸子何尝不多读书？流极而衰，乃有木雕泥塑之考据，子虚乌有之性命，此类为二家作奴。"

看来赵之谦对经学家们的汉宋之争颇不以为然，但他既然给江藩的《汉学师承记》写续记，这也可以表明他还是站在了汉学家的立场上。然而他的这部重要作品生前未曾刊刻，其中三册残稿存国家图书馆。北大著名学者漆永祥教授将此点校收录在《汉学师承记笺释》一书中。其实这部残稿在社会上还有留传，我曾在拍卖会上与"皇帝"张铁林争过此稿。倒霉的是在拍卖现场我们两人竟然邻座，他看着我跟其对着举，以为我是有意抬价，于是狠狠地瞪了我两眼。"皇帝"的威严果真有震慑力，我竟然停了手，由此而与此稿擦肩。

赵之谦的另一部重要著作乃是《补寰宇访碑录》，对于此书的缘起，赵之谦在序言中有如下表述："阳湖孙先生纂《寰宇访碑录》二十年，为书十二卷，目七千八百四十有九。书成之岁，当嘉庆壬戌。之谦后先生四十一年始求补录，亦十九年。今计所得，及一千八百二十有三，盖四无一焉。旧稿再易，辛酉难后已弃去，剩碑目四五纸，断阙讹羼，略具年月，结习未尽，恒以自随。癸亥入都，太谷温元长见之，以为尚可为。既尽发所藏，畀校录。同岁生沈均初亦为此学者，毕力助搜讨，寒暑风雨，奔走告语。终八阅月，又得此数，希幸有成，非取自足。而是年秋，元长暴卒，感叹辍业，将恐将惧，郑重毁弃，

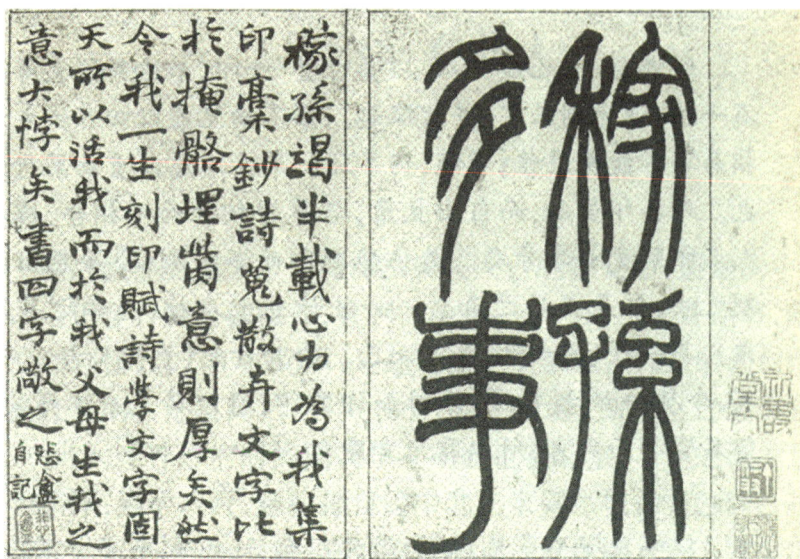

赵之谦书"稼孙多事"

甚负良友，因谋刻之，均初谓然，遂厘定为五卷。"

然而关于该书的刊刻完成，却有着另外的故事。长沙藏书家叶启勋在《补寰宇访碑录》的跋语中首先引用了李详在《脞语》中的一段话："赵扨叔《续寰宇访碑录》初成，携稿至京师，过宜都杨守敬，嘱觅刻工。杨荐汇文堂书坊代刻。刻成印十数部，潜身出京，不付一钱，杨不知也。已而，汇文堂向杨索值。杨不得已，曰：'我荐人不偿汝银，汝欲卖板于我，当稍减原价乃可。'某曰：'愿之。'杨乃买回，复转售于京师懿文堂，携印本数十部至江南。沪上诸坊据之重刻。"

这段话把赵之谦写得有些无赖，书刻成后他却不想付钱，而后叶启勋又在该跋中讲到了樊问青对赵之谦的看法，给出了这样的评价："赵、樊初无芥蒂，故自序引樊为同搜访之一人。而樊忽于书成后诋之，殆其中有凶终隙末之事欤？。樊批又云'沈有老友，乞赵书画扇者，赵必先付六千文，然后肯下笔。其无情至此，则赵之为人亦自可知。'今赵之书画颇有重价，而所藏金石碑刻罕有流传，是此目之成，全抄自友人，断可知也。"

其实叶启勋说的这种事，也并非不存在，但问题是要评论一个人应该还原现场。赵之谦性格刚亮耿直，他有着艺术家的执着，而对人情世故却不甚措意，以至于会得罪一些人。但他对于自己认为好的事情，也同样不吝夸赞。比如王大隆藏有赵之谦题跋的《陵苕馆续刻四种》，赵之谦在该书的封面上写道："《夏承碑》此碑在汉石中最恒赫，故摹刻者皆竭尽心力为之，然精审得真，无过此本。'赵之谦'印"。

赵之谦认为这是他所见到的最精的《夏承碑》，虽然这是影刻本而非原拓本，但赵之谦对此仍然夸赞有加，为此王大隆在《蛾术轩箧存善本书录》中评价说："书名续刻，其初刻亦未闻。观封面及签署为赵次闲笔，然则全书当亦为次闲所钩摹督雕，宜其精审为悲庵所赞叹也。惟此本《夏承碑》系覆刻乾隆壬辰会稽梁阶平摹吴山夫本，吴本虽出华中甫藏宋拓，为烜赫之品，实乃并非汉石原本。咸丰八年海宁许珊林摹刻孙仲墙本，于《跋》中指谓'承伪袭谬，愈形陋劣'者，而悲庵则叹为精审得真，无过此本，乃未见许本，仅就雕镌技术言之耳。"

关于赵之谦耿直的一面，叶恭绰所著《矩园余墨》一书中有"题赵㧑叔画桃轴"文，讲述了一个有趣的故事："此为崇德佺女外祖赵㧑叔丈遗作，装池后因以付之。丈艺事极精而滑稽玩世。令江右时，藩司强令作画，丈刊一印，曰'㧑叔不高兴'，钤于上。得者大窘，介人谢过，并招饮，丈喜因为别画一帧，并钤一印，曰'㧑叔高兴'。其风趣如此。此大幅殆亦高兴时所作也。"

因此说，这样直率之人，他在某种语境下很可能会说出绝情之话，如果断文取义，很容易把赵之谦视为不通人情世故的冷酷之人。

关于赵之谦的藏书情况，郑伟章先生在《文献家通考》中有如下简述："少家贫，无购书之资，阅市借人之书以强识。道光二十九年，

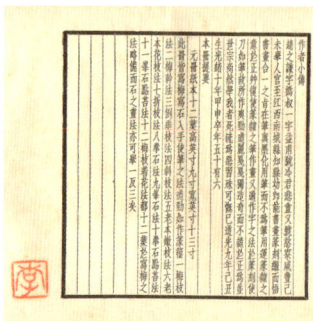

◎赵之谦绘《赵㧑叔梅石画法册》，民国十八年（1929）中华书局珂罗版印本，赵之谦小传

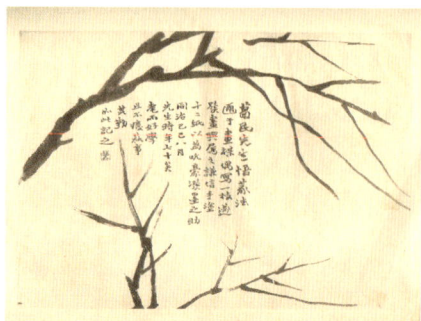

◎赵之谦绘《赵㧑叔梅石画法册》，民国十八年（1929）中华书局珂罗版印本，内页

年甫二十，值沈氏鸣野山房藏书初散，精本半归杨鼎（器之），犹可假录。戚友家先世遗著亦多完具，凡搜访编校者五年，已得百三十余种。咸丰间兵燹频仍，客温州，敝箧破书未以自随，毁于战火。同治初，屡至京师会试，煮字为粮，幸积数金，复稍稍置书，零残断楮转多新得。潘祖荫云：'㧑叔藏秘册甚富。'"

郑伟章称，年轻时的赵之谦曾到沈复粲的鸣野山房买过书，而其所得最难得之本则是著名禁书《奇零草》残页。对于这件事，赵之谦在《张忠烈公年谱序》中有如下描述："之谦年十三，闻从祖占旃先生谈忠烈悬鬶被执时事，忽改容，而前从祖尝哂之。越六年，于沈氏书摊得《奇零草》残写本七叶，虽断阙不可读，绎之略存颠末。辛酉寇难，复失之。自乾隆中，东南收缴禁书，遗黎私记，穷里复壁，罔敢伏匿。抽毁既定，残剩百一，今亦半归灭没。幸故乡耆宿犹及此者，每酒酣耳热，间述旧闻，以息谐谑。三十年前口耳之师，默记四五。虽老而健忘，尚能说约略也。"

赵之谦与其他藏书家一样，在收藏之外还做校书工作，遇到残本会做出相应的补配。江澄波老先生所著《古刻名抄经眼录》一书中著录有赵之谦旧藏的《韩诗遗说》。

《韩诗遗说》二卷，清武进臧镛堂撰。蓝格旧写本。每半页十一行，行二十字。曾经会稽赵之谦手校并抄补三页。尾有题识：

"同治庚午三月从仲修假抄三页，并取旧藏本互校过。㧑叔记。"
钤有"赵㧑叔""复堂所藏""行素轩"等印记。

赵之谦得到的这部书，因为有缺页，他对该书进行了仔细校对，同时发现这部书少了三页，于是他从朋友那借来同样一部书，将其补抄完成。由此足见，他对书籍也有着本能的爱护，同样希望自己所藏之本能够配全。

赵之谦所刻之书，最有名者当然就是《仰视千七百二十九鹤斋丛书》。他在此书的序言中仍然谈到了鸣野山房旧藏散出的情况："余年二十一时，山阴孙古徐好聚书。一夕得王氏佐《北征日记》、张氏岱《石匮文编》，狂喜告余。余语古徐：'盍取诸家藏本世希有者成巨帙，刻丛书？'古徐曰：'诺。'是岁道光己酉，吾乡沈氏鸣野山房藏书初散，精本半归杨器之，犹可假录。求戚友家先世遗著，亦多完具。凡搜访编校者，五年已得百三十余种，付与钞胥。而古徐病作，寻卒，事不克成。"

赵之谦为什么给这部丛书起这样一个名称？原来这跟他做的一个梦有直接关系。清光绪六年（1880）二月，赵之谦在南京家中复发了哮喘病。这个阶段令他颇为痛苦，而到四月二十四日的夜里，他做了个奇怪的梦。他梦见自己走入了鹤山，而后在山上遇到了一位坐在茅舍中的老者，这位老者的身后站着两位仆人。赵之谦向其中一位请教，如何能够找到鹤山？第二天其中一位仆人带着他向山上走去："余欲缘溪行，竖不可。趋山腰，立磐石上。但闻空中大声猎猎如烈风，仰视，则群鹤翔舞而出，羽翼蔽天日，因问鹤数，竖言：'山外鹤不知其万亿兆也，此皆膺箓者，近已一千七百二十有九矣。'已而，清唳间发，变异殊甚，齐飞过前溪。"

他们在山腰上看到了扑天盖地的仙鹤，而这位仆人告诉他这些仙鹤的数量是一千七百二十九。这群鹤飞过了溪水，赵之谦无意中看到，溪中的鹤影变成了各种不同的动物，他很奇怪这是怎么回事。于是向那位仆人请教："余指问竖，竖曰：'毋多言！此为地镜，不与君缘溪行以是也。'余强竖往视。自视人也；视竖渺小成一环。因拍其肩曰：'脉望，脉望。'"

这位仆人渐渐变成了一只脉望，而脉望则跟书有着密切的关系。传说如果蠹鱼在书中连续吃到三个"神仙"二字，它就真成了仙，而这种仙就叫脉望。赵之谦在梦中想到的竟然是这两个字，也足见其爱书之情是何等之深。

然而如此爱书之人，我却仅找到了这么一座迷你型的纪念馆，这当然不能令我惬意。而方俞明也很了解我的禀性，他告诉我说，自己曾经找到过赵之谦的故居，闻其言我立即反问道："那你不早说？"然而方兄却告诉我，他是在20世纪90年代初到当地探访过，那个时候赵之谦的故居还剩一角。而后他了

◎赵之谦画像

◎未能找到"藏书"二字

解到，那个故居早被拆平了，如今变成了一片名叫"东连河小区"的居住区。但是，他偶然从朋友处看到过一张照片，照片的内容则是"赵之谦故居遗址"的保护牌。但朋友是哪位他已想不起来，所以方兄也不能确定保护牌究竟立在了何处。

虽然如此，我还是希望能够寻得踪迹。于是丛愚方兄带领我等到那个小区内去寻找，而此时已过了中午，方兄劝我稍安勿躁，他带领我们三人找了家特色饭店，进餐之后，一同打的来到了东连河小区。

小区处在闹市区内，门柱上的门牌号为"东街169号"。走入大门，里面是一排排的现代化楼房。在小区的正中有一个一百余平米的花坛，这个花坛做成了道路的环岛，我觉得花坛内有可能是赵之谦故居的遗存，于是我等走过去，围着花坛仔细探看，却未能看到任何痕迹，我又踏入花坛内拨开树枝查找一番，结果依然令人失望。

既然胡乱寻找难有结果，我们就想到这里的居委会了解情况。四人重新返回小区的大门口，在那里看到了多个牌匾，可能是中午的原因，这里竟然没有人。我的三位伙伴却并不泄气，他们在小区内逢人就问，却未能找到知情者。而此时从某门洞内走出一位老人，骑上电动车就要离去。唐微跑步上前拦下老人，没成想老人竟然知道这件事。他放下车带领我等穿到了两排楼房之间，而在一辆车的后面果真看到了这块遗址牌。

终于找到了结果，这让我等大感高兴。郑重地谢过老人，而后纷纷钻入绿化带中去观看此牌。因为这块刻石并未竖起，它只是平躺着安放在花坛内，而花坛的两侧则是停车位，因此没有知情人的指点，全凭个人寻找很难发现它的踪迹。如今站在这块刻石前，仔细辨认上面的文字，因为正面朝天的原因，在风雨的侵蚀下，上面的字迹已经模糊。但我还是努力地在上面辨识着"藏书"二字，可惜上面仅谈到了赵之谦书法、绘画及篆刻方面的成就，对于他的藏书情况，只字未提。

虽然如此，我仍然兴奋不已，因为毕竟找到了他的遗迹。这处遗迹所处的位置乃是东连河小区 7 号楼和 8 号楼之间的一片绿地，绿地顶头的位置是一排报刊箱。真希望这个遗址牌能够竖在报刊箱的前面，以便让挚爱赵之谦的人来寻访他的遗迹时，能够不再费这么多的周折。

丁丙 · 小八千卷楼　晚清四大，终归江南

丁丙 （1832—1899）

字嘉鱼，一字松生，号松存，别署钱塘流民、八千卷楼主人、竹书堂主人、书库抱残生、钱塘（今浙江杭州）人。晚清著名藏书家。与兄丁申同为诸生。自幼好学，一生淡泊名利，终身不仕，热心公益事业，爱好收集地方文献；著述颇富。曾与兄丁申搜集补抄文澜阁《四库全书》，为士林称赞。

在中国藏书史上，有"晚清四大藏书楼"之称，分别为杭州丁氏八千卷楼、常熟瞿氏铁琴铜剑楼、聊城杨氏海源阁、湖州陆氏皕宋楼。这四座著名的藏书楼我仅寻得其三，唯独八千卷楼我在杭州探寻多次，始终未能找到它的踪迹。尽管我的几次寻访有的是独自查找，还有两次是请当地的朋友带我寻找，但都未能有满意的结果。

大概在两年前，我在网上搜到了一张小八千卷楼的照片，由此我确定该楼确实存在。可是我请杭州业内的朋友帮我确认这张图片的位置时，对方告诉我，不知道这是从哪里拍到的照片，而作为一个老杭州人，他却从未见过有这样一个去处。闻听此言，让我大感泄气，难道著名的八千卷楼真的消失得一点都没有痕迹？

2017 年初，浙江省图书馆讲座部的单骅老师跟我取得了联系，而后她请我给她的新作写一篇序言，于是，我请她将书稿发给我。阅读一过，其此稿中竟赫然有寻访八千卷楼一文，细读该文，得知八千卷楼虽然已被拆除掉，但还剩余了一座小八千卷楼，其位置在浙江省第一医院的后院内。

难怪很多朋友不知道八千卷楼的遗迹所在，原来它被包在了医院的里面。得知这个结果令我大感兴奋，我立即把它列入了寻访名单之内。而巧合的是，几个月后，我在杭州的某个会议上遇到了浙图善本部主任童圣江先生，童主任邀我几天后前往其馆开会。我立即想到了朝思暮想的八千卷楼，于是立即向他提出要求：会议结束后，我想去寻访八千卷楼。童主任早已知我有这样的癖好，并且他还亲自带我寻访过一程，故而他听到我的要求后，爽快地答应了下来。

杭州的那个会议很是隆重，仅外地前来的与会者就有百人之多，而童主任作为地主，他忙前忙后，即使到会议结束也未曾得闲，于是他派本部的汪帆老师陪我前往寻找。

我与汪老师也算是熟识的朋友，大概三年前，她曾陪我到海盐等

◎花园前方的小八千卷楼

地寻访。汪老师是浙图著名的修复师，她对修复用纸很有研究，更何况她个人也喜好收藏，与这样的人同行当然不寂寞。汪帆一早来到了宾馆门口，我乘她的车先到西湖景区探访了一处遗迹，而后返回市内。

今日天公不作美，早晨起来就阴着天，探访历史遗迹最担心的就是下雨。而当我们的车开到第一医院附近时，雨水果真降了下来。中国各地的医院情形大同小异，尤其是著名的医院，门前永远是堵塞严重的车流。汪帆开车好不容易挤到了医院的入口处，至此方看清楚这里戳着"车位已满"的告示牌。无奈只好开着车在附近寻找车位，兜来兜去几乎围着医院转了一大圈，终于在医院侧旁的一条小街内找到了一个空车位。这个结果令汪帆颇为高兴，她本以为在附近寻找车位无望，可能要停到很远的地方。

打着伞走进了医院，这家医院面积颇大，围着主楼转了一圈，看不到老建筑的痕迹，于是边往后走边打听，终于从一位工作人员那里问到了具体位置。沿着院内的小路向那个方向走去，在医院墙外的楼房上我看到了"田家园"的地名牌，而这也正是各种谈论八千卷楼之文所提到的地点，这个地点我也曾来过几回，但唯独没能想到应该走入一墙之隔的医院之内。

前行不远，果真看到了一座青砖砌就的二层小楼，本能告诉我，这就是我的寻访目标。我本欲走进拍照，汪帆突然说，这里还有古物。转身视之，原来在小路的后侧方，有一块占地几百平米大小的花园，花园的主体乃是一泓碧水。在水塘的四围随意地堆放着一些太湖石，从石色看非为新物，于是立即走进拍照。

这个小景观处在一幢医院的大楼之下，不知盖此楼时是有意留下了这样一个景观，还是因为该楼的楼体呈凹形建筑，所以因地修景。细看那些太湖石，的确是旧物。由此说来，医院的这一带都应当是八千卷楼的地界。因为十几年前，我在南京的王泊沆故居内偶遇他的女儿，老太太居住在台湾，只是有时回南京父亲的故居内住一段。我向她请教了许多的问题，她告诉我，她在幼年之时就跟着父亲住在八千卷楼内。她说八千卷楼有多个院落，每个院落的面积都很大，她在各个院落内跑来跑去，每跑一大圈都觉得身体出汗。由此可见，八千卷楼面积的确不小。而此刻，我看到的这个小景观，距小八千卷楼的距离不足 20 米。如此说来，这个水塘说不定就是当年八千卷楼院内的景观。即便不能落实这一点，这也可以说明，池塘附近的太湖石应该都是八千卷楼院内的古物。

这处景观的侧旁修建了一座小桥，从桥石的旁边看到上面刻着"古庆春桥"的字样，而桥上的石栏杆也颇为精美，虽然仅余一截，但却是用整块石头镂空雕造。只是有些部位已经残破，而补修者用水泥随便涂抹两下，其做事之糊弄在精美雕刻的衬托下，更显得不堪入目。在桥端的位置有一块随形石，上面刊刻着此桥的历史介绍文字，原来在修建此楼时工人于施工工地内挖出了这几块桥石，而后打造成了此处景观。如此说来，这个小景观有可能是新近建造者。但文字说，这几块桥石构建乃是同治年所造，而这正是八千卷楼兴旺之时。那么这些桥石与太湖石究竟跟八千卷楼是怎样的关系呢？可惜这段文字上只字未提。

看罢此处景观，而后走到小八千卷楼旁，此楼前有一棵高大的树，我不认得此树之树名，从年份上看，这应当是楼前旧景。而楼门的侧旁，绿地内立着一块诰封状的石雕介绍牌，上面写着"小八千卷楼"字样，而正面的文字则为：

小八千卷楼，建于清光绪十四年（公元 1888 年），建筑面积 217 平方米，为二层木结构小楼。此楼是晚清著名藏书家丁丙在田家园内所建三座藏书楼之一。曾是西泠印社创办人之一丁仁的书屋"鹤庐"。

◎清代石桥

1947 年，小八千卷楼成为浙大一院首任院长王季午教授的办公之所。2007 年，正式辟为院史陈列馆。

　　这段文字令我大喜，看来眼前这座小楼的确是丁氏兄弟的小八千卷楼。关于此楼的情况，丁丙在《善本书室藏书志》及《八千卷楼书目》中都曾有提及，然而石祥先生在其专著《杭州丁氏八千卷楼书事新考》中则收录了浙图藏抄本《松梦寮文集》中的《八千卷楼记书后》一文，我摘引该文部分如下："光绪十有四年，拓基于正修堂之西北隅，地凡二亩有奇，筑嘉惠堂五楹。堂之上为八千卷楼。堂之后室五楹，额曰'其书满家'。上为后八千卷楼。复辟一室于西，曰'善本书室'，楼曰小八千卷楼，楼三楹，中藏宋元刊本约二百种有奇。择明刊之精者，旧抄之佳者，及著述稿本、校雠秘册，合计二千余种，附储左右。若《四库》著录之书，则藏诸八千卷楼，分排次第，悉遵《钦定简明目录》，综三千五百部，内待补者一百余部。复以《钦定图书集成》、《钦定全唐文》附其后，遵定制也。凡《四库》之附存者，已得一千五百余种，分藏于楼之两厢。至后八千卷楼所藏之书，皆《四库》所未收采者也，以甲乙丙丁标其目，共得八千种有奇，如制艺、释藏、道书，下及传奇小说，悉附藏之。计前后二楼书厨凡一百六十，分类藏储。"

丁丙在这段话中讲述到了八千卷楼的格局，清光绪十四年（1888），丁氏兄弟在其家中院内的西北角盖起了藏书楼。此书楼占地两亩多，而书楼所建不是一座，其主楼为嘉惠堂，嘉惠堂的二楼就是八千卷楼。此楼的后方还有一座书楼，该楼就是后八千卷楼。后八千卷楼之西为第三座书楼，此楼的一楼名善本书室，楼上则为小八千卷楼，并且小八千卷楼内专藏宋元椠本和最重要的明刻本及稿钞校本。可见，丁氏兄弟的三座藏书楼以小八千卷楼为最重要的藏本所在地。而今，丁氏兄弟的旧宅全都没有了踪迹，然当年的三座书楼却仅余下

◎小八千卷楼介绍牌

◎站在侧旁望过去

◎小八千卷楼正门

最重要的小八千卷楼，这不知是不是冥冥之中的定数。

　　而今的小八千卷楼四围全是高大的现代化建筑，小楼的右侧有一棵古树相伴，其左侧则为小小的花园，这个花园占地一百余平米。四周有不足一米高的护栏，而护栏的正前方有一个小栅栏门，推门入内，走进花园中，由此可以拍到小八千卷楼的侧墙。拍照完毕后，又来到了楼的正门前，从外观看过去，无论是墙体还是门窗，似乎都是新做的仿古建筑，不知道这座小楼是做了粉刷还是重新翻盖。在门楣之上悬挂着"院史陈列馆"的匾额，我用手推门感觉纹丝不动，发现侧边上着锁。

　　但我还是想看看楼内的情形，于是围着小楼四处探看，走到楼的后方，楼的后方有两个窗户，汪帆用手往外用力一拉，其中一扇窗竟然打开了。这个结果令我兴奋，于是站在窗前向内拍照，然而从窗外看过去，一楼的格局呈凹形。站在窗外无法看清楚正面的情景，我决定翻窗入内。医院的这一带颇为安静，附近只有偶尔走过的行人，余外看不到工作人员。汪帆顾及我的腿不方便，于是她把包递给我，而后登着空调室外机踏进了屋内。

　　能够看得出，汪帆的身手果真矫健，她翻此窗毫不费力，于是我把相机递给她，请她在里面拍照。汪帆边拍照边向我念叨里面的情形，因为里面没有灯光，在这种环境下，需要对相机进行调光，但我所使相机的型号她不熟悉，故她拍几张照片后把相机递给我让我看效果。果真有几张照片看不到细节，看来有些事还必须要亲力亲为，于是我决定也要翻窗入内。

　　汪帆担心我翻窗有困难，她让我等一下，而后走到了门前，经过一番折腾，她竟然从里侧把正门打开了一条缝儿。好在我的身体还未发胖，努力吸气收腹由此而钻了进去。

　　走进小八千卷楼颇感兴奋，我站在里面定神半分钟，眼睛适应了里面的光线，由此而看清楚一楼布置成了展厅的模样。在入门的位置有一块玻璃板上刻着前言，因为玻璃反光的缘故看不清上面的字迹。三面的墙上都挂着展板，在上楼的台阶旁则有一尊雕像，这尊雕像的形象显然不是古人，看来与丁氏兄弟无关。雕像的侧旁是登上二楼的楼梯，而楼梯口上则摆着四个相框，里面全是上百人的合影照，但不知这些照片为什么是侧着戳在地上。

沿着窄窄的楼梯登上二楼，这里仍然是一些展板。匆匆看过均为医院院士介绍，并未提到丁氏兄弟。在二楼最侧方有一间五六平方米大小的小房间，此间房内摆着一个方桌，布置成了简易书房的模样。走到楼的正前方，推开房门走入阳台，眼前所见是医院的后院，而此刻雨渐渐大了起来。站在这精致的阳台上，观看着院中萧萧的秋雨，不知道当年丁氏兄弟是否也如我这般面对着世间的风云变幻。

其实无论古代还是当代的藏书家，都会有意无意地以藏书量相标榜。古人带兵也是如此，比如赤壁之战时曹操号称八十万大军，而实

◎楼梯旁的雕像

◎二楼情形

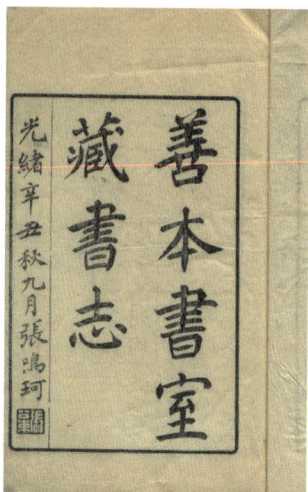

◎丁丙撰《善本书室藏书志》
四十卷，清光绪二十七年（1901）
钱塘丁氏家刻本，书牌

◎丁丙撰《善本书室藏书志》
四十卷，清光绪二十七年（1901）
钱塘丁氏家刻本，卷首

际情况与之相距甚远，据历史学家考证，他所带的部队也就二十万到三十万之间。古人的藏书数量大多也与之类似，有不少的藏家其堂号均为十万卷楼，但真正能有此实数者却委实不多。然而书籍的数量是后来居上，进入清代藏书数量在万卷以上之人比比皆是。以数量来论，八千卷楼的堂号可谓是极其谦虚的一种称呼方式。

其实八千卷楼的藏书数量绝不仅仅是八千卷，如前所言，八千卷楼有三座书楼，每一座书楼的藏书数量都超过了这区区的八千卷，为何丁氏兄弟还不改楼名呢？这种做法必有其特殊的原因在。

石祥在其专著《新考》一书中论述道："而八千卷楼的发端，则可溯至'双丁'之祖丁国典（1770—1825 年）。丁国典开创的八千卷楼经其子丁英（1804—1855 年），传至英子丁申、丁丙兄弟，再传至申子立诚、丙子立中，共历四代。"丁家四代藏书，而始终使用八千卷楼这个堂号，这其中的缘故，胡凤丹在《嘉惠堂藏书目序》、张濬万《嘉惠堂八千卷楼记》和孙峻《八千卷楼书目序》中均有提及，我引用胡序如下："掌六（丁国典字）隐君慕先世闻人名顗者藏书八千卷，有言曰：'吾聚书多矣，必有好学者为吾子孙。'遂作小楼于梅东里，乞梁山舟学士题其额曰'八千卷楼'。哲嗣洛耆（丁英字）观察能读父书，尝往来齐、楚、燕、赵间，遇秘籍，辄载以归，插架渐富。竹舟（丁申字）、松生（丁丙字）又济其美，雪钞风校，益其不足，几将肩随振绮，若瞿氏清吟阁、劳氏丹铅精舍，则又相辉映者。咸丰辛酉冬，粤寇再陷杭城。竹舟家室遭毁，其与身幸免者，仅隐君日夕把玩之《周易本义》一书而已。"

八千卷楼的第一代主人丁国典，因为其得知祖上有位叫丁顗者，曾藏书八千卷，因此丁国典也把自己的藏书楼起为八千卷楼。对于这一点，傅璇琮、谢灼华主编的《中国藏书通史》作了如下解释："丁氏嘉惠堂藏书可追溯到宋代丁顗。丁顗谓：吾藏书可谓多矣，必有能读书者为吾子孙。故专建书楼，藏书达八千卷。丁申、丁丙的父亲丁英也曾南北收书，故丁氏兄弟继承先辈遗志，并续有增益。"

原来丁顗是宋代人，而在那个时代，藏八千卷的典籍确实是不小的数量。由此可知，从丁国典之后的四代，丁家藏书的数量早已超过八千卷。比如丁丙在谈到其家早期藏书的结局时写道："寒家劫前藏书可三万册，辛酉冬悉化去。同治甲子克复后，百计搜故藏之书，无一完璧者。越十载，甲戌二月望，出北郭求医，偶至普济堂，遇张叟，以余旧物，郑重见归，三万册中之一也。噫！三万册而仅获适一，而余兄弟暨眷属凡六人，居然生全，可不谓之厚幸也夫。是岁秋八月二日装成，因记，田园主人丁丙。"

丁家在丁国典及其子丁英时代藏书数量已达三万册，按照古人通常的分卷方式，平均下来一册约两卷，由此可以推论出，八千卷楼早期的藏书至少在六万卷以上。可见，丁家的八千卷楼这个堂号完全指的不是家中的藏书量。之所以四代人同使用这个堂号，乃是将其家的藏书历史追溯到了宋代的丁顗，故而此堂号乃是丁家对于祖上的怀念，而与其藏书数量没有关联。

丁家藏书传到第三代丁丙、丁申兄弟这里，他们却赶上了太平天国战争。咸丰十年（1860）二月十七日，太平军攻入杭州城，丁氏兄弟与族人逃亡到了松江。而后，太平军又撤离了杭州城，丁氏家族返回了杭州。此次战争让八千卷楼藏书有一些损失，但并未全毁，丁丙返回后整理了家中之藏书。然而到了咸丰十一年（1861）九月，太平军再一次包围杭州城，这次的包围使城中缺衣少食，《善本书室藏书志》中录有《说文解字韵谱》解题，该文中写道："犹忆咸丰辛酉十一月中旬，粤匪久围杭城，时已绝粮。陈季鸿表丈为其友黄凤超持以易米，余家亦断炊，因重其书，勉赠米数溢，而领其书。阅数日，城陷，书定付之浩劫矣。"

丁家兄弟虽然是杭州城内有名的富翁，但到此时，家中也没有了多少的余粮，可是还是有人拿此书来与其换粮。丁氏兄弟觉得该书十分之重要，于是就拿出一些米换下了此书。可是，没过几天杭州城被太平军攻破，而其用珍贵的米换来的这部书，也一同跟随八千卷的所藏灰飞烟灭了。

这场战争使得八千卷楼原藏之书毁坏殆尽，如前引文所言，丁丙在十年之后，偶然看到了一册八千卷楼以往的旧藏。其实太平天国战争虽然毁掉了八千卷楼，但里面的藏书并未完全烧毁，丁丙在《八千卷楼收藏书籍记》中写道："咸丰十一年十一月二十八日，贼再陷杭州。寒家无长物，惟藏书数十厨传自祖庭者，悉遭毒厄。身既出坎，心恒耿耿。同治元年夏四月，自甬游沪上，复航海至如皋、泰州，门摊偶涉，行箧时装。闰八月仍返沪。故人周汇西，书贾也，将回杭负土。余嘱其假惜字举寓搜书计。贼知书之得获赏也，牛腰捆负，麇集出售，零乱损残，如人之遭患难而无由完合也。火者半，存者半，间关至沪，暇略检剔，拂尘驱蠹。其中故家之收藏、耆旧之雠校，吉光片羽，愈堪宝贵，爰为录目，以识燹余。"

那场战争虽然毁掉了八千卷楼，但丁氏兄弟通过一位书商返回杭州在当地收书，然其所收到之物却全是残本。石祥《新考》一书中摘录了高均儒所写《温氏母训》跋："松生（同治二年）五月十九日撰此跋，二十日即以录副之本寄均儒。先于十一日与均儒书曰：周汇西去秋潜回杭州寻亲，不得，于其家中舁停枢七具，出城以葬。于城内外收掩骼胔数百。收焚字纸数万斤，就中捡出成本者几及十之一。又收残书，约高二尺一束，计八百束。今年四月悉携来上海以与丙。"

这位名叫周汇西的书商收到了几万斤的废纸，而这其中有十分之一乃是成本的书，余外还收到了残书八百捆，后来周汇西将这些残书运到上海拿给了丁丙。看来丁氏兄弟所得乃是数量巨大的残本，而全书则未曾收得。由此可知，八千卷楼的重新崛起，乃是太平天国战争平息后，丁氏兄弟重新构建而成者。他们既在上海买到了一些书，同时也通过各地的旧书店大量购书，从而再次恢复了八千卷楼在中国藏书界的声誉。

然而重新建起来的八千卷楼藏书质量如何呢？按照日本目录版本学家岛田翰的看法，八千卷楼藏书质量比不过另外三大家。岛田翰在《清四大藏书家纪略》中称："迨乙巳之夏，来于吴下，介白须领事温卿访归安陆氏，介费梓怡访常熟瞿氏，又赖俞曲园以访钱塘丁氏。四氏之藏，七子泛称为南北四大家，然以予观之，专门偏好，各有短长。盖以古文旧书论之，以瞿氏为最，杨陆二氏又次之，而丁氏几非其伦矣。若论其多藏，丁氏为最，如陆氏则独可以当丁氏一八千卷楼耳。"

再次兴起的八千卷楼，其旧本的数量不如另三家多，然而以藏书量来论，它却超过了另外三家。这个结果当然跟战争的损毁有很大的

◎《七述》，清光绪钱塘丁氏嘉惠堂刻《武林掌故丛编》本

◎《龙兴祥符戒坛寺志》，清光绪钱塘丁氏嘉惠堂刻《武林掌故丛编》本

关系。其实还有另外一个重要的原因，那就是丁氏兄弟在太平天国战争之后，把主要精力都用在了抄补文澜阁《四库全书》上面，所以战争后的八千卷楼的收藏，则以是否为《四库全书》著录作为主要收藏目标。《艺风堂友朋书札》中收录了第四代八千卷楼主人丁立诚写给缪荃孙的一封信："先君既于难中掇拾《四库全书》，劫后尊藏郡庠，即有钞补全书之志。于是与先叔购求底本，或买或钞，按《简明》之目，但求其卷帙之符合，不暇计钞刊之精否，凡遇宋元旧刊，校雠秘册，交臂失之者屡矣。"

由此可知，战争后的丁氏兄弟买书的主要着眼点，放在了《简明四库全书目录》上面。他们不但只收上面著录的书，同时还必须符合《简明目录》项下的同一书名相同卷数。因此说，这种收书方式完全是为了恢复文澜阁《四库全书》的原貌。既然有这样的目的在，当他们遇到宋元珍本时，若非《四库全书》所收录者，他们也不会买进。这也正是岛田翰认为的八千卷楼藏书质量比不了其他三大书楼的主要原因。然而，八千卷楼是因为想补抄文澜阁《四库全书》而出现这样的结果，这份大公无私，用今天的话来说，即使他们比不过另三家，但绝对称得上是"虽败犹荣"。

然而丁氏兄弟的一心为公，并未受到上天的眷顾。丁丙、丁申去世后，丁申之子丁立诚和丁丙之子丁立中成为八千卷楼第四代主人。可惜的是，因为其家开办的裕通银号温州分号发生了大亏损，为此丁立中也被官府羁押起来。于是丁家为了筹集欠款，只好将藏书卖出。而那时缪荃孙、陈庆年听说此事后，立即报告给端方，端方同意购买八千卷楼藏书，并命缪、陈二人前去商谈，关于他们之间的谈判细节，石祥《新考》一书中收录了丁立诚写给缪、陈二人的一封信，石祥是从《长泽规矩也著作集》所附书影中看到了这封信，该信全文如下："筱珊、善余仁兄大人阁下：日昨祗聆大教，快甚幸甚。轮舟历碌，辛苦可知。匆匆返舍，未尽所怀。售书一事，全仗鼎力，感泐良深。惟有不得不预为陈明者：《藏书志》第一种宋本《周易》一部，敝箧实无

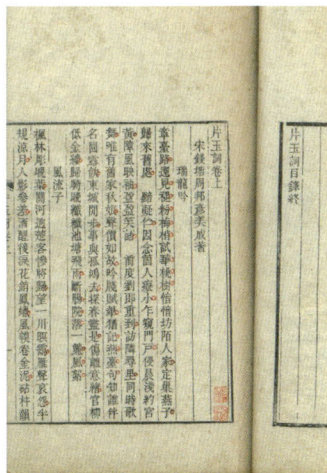

◎《片玉词》，清光绪间钱塘丁氏刊《西泠词萃》本

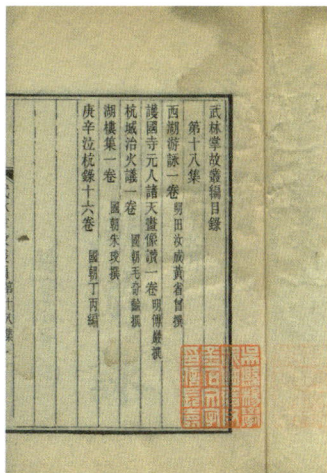

◎《武林掌故丛编》，清光绪钱塘丁氏嘉惠堂刻本

其书。祗因开卷之初，即系明板坊刻，殊不足弁冕群籍，故即借孙氏藏本入录。穷儿炫富，不期数年之后，不能保有其书，遂至破案。文人积习，可笑亦可悯也。其余所载宋本，则未缺一部。将来书抵江宁，乞于午帅前陈明颠末为祷。盖此次售书，实因瓯号亏折太钜，满拟售有十万以偿各债，否则何忍将先世手泽之藏，一旦尽付他人？若不得请，必以九数为归，还祈婉商午帅。仁者济拯为怀，必乐于从命也。早泐，祗请近安，诸布亮詧。愚弟丁立诚顿首。"

看来，本次的售书乃是按照《善本书室藏书志》的著录，但丁立诚声明，《藏书志》中著录的第一部宋版《周易》不存在，其余全在出售的范围内。丁立诚开出的价格是十万元，但他又说，最低也不能低于九万元。而缪荃孙经过一番商谈，最终谈妥以八万元成交，可是端方不同意这个价格，他要求在八万元基础上再打七折，也就是五万六千元。这个价格丁家不能接受，经过缪荃孙的努力斡旋，最终将售价降到了七万三千元，而这个价格中还包括了三千元的运输包装费用。

经过两个月的往返折腾，最终这批书归了江南图书馆，然后用船把书运到了南京。而后经过端方的协调，温州官府也释放了丁立中。这场官司终于了结，然而八千卷楼的藏书至此画上了句号。

而今，我终于在浙江省第一医院的院内找到了小八千卷楼，这也使得我多年的心愿终于达成。至此对于晚清四大藏书楼的寻访，终于圆满。当我跟汪帆从正门溜出，重新给该楼关好窗掩好门后，天上的雨瞬间大了起来。我们手中的伞面对这种瓢泼大雨基本上起不到什么作用，于是我二人走进医院的大厅，幸运的是，还找到了两个座位。看着这里病人们的进进出出，而我用纸巾一点点吸干裤子上的雨水，虽然这种作法聊胜于无，但我依然沉湎于找到八千卷楼的喜悦，而我的这些神态引起了病人家属们的侧目。

王继香·五云堂　雅好金石，诗余名世

王继香　(1860—1925)。

字子献，号止轩，又号醉颠，会稽（今浙江绍兴）人。

光绪十五年（1889）进士。善金石、篆刻。官河南开封知府。著有《止轩诗集》。

为了寻找商濬的遗迹，方俞明先生带着我与唐微、王敏霞踏上了寻访的路途。一路走来，我真佩服方兄对于绍兴历史遗迹的熟悉程度。他每走过一段路都会告诉我一些历史遗迹的来龙去脉，当我们走到一条流量颇大的河边，方兄告诉我，这是浙东运河穿城段，而龙华古寺就在此河的旁边。

　　站在寺门前拍照之时，方兄指着对岸的一排二层旧楼说，那也是一座藏书楼，是王继香的旧居，而王也是一位藏书家。有书楼在，当然要前往一看。

　　我对王继香的藏书情况知之甚少，方俞明告诉我，王继香是一位小藏书家，他的收藏门类主要集中在金石和集部诗词类。其手稿和藏书现在主要集中于浙江省图书馆，对于他的收藏，方兄说自己至今还未曾得到，但是他却经眼过王继香的三个藏书印。尤为重要者，这三方印中的其中一个就是王继香的堂号"醉吟馆"。另外，还有"子献"和"止轩"，分别是王的字和号。

　　如此说来，我想当然地认为"醉吟馆"应当就是王继香的堂号，但唐微老师对我的认定提出了疑义。她说虽然王继香的稿钞校本主要在浙图，但绍兴馆也有一些，她印象中王继香的堂号叫另外一个名称，然究竟叫什么她却记不起来。唐老师是位认真的人，她说回馆后会把这件事落实下来。

　　既然有藏书有藏书印，书楼还健在，虽然堂号的具体名称还未确定，但王继香是位藏书家这一点不再有疑义。那就不要管他是大藏家还是小藏家，到如今能够有遗迹留存的藏书楼数量并不多，我当然不能过王继香故居之门而不入。于是拍照完商濬遗迹后，就请方先生带领我等前往这栋大房子。

　　这么多年来的书楼寻访，很少像今天这样，先看到书楼的背影，然后再想办法进内一探究竟。虽然王继香故居与我等所站之处可以隔

◎方俞明指着河对岸这幢楼房说："这也曾是一座藏书楼。"

河相望，但两岸间却无桥可通，只能又绕回刚刚路过的那座古桥。

这座古桥名为广宁桥，桥旁立着全国重点文物保护单位的名牌。方兄对此桥的情况颇为了解，他说该桥建造于宋代，明万历年间进行过重修，是绍兴地区现存最大的单孔石拱桥。虽然说该桥仅是建造于宋代，从历史久远角度来说，比不了赵州桥，可是广宁桥也有其特殊之处，方兄特意拉着我细看此桥的结构。

此桥为南北走向，桥型呈多边形，据说多边形石拱桥出现年代较早，是向圆拱形过渡的一种特有桥型，绍兴境内现存的已经不多了。探身下去细看，可以在石孔的下方望见旧时的纤道。此桥的不远处，是另一座赫赫有名的古桥，也是一座宋代桥，叫"八字桥"，被誉为中国现存最早的立交桥。两座古桥同跨一条运河，遥遥相望，做了近千年的老邻居。从广宁桥上跨河而过，如今的桥面上还是当年的旧石条，有些石板磨得十分光亮。不知道在它身上踩过了多少人，至少我踩着它的背走到河岸时，没有丝毫的歉疚感。看来，好事做多了，也就被人理所当然地忽略。然而桥对岸沿河而建的回廊却让人赞叹不已。

这座回廊不知建于何时，整个为木结构，上有棚顶，下有石板，沿河的一侧建有长长的一排座椅。真希望此刻天降细雨，因为我觉得坐在这回廊之中，望着对岸烟雨濛濛中的古桥，绝对超过电影《廊桥遗梦》中的意境。虽然说，那部电影拍得很感人，然而以我的愚见，洋廊桥的意境与眼前的风景相去甚远。这不是历史悠久与否的问题，而是在这回廊之内，端详千年古桥，所产生的怀古之忧思是美国那座廊桥无法比拟的。

既然眼前的美景不可辜负，我立即提议大家坐下来细细品评。显然熟识的地方没有风景，虽然大家纷纷落座，但我能看出众人陪坐的原因，更多是认为我走累了。刚刚坐定，方兄就马上掏出了一张复印的绍兴古地图，向我讲解起这一带原有的古貌情况。此情此景让我想起了小时候所看的战争片，在我幼小的心灵中，那个时代以能看到打仗片最有快意，英雄主义的情结可能就是那时种下的吧。这类影片中，

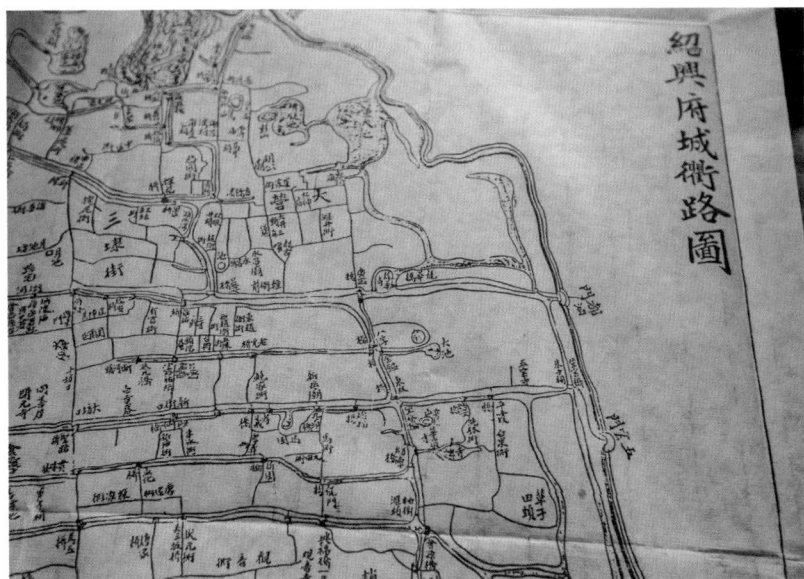

◎地图上的历史

◎高大宏伟广宁桥

◎坐在回廊内远观

总会有不少镜头是几位关键人物拿着一张地图在那里或沉思或讲解，个人觉得那个姿态最酷。此刻的方兄一脸认真地在图上指指点点，而我等纷纷点头作理解状，至少让我感觉四人都有当演员的潜质。

从回廊向前不足百米进入了一片老建筑群，绕道过去，就来到了王继香旧居门前。不知为何，此楼前面的破旧程度与后背的简洁明快形成了较大反差。相比之下，楼的背影更美。

如今的这座楼住着几户人家，整座楼的木结构保留得颇为完好，尤其那花窗竟然完全未被砸烂。阳光照在花窗之上，让我想到了"斜光到晓穿朱户"，虽然此刻不是罗幕轻寒时节，但光与影的和谐却令人感叹大自然的"天然去雕饰"。

我等几人站在楼前边看边议论，探头探脑地向室内张望。这处大房子虽然分割成了几户人家，但每家都敞着门，不知道这算不算是现实版的"路不拾遗，夜不闭户"，也不知道古人有没有"日不闭户"之说，但如今的敞门确实给探看此楼带来了便利。方兄向我指点着门楼在结构上的独特性，同时又告诉我，地面宽大的石条说明这当年是大户人家。

我不清楚古人有这样一座面积不小的楼房算不算土豪，但从查到的文献上，感觉王继香好像不是那么有钱。比如王继香在给藏书家叶昌炽所写的信中，说过这样一段话："弟浮湛人海，忽忽经年，旧业既荒，新知更少；兼之耳聋，性僻，不合时宜，气类逾孤，毁訾遂积。每怀高谊，寤寐为劳。况乎家本单寒，身负重累，旅馁告匮，内顾多忧，俯仰依人，进退若谷，如何如何？"

王继香的这段话中把自己的状况说得挺惨，他说自己性格孤僻再加上耳聋，所以交友不广，以至于得罪了不少的人。他接着又说，自己原本出身贫寒，再加上负担重，所以日子很不好过。王继香的这番话，是实况描写还是只是一番言语上的铺垫呢？这点的确令人怀疑，因为他在给叶昌炽的信中又说了这样一段话："傥得大江南北、浙水东西，借一席之皋比，供眇指之衣食，则定当乞假归去，长赋遂初。尚祈随时留意，或挽或推，抑闻见所及，惠我好音，俾得别图荐引。夙叨挚焉，敢摅肝鬲，非处奇窘，亦决不至仰渎清聪也。"

看来王继香前面说的一大堆个人困难，不过就是想请叶昌炽在合适的时候帮自己推荐一份好工作。如此说来，他把自家的情况说得这等之差，恐怕实际情况并非如此。如果叶昌炽来过其家，看到他竟然盖起这样一长排的楼房，恐怕会指责王继香信中所言夸张的幅度太大了。

围着楼房拍照的过程中，看到院落的顶头位置有一座拱形的门洞，此门洞的形制颇为特别，从该门洞穿过，眼前所见是一条窄窄的石条铺满的巷子。巷两边仍然是老房屋，而我在一间屋子的门楣上看到了

◎门牌号

"仓弄9号"的门牌，看来这是该街的名称，然而方俞明先生告诉我，这一带被老绍兴人称为"柿树下"，这么直白的叫法，说不定当初这里有一棵巨大的柿子树。展眼四望，那棵树没有等到我来探看就已经归天了。在此巷中还有几个院落，每一个院落的结构保持得基本完整。

当我走进一个院落拍照时，有一位中年男士从某屋中走出，他望着我的相机问我在拍什么。方兄立即走向前，向对方解释我等在寻找王继香的旧居。此人马上称，这条巷内的几个院落原本都是王家的范围。而后此人走出院中带着我们向前走，一直走到了一堵颇有艺术气息的石墙前才停住脚步，然后他回转身告诉我等："从这儿往后到运河边，而左侧也到河边，这一带都是王家的房屋。"

我的目光跟随着他的手指向回望去，我觉得此人用手所画圈的范围内，房屋数量不止百间。王家竟然有这么多的房产在，显然王继香是在跟叶昌炽哭穷。此人听到了我的感慨，瞥了我一眼说："王继香当过知府，他家有这样的范围也不算什么。"而后又告诉我等，他所站的乃是王家故居的台门所在位置，而这座台门在前些年被拆掉了。我总觉得台门乃是绍兴当地特有的称呼方式，因为它专指人户人家的楼门。

关于此人所指左边那条河，我当时忘了问他具体的河名，想来方先生定然清楚。然而事后向他提及此事时，他却称绍兴府内太多的河流，不是每一个河段都有具体的名称。比如左侧的那条河，他在绍兴住了这么多年，都不清楚河道的名称。他笑称，我给他提出了新问题。

确如此人所言，王继香做过开封知府。比如林葆恒在《词综补遗》中给王继香所写的小传中称："光绪己丑进士，河南开封府知府。"开封在当年可是河南省的省会，王继香能够当这么大的官，他不太可能如他所言的那么穷。然而《晚晴簃诗汇》在谈到王继香时则称："光绪己丑进士，改庶吉士，授编修，河南候补知府。"这里多了候补二字，两者之间的差异较大，但也说不定王继香原为候补，后来又被扶正了。而对于王继香的生平介绍，《晚晴簃诗汇》中又有如下一段话："止轩以孝友文学世其家。弟继谷，襄母疾，请代，自湛月湖。止轩集诔辞挽歌题曰《愍孝录》。平生师事越缦，甚虔。《白华绛跗阁诗初集》为所校刊。好金石，善篆隶，工骈文、诗词。晚入翰林，因贫乞郡，侘傺以终。"

这段话首先说，王继香家最受人瞩目的是孝和读书。他的弟弟王继谷为了让得病的母亲能够痊愈，竟然投湖自杀。这样的尽孝方式真令人目瞪口呆，但其做法远比那些做姿态给人看的假孝敬真实得太多。且不论对错，这件事却真实存在。因为事后，王继香给大儒俞樾写信，请他给弟弟作一篇《王孝子传》。当然，孝子这样的荣誉称号必须得到官方的认可。张燕婴整理的《俞樾函札辑证》一书的按语中有如下引文："光绪六年某月日宁波府知府宗君源瀚具王孝子事实上院司，浙江巡抚谭公循例于岁终汇题，旌如律……孝子之兄曰继香子献者，痛厥弟之已死而论未定，乃为书哀于旧史氏俞樾，请为之传。"

王继谷的孝子之名得到批准后，王继香就给俞樾写信，请他撰写《王孝子传》。俞樾阅此信大感吃惊，于是他立即给王继香回了一封信：

◎对面的拱形门洞

◎故居的左头

"展读大讣，惊悉萱帏之变，创深痛巨，如何可言！惟念令弟业已成神，则太夫人依然就养，九原含笑，亦可稍减悲思矣。弟自月初卧病，今日始扶杖出至外斋，乃始知此事，即驰书布慰，并手书楹帖，聊寓微忱，乞代悬灵右，然已缓不及事矣，罪甚，歉甚！敬问素履，统希鉴亮，不一一。"

俞樾先说自己听闻到这个消息后大感悲痛，而后他宽慰王继香说，其弟弟能做出这样的事，现在已经成神，他们也不要太悲痛。为此他写了副挽联寄给王继香，而这副挽联记载于《楹联录存》卷二，名称为《王母俞太恭人挽联》。既然是王继谷去世了，为什么要给他母亲写挽联呢？该联的小序解释了其中的缘故："太恭人为王孝子继谷之母，孝子因母病为疏祷于神，请以身代，遂自投月湖以死，死后相传为月湖之神。太恭人病愈，又数年而卒，卒之日八月廿四也。"

读这段话真令人感到悲伤，王继谷为了母亲的病能够痊愈，他祈祷之后投湖自杀，以此来救母之命。他的义举让他成了月湖之神，这也就是俞樾所说的"成神"一词的出处。而王继谷的这个举措，果真令其母病愈，可惜过了几年，他母亲还是去世了。而后王继香到处替弟弟申报名誉，请了不少的人写题词写挽联，将这些汇编在一起，出了一部《愍孝录》。

看来，王继香的学问还不错，按照《晚晴簃诗汇》中所言，王继香是李慈铭的弟子，而李慈铭的诗集——《白华绛跗阁诗初集》就是王继香为老师编辑校刊的。对于这种情况，《清儒学案》直接将王继香归了李慈铭学案之内："王继香字子献，会稽人。世以孝友文学为乡里所重。光绪己丑进士，官翰林院编修，改河南知府，不数年卒。居乡日，宗先生稷辰设四贤讲堂，先生时闻绪言，极荷奖许。宗先生殁，先生以振越学之坠绪，接躬耻之传薪，属望后来，见于所为《四库仆咮录残稿跋》。嗣游越缦之门，潜心考订，尤精金石之学。著作甚富，俱未刊行。"

更为难得的，王继香又是蔡元培的老师，绍兴鲁迅纪念馆藏有蔡元培给王继香的一封回信，此信写于清光绪二十二年（1896）十一月七日，全文如下：

钧示敬悉。受业甚愿附从者以行，又有懋翁作伴，更为忻幸。惟舍间颇有琐事，即能成行，亦须月杪矣，不敢游移以稽台从，当俟抵京后再图趋侍耳。肃复，敬请

夫子大人道安

受业元培叩首

王继香准备前往北京，于是让蔡元培一同前行，而蔡则称近期正在忙一些琐事，等忙完之后，他立即进京陪伴老师。可见，蔡元培对王继香很是恭敬。而这位王继香无论老师和弟子都如此有名，想来他的学问也颇为扎实。

对于王继香的个人爱好，《晚晴簃诗汇》上说他"好金石，善篆隶，工骈文、诗词"。此处所说的金石应当指的是碑帖收藏，因为他曾将当地刻石的拓片寄给俞樾，俞樾收到后回信表示谢意："承赐墨搨二种，感感。跳山字迹，虽多曼漶，然厓石模搨，甚不易易。此与余姚'三老碑'同为浙东汉墨，可宝也。吕祠石刻，所惜杨跋不全，似失中幅者，岂石已失其一欤？"

俞樾在信中所说的跳山字迹，应该指的是清道光三年（1823）在绍兴富盛跳山发现的汉代摩崖刻石，该石的名称为"大吉山买地券"。此石刻于东汉建初元年（76），上面有这样的字迹："昆弟六人，共买山地，建初元年，造此冢地，直（值）三万钱。"

留存至今的汉代刻石大多出处在中国北方，而江南地区绝少。正

◎楼房的西侧

如俞樾所言，此前只有一块"汉三老讳字忌日碑"，如今发现了"大吉山买地券"，堪称浙东地区排名第二的汉代刻石，所以俞樾认为这是宝物。而王继香能够拓下此刻石寄给俞樾，足见其在金石拓片方面颇具眼力。

对于这一点，《清儒学案》中明确地称："（王继香）潜心考订，尤精金石之学。"其实除了研究，王继香在这方面也有收藏。他曾经将自己的一册旧拓的《兰亭序》寄给俞樾，请俞樾写段跋语。曲园老人在该跋中写道："此为定武真本，经何蝯叟论定矣，王杏泉广文得此石，因三晋大无，精揭数百本售于人，即以其直助振，真仁者之用心也。光绪五年俞樾记。"

看来，王继香藏的这册拓本不是翻刻本，因为《兰亭序》太有名了，后世翻刻之本多如牛毛，而王继香的所藏被俞樾鉴定为"定武真本"，并且上面还有金石大家何绍基的跋语，可见他的所藏质量确实够高。

对于定武兰亭本的价值所在，张燕婴在其整理的《俞樾函札辑证》小注中说道："唐太宗喜晋王羲之父子书法，得《兰亭序》真迹，命人（传为欧阳询）临拓，刻石于学士院。五代梁时移置汴都，后经战乱而遗失，北宋庆历间发现于定武（今河北正定），故名定武本。大观中，徽宗命取其石，置于宣和殿。北宋亡，石亦散失。明宣德四年（1429），东阳人何士英任两淮都转盐运使，于扬州石塔寺发现此碑，碑缺一角，何士英遂呈进皇上。皇上赐其石，携归东阳。后断为三截，一直由何氏子孙按孟、仲、季三房分开保存。每遇修族谱（20年一次）将此石合而为一，用宣纸拓印，馈赠亲友。解放后刻石入藏浙江博物馆。"

由此而印证，王继香的所藏水平足够高。除了古拓木的收藏，如前所言，王继香也到处寻找古代刻石进行椎拓。他在给叶昌炽的信中说道："吾乡戡山经幢，物色有年，杳不可得。去冬敝友徐仲思孝廉访得于戒珠寺破楼之下，拂拭洗濯，续断补残，遂得复显于世。顷间始寄到拓本全套，诉快奚胜，敬谨邮呈，藉报雅命。闻吾兄搜采经幢多至五百余种，未谂此本与它种异同如何。"

真可谓功夫不负有心人，王继香在朋友的帮助下，终于找到了戡山经幢，这种失而复得的古刻石，令王继香大为兴奋，于是他准备寄全套拓片给叶昌炽。而叶对经幢拓片最感兴趣，因为他的堂号之一就是"五百经幢馆"。料想叶昌炽得到王继香的拓片后将会是何等之高兴。从这个侧面也可印证，王继香对当时金石学家都有什么专藏，收藏到了什么程度，可谓了如指掌。

除了收藏之外，王继香也有刻石印书之举。他在清光绪二十五年（1899）请鸿文书局用石印的方式印了一部《会稽王氏清芬录》，而后他将此赠一册给俞樾。俞樾收到后，在回信中夸赞道："承示《清芬录》，一门文献，百世典型，而纸墨精良，尤可爱玩，谨什袭藏之。往年所惠，竟未奉到，不知为谁氏所珍藏矣。"

俞樾说该书纸墨精良，如果不是客气话，这也间接地可以说明，王继香出书印书颇为讲究。同时他自己也有创作，并将个人创作之书寄给了俞樾。而俞樾在回信中说道："樱花在东国有高出屋者，且或数里皆是，自是大观；至移来中土者，乃是小株，亦不甚足观。或云即樱桃花之千叶者，其说可信。读大著，殊足为此花生色，当即录寄陈君子德。将来传诵海外，亦佳话也。"

俞樾在此信中提到了日本樱花，说日本樱花数量大并且长得很粗壮，然将其移到中国来，就变成了长不大的模样。根据张燕婴的注释，俞樾在信中所说的陈君子德就是井上陈政，正是此人把樱花赠给了俞樾。曲园老人在收到王继香的著作后，当即抄录了一本寄给了井上陈政。俞樾说得很明确，他想将王继香的文采传播到国外去，这也足见

◎吴大澂编《恒轩所见所藏吉金录》不分卷，清光绪十一年（1885）吴氏家刻本，书牌

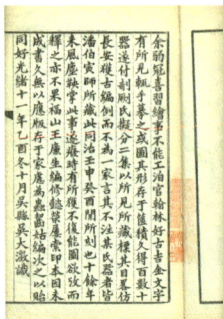

◎吴大澂编《恒轩所见所藏吉金录》不分卷，清光绪十一年（1885）吴氏家刻本，序言

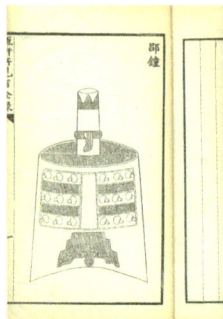

◎吴大澂编《恒轩所见所藏吉金录》不分卷，清光绪十一年（1885）吴氏家刻本，卷首

王继香的创作水准不低。俞樾乃是当时的大儒，如果王继香的创作不入其法眼，恐怕他不会抄写一部寄到海外去丢人。

王继香寄给俞樾的作品究竟是什么书，俞樾在信中未曾提及。然而他在给叶昌炽的信中却说过这样一段话："再拙集吉金文字为《金蜕》一种，又集古今砚铭为《砚影》一种，别集镜铭为《镜镜》，印文为《印印》，合计四种，将付石印，以饷同嗜（《印印》上卷为秦汉印钤，中卷六朝至元明，下卷本朝印文，各拓边款）。惟闻见孤陋，尚待搜罗。凤仰贵郡世家名族（如吴清帅、潘、顾诸家）收藏最多，敬祈谭宴之余随时搜访，或代征拓本（每种收藏某家，亦乞详示，以便附记册中），或命工往拓（纸料费候示寄缴），惠寄源源，以资集腋；它日石印成书，自当酬报。"

看来王继香仍然在忙着搜集拓片，而后整理出版，他的范围涉及金属铭文、砚铭、铜镜铭、古印等等。他的所编除了个人所藏，也会广泛地向大藏家征集资料。他希望叶昌炽能够帮他联系一些重要藏家，同时王继香在资料搜集方面也很下功夫，他跟叶昌炽说："吴清帅《恒轩金石录》渴慕久矣，都门厂肆购之不得，可否暗及时代乞一册？再近日如有续刻，并乞转求。"

王继香所说的"吴清帅《恒轩金石录》"应当就是吴大澂编《恒轩所见所藏吉金录》，此书应是家刻本，世面难得一见。因为吴大澂是著名的金石收藏家，所以王继香很想得到该书，以便了解其中有价值之处。而王继香委托琉璃厂的旧书店帮助购买，可惜始终买不到，他只好求叶昌炽帮他搞到一册，因为叶不但是金石学家，同时叶也跟吴大澂一并居住在苏州。因为叶昌炽有这样的地利，王继香才提出这样的要求。

我不知道叶昌炽是否帮助王继香买到了此书，但我比他幸运，多年前即得到了一册。可惜五云堂书去楼空，假如我来此处时看到其架上仍然没有此书，说不定我一激动立即将该书捐给此楼。

但是俞樾寄给井上陈政者肯定不是王继香的这类作品，按照正常的推论，这应当是王继香的文学作品。而王在这方面的专著有《醉盦词》和《止轩诗集》，想来俞樾抄录者乃是其中之一。王继香的诗集我未曾看到过，然而当时的著名文人谭献却跟他有诗上的唱和，谭献写过一首《和王止轩司训》："垂纶日日坐江干，谷饮如游处士盘。逝岁有春回腕晚，选人忆我共荒寒。传家东浙尊重席，结集南朝纪一官。苕水深深岘山碧，著书千古在豪端。"

如前所言，止轩乃是王继香的号，谭献能与之唱和，也足见王的诗作得不错。然而相比较来说，王继香的词学成就高过了他的诗。他的词集名为《醉盦词》，郭传璞在给《醉盦词》所写的序言中称："近时越中如李莼客《霞川花隐词》、周叔子《东鸥词》，暨皋社之王眉叔《笙月词》、孙岘卿《寄龛词》、陶子缜《兰当词》，推陈出新，浸欲颉颃古作者。予曾讽诵之，而王君子献与予习，且久治诗古文有声，尤于词癖。"

郭传璞先论述了绍兴当地多位有名词人的作品，而后称王继香也跟那些当地的词人多有交往，那么王的作品比以上诸位的水平如何呢？郭传璞在序中有如下夸之语："夫词者，诗之余也。诗有难堪之境，难达之情，难显之景，镂尘吹影，惟词为宜。……今夏出其所著《醉盒词》四卷属为序。读终，则君之洊丁离乱，漂泊湖海，风木之悲，荆树之戚，与夫览古伤今、写艳咏物之篇皆在。而难堪之境，难达之情，难显之景，乾端坤倪，轩豁呈露，词之能事毕矣。"

看来，王继香在词学方面确实有天分，而林葆恒的《词综补遗》中则录有王继香所撰的一首《水调歌头》："倚醉摩铜签，万里碧天秋。不知何处仙乐，飞落海东头。为唤琼妃起舞，重与词仙按拍，次第付珠喉。檀板动遥夜，惊起玉花虬。　　扬州梦，新亭泪，恨悠悠。廿年踏遍湖海，啸傲上瀛洲。底撇九霄风露，来看四明花月，三影剧风流。珍重羽衣曲，莫被李謩偷。"

王继香的这首词作得很有气势，由此也可看出，后人对他的夸赞

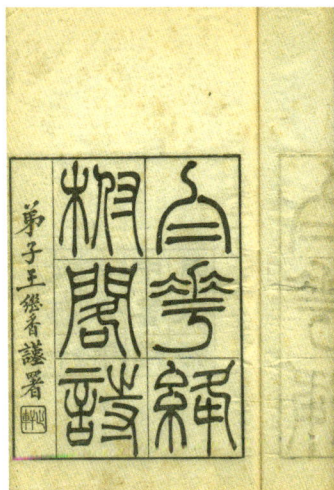

◎王继香校刊《白华绛跗阁诗》十卷，清光绪十六年（1890）越缦堂刻本，书牌

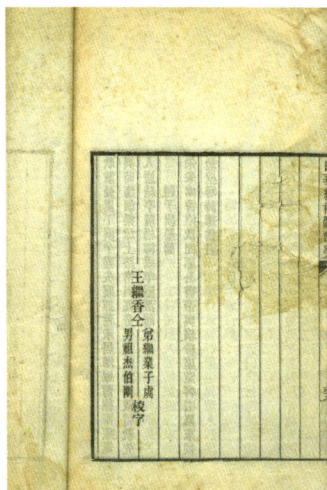

◎王继香校刊《白华绛跗阁诗》十卷，清光绪十六年（1890）越缦堂刻本，校字落款

并非虚语。然而他何以能够在所作诗词中旁征博引呢？想来，他的词集应该收藏量不小。而文悌所撰的《水调歌头·奉题小轩尊之醉盦词别集》点明了这两者之间的联系："经史及诸子，裒集各分编。部居著录四库，词曲殿书全。正枯秦周掩柳，别调苏辛奔放，沿至宋元年。作者殆千百，姜氏最缠绵。　　从未见，怀旧句，当新篇。虽有竹坨，《蕃锦》杂缀病牵连。今得王君佳制，乐府重开生面，妙是一家言。大巧不伤雅，绝唱胜前贤。"

由这首词可知，王继香的藏书各个门类都有，而他尤为关注《四库全书》著录之本。除此外，五云堂中的藏书专题还有词曲类和内府刻书。可见文悌曾经看过五云堂的藏本，否则他难以知道这么多的细节。

五云堂藏书后来为什么到了浙江省图书馆及绍兴图书馆，这之间发生了怎样的故事，我却未能弄明白。国家图书馆收藏有《王子献先生日记不分卷》，此日记从清光绪二年（1876）正月记起，截止到光绪三十一年（1905）一月。此日记我至今未曾翻阅过，想来王继香的这本日记中会谈到不少他的得书过程，而关于书的结局，恐怕是他的身后事吧。

几天之后，唐微老师告诉我，她所查到的结果是：绍兴图书馆藏有王继香批校题跋本十七种之多，余外还有上百部的王继香旧藏，其中数部上钤"五云堂"的章，唐老师说王继香旧楼的附近就是五云门，所以她怀疑五云堂就是王氏旧楼的藏号。

关于王继香的藏书印，除了方俞明先生所说的三种之外，唐老师查得的还有"百悔生""生谥醉遁""醉庵""继香长寿""止轩心画""会稽王氏五云堂珍藏""会稽王继香子献父印""王继香印""王继香收藏金石书画印"等。而最为难得者，则是一方长文印，此印尤为重要，因为关涉王氏的生平及其藏书偏好："王继香，子献父。号止

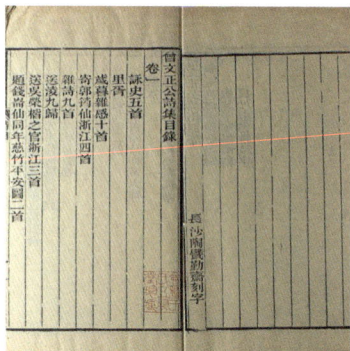

◎会稽王氏五云堂珍藏印

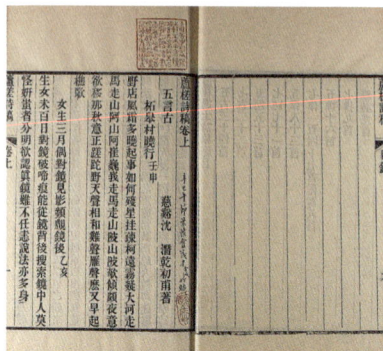

◎王子献收藏金石书画印

轩，生丙午。家镜湖，官玉署。好金石，及图谱。懒读书，爱藏弄。祝长恩，永呵护。辟水火，驱蟫鼠。传子孙，俾学古。"

然而唐老师经过仔细查找，却未找到"醉吟馆"这方藏印，那醉吟馆究竟是不是王继香的另一个堂号呢？以唐老师的一向谨严，她认为在没有具体证据之前，暂时不要下这样的结论。然她也查得了浙江省图书馆藏有王继香的未刊稿本《醉吟馆遗著》及《醉吟草》，这二种书的部分内容收入在民国越绎日报铅印的《国学选粹》中。同时她根据相关批跋落款查得王继香有醉庵、醉颠、小醉乡主等别号。这样论起来，王继香的确有另外的别号，但这些别号是否就是堂号呢？显然难以下结论。

我的这篇小文原本把王继香的堂号写为醉吟馆，经过唐老师的这番考证，我觉得其言在理，于是从善如流将题目改了过来。同时请唐老师提供了几张五云堂藏书印的图片，以此来印证她的判断。

刘锦藻·坚匏别墅　庚续九通，广集史料

刘锦藻 (1862—1934)

原名安江，字澄如，吴兴（今湖州）南浔镇人。南浔首富刘镛次子，承继于从父刘镕。清光绪十四年（1888）举人，光绪二十年（1894）进士。光绪二十七年（1901）出资助赈陕西灾民，依例授四品京堂候补衔。同年写成《清续文献通考》400 卷进呈，赏内阁侍读学士衔。民国十四年（1925），出资修复清东陵，溥仪赠『温仁受福』匾额。七十寿辰时，溥仪又赠以『凤池耆硕』匾额。汤寿潜总理浙江，刘锦藻囊助建设沪杭铁路，任董事兼副理。

以藏书规模而言，嘉业堂是晚清民国间第一大藏书楼，但对于楼主刘承幹，我以往有个错误的认定，因为有的史料上说他是过继过而发迹者。当时我特别感慨，刘承幹居然有这么好的运气，竟然过继到了南浔首富的家里。直到前几年，我读到项文惠的《嘉业堂主——刘承幹传》时，方弄明白：刘承幹的亲生父亲刘锦藻，才是真正的南浔首富。为了捋清这之间的关系，我要先从刘锦藻的父亲刘镛聊起。

不过这个刘镛可不是乾隆时的刘罗锅，因为刘罗锅的"墉"是土字旁，而我所说的刘镛的"镛"是金字旁。虽然他的名里带金，但其实早年他过得很贫穷。刘镛在年轻时给人家打工，在一个绸布店做学徒。当年的学徒只是管饭，余外的待遇却很低，章梫在《紫回公别传》中说他："十四岁，家贫不能俱脩脯，乃舍儒习贾；十五岁学业于绵绸布店，日得点心钱十文……在店操作勤剧，庖湢之事皆任之。"刘镛十四岁时就因为家里穷而上不起学，于是就去打工，而每天只能得到十文大钱，这点钱连买个烧饼都不够。

虽然如此，刘镛却干得起早贪黑，他渐渐明白了生意之道。两年之后，经过亲戚的介绍，他又到了一家蚕丝行去打工，这里的待遇比以前好了不少。又过了四年，也就是道光二十六年（1846），他攒出了一点儿钱后，跟另外一位名叫张聿屏的人合伙办起了一个小的蚕丝行。咸丰年间，他遇到了太平天国战乱，于是就来到了上海，这对他是一个很大的机遇，因为他在这里接触到了一些洋人，开始将丝卖到了国外。同治元年（1862），太平天国战争平息后，刘镛又开始经营盐业，而后他终于发了家，张謇在《南浔刘公墓志铭》中说："自咸丰、同治以来，东南富商最著称者，而能以风义自树于当时者，于浙得三人焉：若杭州之胡，宁波之叶，而其一则湖州南浔刘氏……原南浔一天下之雄镇，已莫不闻刘氏。"

看来，南浔刘家的商业帝国是由刘镛所创造的，他不但成了南浔

◎坚匏别墅低调的大门

首富，并且成了江南一带三大富豪之一。但对于刘镛如何能够做到这一点，历史上有着不同的说法。高拜石在《古春风楼琐记》中有一节的名称就叫"刘锦藻父子与嘉业堂"，此文中有这样一段话："刘贯经生来贫穷，很小便送在一家铜器铺子里做学徒，出师之后，便在镇上以打铜修锁，来糊口养亲，这人虽没有读过什么书，生性却老实忠厚，安分守己。也是该他发迹的机会到了。有一天，镇上一家丝庄的老板，因为醉了，把身上存放重要票据的枕头箱钥匙丢了，叫人招个铜匠来开锁，恰叫了贯经来开，他很细心地替他打开了，并代配一把钥匙，亦不多索工钱。这老板看他长相极好，聪明诚笃，和他谈了起来，认为这小手艺没有什么出息，庄中正缺伙计，问他肯不肯改行。这刘贯经自是求之不得，于是便在这家丝庄里勤勤恳恳地工作，极为这老板所器重，不数年便提拔他'管银盆'，司理出纳，当副掌柜。也是他福至心灵，丝庄生意兴隆，老板拿出一笔资金，让他自营，不及二十年，他也发了大财，自己也自立门户，有了字号了。"

"贯经"乃是刘镛的字，其实他还有一个字更响亮——"冠军"。高拜石说刘冠军最初不是进入了绸缎铺做学徒，他学的是打铜修锁，只是后来给一位丝庄的老板配钥匙，才让他得到了一个极其重要的机会，使他从此走上了发家致富的道路。

但高拜石何以知道有这样一段传奇，可惜他没在文中注明出处，而当代学者当然不相信这些传说，因为南浔四大家的发迹史是一个值得研究的话题。我曾看到一篇研究文章，称南浔四大家的发迹跟太平天国有关。当时太平天国打到南浔时，这几大家都秘密地跟太平军做军火或军需生意。而后太平军失败，南浔这几大家本来要受到清算，但他们又通过各种关系给清政府捐了大笔的银两，同时也疏通了关键人物，于是这四大家继续发财。到了辛亥革命时，四大家又跟孙中山等人建立了良好的关系。

如此说来，江南的这些巨富能够发家也有其道理。他们不但有精明的经营头脑，同时还能前瞻性地准确把握社会的政治动向，将这两者进行完美结合，真可谓不发财也难。但要想让自己创造的商业帝国能长治久安，则必须要寻找靠山，于是刘镛把自己的三女儿嫁给了徐郙的儿子徐华祥。徐郙是同治年间的状元，他任过礼部尚书、兵部尚书等官，乃是当朝一品，在书法和绘画上也有一定的成就，更为重要者是慈禧太后特别喜欢他的书画，这也是徐郙成为朝中红人的主要原因。

刘镛竟然能跟徐郙家搭上亲戚关系，可见其是何等高瞻远瞩。虽然如此，他还是觉得仅有钱而没有功名，刘家在别人眼中不过就是个暴发户，于是他就努力地培养自己的儿子。刘镛一共有三位夫人，共给他生了四个儿子和三个女儿。他的长子名刘安澜，刘安澜学习特别刻苦，可惜他在杭州参加乡试时因病而亡，年仅29岁。

当时刘安澜已经结婚，他的夫人是资政大夫邱仙槎之女，而刘安澜去世时还没有孩子，于是安澜的弟弟刘安江就把自己的大儿子刘承幹过继到刘安澜家，以此来照顾邱夫人，刘安江就是刘锦藻。

刘安澜去世后，刘锦藻就成了刘家的掌门人。虽然他家是巨富，但他仍然刻苦学习，而后终于考中了进士，曹金发在《辑录体目录史论》一书中说："1894年40岁时，与南通张謇同榜登甲午科进士，成为南浔刘氏第一个在科举上成功的人，历任清朝户部主事、工部都水师行走、内阁侍读学士等职。1899年其父去世，刘锦藻回南浔奔丧，并从此开始兴办实业。"

刘镛去世后，刘锦藻返回家乡开始继承父业，刘家真正的发达其实跟刘锦藻有很大的关系，曹金发在文中继续说："他承继父志，不仅继续从事家乡的生丝出口贸易、扬州的盐场和典当业，同时在上海做房地产生意。此后，刘家的实业走向全国，在武汉、长沙、杭州、南

◎ 刘锦藻撰《坚瓠盦集》，民国南林周氏铅印《南林丛刊》本，书牌

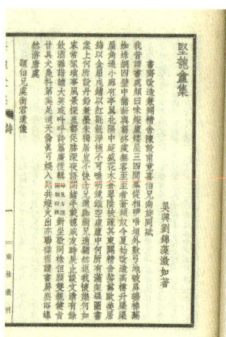

◎ 刘锦藻撰《坚瓠盦集》，民国南林周氏铅印《南林丛刊》本，卷首

◎ 刘锦藻的进士题名录

通、南京等地投资船运、电力、铁路、茶业、银行等实业，刘锦藻曾任沪杭铁路副总理、大达轮船公司总理。"而对于这些业绩，项文惠的《刘承幹传》中也有这样一段描写："与乃父刘镛相比，刘锦藻经商的气魄更大了，他经营淮盐，设扬州盐场，成为江苏淮盐巨商；他在通州购买大量海涂建垦牧公司，采取集股商办形式，兼采东西各国种植、畜牧之法，以昌农学；他受清廷农工商部奏派，出任上海大达轮船公司总理，与同科进士、有'中国第一实业大王'之称的张謇共事合作，同外商相抗争；他在南浔发起集资十万元，投资浔震电灯公司，并开设刘振茂绸缎局；他发起成立浙江铁路公司，参与创办并投资浙江兴业银行……在江、浙、沪工商界颇有声望和地位。"

能够掌管这等庞大的商业帝国，可见刘锦藻确实有过人之处。虽然如此，他却未曾忘记书生本色。在这个过程中，他花了二十多年时间编出了一部在历史上颇有名气的《皇朝续文献通考》。中国古代的史书中有"三通"之说，"三通"就是《文献通考》《通典》和《通志》。乾隆十二年（1747），皇帝命令设立续文献通考馆，同时任命张廷玉为总裁，其他人仟纂修，到了乾隆二十二年（1767）修成了二百五十卷的《续文献通考》。

书修成之后，该馆并未裁撤，而是在这一年将续文献通考馆改名为三通馆，继续在这里编纂《续通典》和《续通志》，这个部门任纂修者有几十人之多。到了乾隆四十八年（1783），一百五十卷的《续通典》修成。乾隆五十年（1785），六百四十卷的《续通志》修成，而后又接着在这里纂修出一百卷的《清通典》和一百六十卷的《清通志》以及三百卷的《清文献通考》。清代所修的这"六通"，再加上古代的"三通"，这就形成历史上很有名的"九通"。

"九通"涵盖了中国古代主要的历史文献，但其下限是截止到了清乾隆五十年，而后朝廷没有再继续编纂，刘锦藻觉得这是个遗憾，于是他决定靠个人之力来编纂《续皇朝文献通考》。他所编纂的上限就是乾隆五十一年（1786），而其下限则为光绪三十年（1904），此书为三百二十卷。以一人之力，搞出这么一部大书，可见刘锦藻有何等的气魄。但是编史书需要大量的史料，也正因如此，刘锦藻开始大量地买书。

其实刘锦藻早在之前就对藏书感兴趣，李玉安、黄正雨所著的《中国藏书家通典》中称："（刘锦藻）性喜藏书，他曾任职于内阁，颇得内阁大库藏书之便，通籍后开始网罗典籍，其藏书处曰'坚匏庵'，不乏善本。出游则携书相随，晚年在青岛有'静寄庐'，收藏古籍已具规模。现扬州市图书馆，仍收藏着当年刘锦藻的部分藏书。"但显然，编写《续皇朝文献通考》是他大量购书的最直接原因。

刘锦藻为了编此书下了很大的功夫，因为他不止是汇集史料，而且同时在每一部和每一书前面都加一段按语来阐述他对文献的见解，比如在经部之前，刘锦藻就写了这样一段话："近代经学之盛无逾圣清，盖自康熙、乾隆两期，明诏迭开鸿博，一时魁儒蔚起，士之潜心甲部者，上足与汉唐媲隆，缄缄乎文治之美也。《皇朝通考》经籍门，其经类与马氏旧例略有改定，曰五经，曰论语，曰孟子，曰孝经，曰经解，曰四书，曰乐，曰仪注，曰小学。凡为类十有三，兹稍稍有所出入，然大致不相害。若与经旨背驰，杂以后世谶纬家言者，则摈而不录，爰将乾隆五十一年后续出诸书条著于篇。"即此可见，他为了编写史书，确实研究了大量的文献。

进入民国之后，刘锦藻觉得应当将这一段新发生的历史重新接续上，于是他就继续增补《皇朝续文献通考》，将其下限截止到了清宣统三年（1909），刘锦藻在该书的序言中说："光绪甲午通籍后，始网罗典籍，锐意编纂。"看来该书编纂的起始时间是光绪二十年（1894），而最终完成的时间则已经到了1921年，前后费时达28年之久。对于这个成就，刘锦藻也觉得该书虽不能尽善尽美，但也令自己很是满足："以一人精力，辑七朝掌故，未免遗漏。然百数十年政治递嬗剧变，为有史以来所仅见。及今不续，后来坠绪茫茫，末由远绍。此书告成，余乃大慰矣。"该书的修成也确定了刘锦藻在文献学上的地位。李宗邺在《中国历史要籍介绍》一文中专门介绍了刘锦藻的这部书，对于该书的价值，其称："刘锦藻的《清朝续文献通考》，是现行的'十通'中最后的一通，原来在清乾隆时代，设立三通馆，先编成《续文献通考》《续通典》《续通志》三书，后编成《清通典》《清通志》《清文献通考》三书，合唐杜佑、宋郑樵、元马端临的'三通'，称为'九通'，到刘锦藻的《清续通考》出来，才凑成'十通'。"

这部大书编成之后，刘锦藻与儿子刘承幹共同将该书进献给溥仪。溥仪对他二人的贡献予以了"表彰"，而后刘锦藻写了篇《谢恩折》，此折中有这样几句话："头品顶戴前内阁侍读学士臣刘锦藻跪奏，为叩谢天恩恭折仰祈圣鉴事……十二月二十日猥以臣子承幹奏进臣所纂《皇朝续文献通考》，由前学部郎中臣王季烈寄到，蒙恩赏给'殚见洽闻'匾额一方。臣锦藻当即恭设香案，东望叩头，谢恩祗领。"看来刘锦藻已经成为"头品顶戴",而他的著书成就也受到了溥仪的表扬,并且给他赐了方匾额。刘锦藻又在这封《谢恩折》中谈到了他编此书的动机:"伏念臣草茅弱质,蒲柳衰姿,循岩巘而顾影,老学无成;昧委宛之秘藏,晚闻滋愧!研几稽古,识限区限,勤志服知,目穷轲录。惟是征文考献,稍酬炳烛之微明,扬烈观光,窃比引喤之初意。"

而更有意思者,则是此《谢恩折》的落款"宣统二十五年十二月二十一日"。对于这个落款儿日期,高拜石在《刘锦藻父子与嘉业堂》一文中,给出了别样的评价:"锦藻在溥仪跑到'满洲国'去做儿皇帝时,觐见过他的'旧君',他仍写着'宣统'年号,居然竟有'二十五年'之纪,不认所谓'大同二年',大概他们自认是'大清'臣子,而不承认什么'满洲国'罢。"

刘锦藻有一度在杭州西湖边营建了一处著名的庄园。刘锦藻为了建造这处庄园,竟然也跟他编那部大书一样,花费了很长的时间,朱炜在《坚匏别墅的前世今生》一文中说:"此别墅始建于1900年,经二十六年精工细作,横跨宝石山的半面坡,至抗战前夕才全部完工,费锦藻不少心血。"而该文中又引用了民国《新西湖游览志》中的一段话来形容这处庄园的形制:"墅在山麓,游人必蜿蜒而上,石级曲折,细草夹道。入室,轩敞,而陈设均极简古。偶一凭高闲眺,觉宝石山、登开岭,均若萦带左右,而湖风扑爽,尤有飘飘凌云之致,可以在湖庄夺一重席。"

坚匏别墅还有其他几个名称,仲向平在《西湖名人故居》一书中称:"西湖'第一名园'为刘庄。刘庄有个'小弟弟'叫小刘庄,亦称小莲庄,号'坚匏别墅'。"而关于刘锦藻为什么给自己的庄园起这样一个名称,朱炜在文中有这样的解读:"坚匏别墅名字的由来,实为主人刘锦藻的自谦语,按匏同瓠,葫芦也,坚匏无窍,喻无用也。锦藻用篆文'坚匏'装饰正屋楼台的铸铁栏杆,还把其中藏书处称为'坚

◎上山的另一条路

◎阳光下的坚轮别墅

匏庵’，将自己的集子取名《坚匏庵诗文钞》，如是态度很是难得。"刘锦藻用了这么多的时间、下了这么大功夫，建造起如此辉煌的一个庄园，然而却起了这样一个谦虚的名称，用今天的话来说，这应当就是所谓的"低调的奢华"吧。

刘锦藻在坚匏别墅居住了近十年，而这个阶段正是他编那部大书的时间，如此推论起来，他收集的那些藏书应该有一个时段藏在坚匏别墅内。而今来到杭州，当然要探访此地。此次的寻访是由浙江图书馆的吴志坚主任做向导，他指挥着司机停到了西湖边难得的一个停车场，而后步行向小山上走去。

眼前所见的这座小山名叫宝石山，按照浙江省文史研究馆所编的《杭州街路里巷古今谈》一书中的说法，这座小山高二百米。为什么称为宝石山呢？文中又说："山上有一种嵌在紫、灰石头中名叫'碧玉'的宝石，经阳光照射熠熠发光，故1985年杭州'新西湖十景'取名为'宝石流霞'。宝石山曾名石甑山、磋山、寿星宝石山、巨石山、保俶山。"看来这山上真的有宝石，而刘锦藻的坚匏别墅就处在该山的东南。

因为看惯了北方的崇山峻岭，所以来到这宝石山感觉这不像座山，而只像个小土包。沿着台阶向上走，旁边的侧墙是用一种特殊的石头叠垒而成者。我不知道这种石头的名称，但似乎该石在北方不多见。登山的台阶处在小山的一条夹缝内，右侧是山体，而左侧则建起了一些民居，在山体之上能够看到古代凿出的佛像，而有些佛像就处在栖霞岭居委会门口的正前方，可惜有些佛像被人为地砸坏了。

在一处造像前看到了介绍牌，上面写着这些造像始建于明洪武十四年（1381），原有二十龛二十八尊，全长五十多米，20世纪60年代遭破坏。既然是这个时期，那不用说，这又是红卫兵的"功劳"。我

◎院内情形

用手试了试岩石的坚硬程度，感觉到这种石材没有那么结实，如此想来，当年那些小将们砸坏这些石像，也不用费很大的气力。

这组造像的右前方就看到了坚匏别墅的入口。从外观看，这处大门并不起眼，这也正是刘锦藻所喜好的"低调的奢华"吧，而大门的建造方式有点像上海的石库门与江南民居的结合。穿过这个石库门，像进入了一个地下通道，这条小路很窄，应该不是当年的格局。由此穿行，进入了一个建在山体上的院落，而尤让我感到新奇者，是房屋之间的台阶完全是在整块巨大的岩石上凿出来的。看来要想破坏这样的台阶不容易，因此看上去还基本保持完好。

但坚匏别墅的内景却让我大感失望，我所见者只是一片乱糟糟的大杂院，远不如历史文献上描述的那样精美，仲向平在《西湖名人故居》一书中说："小刘庄坐落于里西湖畔的北山路上。它南出西湖，北临保俶，占地数亩，筑屋数幢，为清末民初所建。庄内建筑依山取势，

◎眼下的西湖

回廊环绕，曲径通幽；且广植树木花卉，构筑池塘假山。正屋楼台的铁栏全用'坚匏'篆文铸成。左进为无隐隐庐，壁间嵌有名人石碑。楼西有亭，滨湖处称东泠，与西泠遥遥相对。"而我眼前所见，却完全不能跟这些形容词挂起钩来。

论景色，坚匏别墅称得上"风景这边独好"。展眼望去，西湖就在脚下。虽然我的到来时间只是元旦后的十几天，眼前见到的景色有些萧疏，但依然有着一种寥阔之美。我站在这里想努力地辨识西湖边的著名景点，尤其想看看那座俞楼，可惜没有浮云但也遮住了望眼。俞平伯年轻时就曾住在俞楼，他有时也来坚匏别墅游玩，他来此处的原因是朱自清住在这附近。

1928 年 5 月 27 日，俞平伯跟朱自清同游坚匏别墅，回去之后就写了篇《坚匏别墅的碧桃与枫叶》，此文中有这样一个段落："就是那年的深秋，也不知又换了一年，我们还住杭州，独到那边小楼上看一

◎大石佛院造像

回枫叶。冷峭的西风，把透明如红宝石、三尖形的大叶子响得萧萧瑟瑟，也就是响得希里而花拉。一抹的斜日，半明半昧地躺在丹枫身上，真真寂寞煞人。我擎着茶杯，在楼窗口这边看看，那边看看，毕竟也看不出所以来，当然更加是想不出。——九秋虽是怀虑的节候，也还是不成。"这真是一篇美文，把这里的植物描绘得太生动了。而我在这里也寻找着当年的碧桃与枫叶，可惜未能寻找到这两种植物，却在院中看到了高大的芭蕉树，不知道是俞平伯对这种树没有兴致，还是他来时这里还没有种上。但无论怎样，我却看不出朱炜在文中所给出的评语："坚匏别墅建得实在无可挑剔，无愧为西湖第一名园。"

从坚匏别墅出来继续上行，来到了宝石山顶，在这里看到了"大石佛院造像"的文保牌，而文保牌的下方则是所说的造像。从外观看，这个造像已经看不出模样。其实这个造像本名为"秦始皇缆船石"，相传公元前210年，秦始皇在丞相李斯和小儿子胡亥的陪同下，来到了这里，他的船就停泊在了宝石山下，而船就拴在了邻江的一块大岩石上。到了北宋宣和年间，有位法名思静的和尚将缆船石凿成了一尊佛像，而后这个佛像下形成了一处寺院，名称就叫大石佛院。民国十七年（1928）时，当地举办西湖博览会，为了改造道路，将此寺院的山门拆除，而后此寺也渐渐没有了痕迹。

如此说来，天下的一切都在变化，但坚匏别墅变成而今的这个模样，还是让我感觉到一种落寞，真盼望着当地能够把这处曾经重要的名人故居，真正地恢复起来，这也应当是一段不应忘记的历史。

徐维则·镕经铸史斋　两代齐举，编目西学

徐维则 （1867—1919）

字仲咫，号以愻，别号贻孙，浙江绍兴人。近代藏书家。

伯父徐树兰，父徐友兰，均是著名藏书家和学者。光绪十五年（1889）与蔡元培为同科举人，家有『铸学斋』『述史楼』，藏书数万卷。著有《东西学书录》。蔡元培在光绪十二年至十六年（1886—1890）为徐维则做伴读，并参加了徐氏的校书，由此博览了『铸学斋』『述史楼』的藏书，奠定了国学功底。

徐维则是徐友兰的长子，而徐友兰则是古越藏书楼主人徐树兰的弟弟，这一家人在藏书方面都做出过不小的成就。郑伟章先生写过一篇名为《绍兴徐氏兄弟藏书考——兼辨析蔡元培先生年谱传记中的一段史实》的长文，对绍兴徐家进行了详尽地探讨。该文首先称："在近代，浙江省绍兴郡有两位姓徐的藏书家，一位是古越藏书楼主人徐树兰，已为世人所熟知；另一位是铸学斋、述史楼主人徐友兰，鲜为人知。这两位藏书家是兄弟俩，在中国近代文化、学术史上都应该占有一定的地位。尤其是北京大学原老校长蔡元培先生与徐氏兄弟都有过密切交往。"

　　关于徐维则的情况，郑伟章在文中称："徐维则是徐友兰的长子，字以愻，光绪十五年（1889）与蔡元培是同科举人，所著书有《东西学书录》，1899年出版，蔡元培作序。他也和他的伯父、父亲一样，讲究传播东西学。他是其父从事藏书、刊书、校书的得力助手。徐氏藏书目录即由他一手编成。他学问极深，铸学斋藏书题记一类文字多出其手。惜民国间采写的《绍兴地方志资料》没有为他立传，其生平事迹知之甚少。"

　　正如郑伟章所言，徐维则乃是晚清民国间绍兴地区著名的藏书家。然而，关于他的生平及其藏书历史却很难查得，虽然也有些零星记载，但大多散见于各种文本之中，没有对其整体情况做过完整的叙述。我所查到的史料，除了郑先生的这篇长文，另外则是2008年第四期《文献》季刊钱斌、宋培基合著的《藏书家徐维则事迹钩述》一文。徐维则的藏书楼有多个名称，最常用者应属"镕经铸史斋"，对于堂号问题，郑伟章在文中写道："徐友兰的藏书处初名为八杉斋，他到上海从事工商活动后，命长子维则在家乡继续他的藏书活动，又建立了铸学斋、述史楼、镕经馆和镕经铸史斋。他的刻书处为墨润堂，在绍兴郡城的水澄巷。他收藏金石书画的地方为石墨庵。还有孟晋斋为读书、抄书之处。"

此处谈到的具体地点乃是徐维则的刻书处，而他的藏书处在哪里，我却查不到相关史料，以我的猜测，这两者可能在同一个地方。这次来到绍兴，我向方俞明请教这个问题，他明确地告诉我并非如此，因为他专门请教过徐维则的后人。对方告诉他，徐家有多处房产，而墨润堂所在的水澄巷已经被拆掉。徐维则所刻书版则藏在他于宣统年间所建的小洋楼内。这位后人还说，徐维则当年刊刻了大量书版，这些版片后来都藏在这座洋楼内，日本人打来的时候，版片烧毁了，而当年徐维则的藏书也在这个小洋楼里面。

既然有如此明确的说法，我当然要到现场一探究竟。我本以为小洋楼处在绍兴的老城区，方俞明说并非如此，他告诉我此楼的具体地点在绍兴市越城区鉴湖镇南部半山区的栖凫村。于是我等一行爱书之人直奔此地而去，一同前往者有方俞明的朋友章利刚和朱新学、余姚的朱炯先生以及绍兴图书馆的唐微老师。章、朱两位先生对绍兴历史遗迹了如指掌，一路上的寻访均由二位做向导。我乘坐方兄的车跟朱、唐两位老师一路聊着江南的风土人情，这份省心真令人惬意。

进入栖凫村，看到一座古桥，方俞明称这座桥很有名气，可谓本村的标志性建筑物。然前面带路的车并未停下来，只能等返回时再去拍照。而后我们的车停在了某家院落门口，眼前所见的街边虽然是新盖的楼房，透过楼房间隙依然可看到后面有着成片的古建筑。这样的场景最能拨动佞古之人的心弦。

跟着众人走入了一条小巷，此巷宽两米，两侧均是斑驳的旧墙。远远望去，巷的尽头有一座拱形的门，其式样乃是修正过的欧式风格。在成片的中式建筑群内，这种风格颇显突兀。走到近前细看，拱门乃是用砖砌就。朱新学介绍说，这种砖乃是绍兴地区的特产，在制作的时候要用一定的模具，烧制完成后，还要进行仔细地打磨。古人为了美，可谓不惜工本，这与今日的粗糙比起来，可谓霄壤之别。拱门的侧边是砖雕式的罗马柱，柱体也同样是先做坯形再进行磨刻而成的，其中一块已经缺失，可以看出，柱体里面另有填充物。

西式拱门后方不足十米处则为第二道门坎，门框全部是用青石制作。朱新学说这也是当地的一种石材，虽然在连接处有着西式的倭角，但整体上说乃是中式风格。两道门一中一西，不知是否暗示当年流行的"中学为体，西学为用"。若用通俗的话来解释，则如歌词中唱的："洋装虽然着在身，我心依然是中国心"。这道拱门之后，还有第三道，依然是中国传统圆拱门的建筑手法，全部用青砖砌就。我细看拱圈的内侧，是用立砖一块一块平铺的，而上端的砖完全悬空下垂，百年过去了竟然没有脱落的迹象。工艺之精湛，不知是否会令当今建筑贴外立面砖的人感到惭愧。因为在近些年的建筑中，常看到外墙的砖体整块地剥落下来。据行家说，外墙砖的剥落不可避免，因为所贴之砖的膨胀系数与底砖不同。既然如此，那为什么古代的贴砖就不易剥落呢？

在第三道拱门的侧旁，有一个很小的门洞，方俞明把我等喊过来，让我们细看此门，他说徐维则故居的具体年款就显现在这门板上。我等围过去细看，感觉这个门也是西式设计。而今这扇木门被涂成了蓝色，上方钉着门牌号"栖凫村341号"，下方则刻着一幅对联：岂有文章堪下拜，但开风气不为师。这幅集联颇有气势，前一句出自邵长蘅，而后一句则是龚自珍，两句放在一起确实有着大气魄，唯一的遗憾是此联无落款。

至少我未曾从上面看到具体的年款，没能找到解读该楼建造年代的具体证据。我等的说法让方俞明一愣，原来他只顾着招呼我们，而自己却未仔细端详。我等的话才让他探过身来细细研读，然后大感吃惊地跟众人说："原本对联的下方都有落款，前面是宣统元年，而下联的落款

◎进入悠长的小巷

则有'述史楼'的印章模型。一年多前还清晰可见，现在不知被什么人挖掉了。"他的话让众人大感遗憾，方俞明的脸又转到了此门的对面，同样遗憾地跟大家说："我来这里已经有多次，最后一次是一年多前，跟此门相对应者还有类似的一个门，门板上也有对联，同样有着'述史楼'的落款。"众人跟随他的脸转过去，眼前所见乃是用水泥草草封起的门洞。

沿着小巷继续向里走，出现了第四道拱门，这个拱门依然是典型的欧式，从墙的两侧望过去，当年这拱门要比如今所见气魄得多，显然当年这条路也要比今日所见宽阔不少。这道门所用的两根立柱特意选了红色的石材，上方的砌砖是用红黑两色砖间隔而成，地面则满铺江南地区大户人家常用的宽大条石，这同样是中西结合式的建筑。

最后一道拱门的前方并未看到我预估中的精美洋楼，也许是在天津的租界地看惯了各式各样的洋建筑，我的思维定式使我们预估和眼前所见在此刻无法叠合。因为眼前所见乃是一片残破的建筑，主体建筑已经坍塌，其中一堵墙上仍然保留着当年的拱形窗。此窗之前，则有一个方形土堆。这个土堆的作用引起了我的好奇，土堆之上扔着一些破桌椅，一堆植物也被砍伐下来草草地堆积在上面。几个人都说不清楚土堆的用途。方俞明判断，这有可能原本

◎窄窄的门

◎石柱为红色

◎再一道拱门

是个临时建筑，后来坍塌了。但为什么坍塌后会形成一个方方正正的土堆，方兄也说不清楚。

众人绕过土堆继续向内探看，侧旁有一个高大的敞屋，里面堆满了杂物。方俞明说，他几次来这里探看，最好奇的是房屋地面是用水泥铺设的，而水泥地面上有很多奇怪的五彩花纹，猜不透有怎样的寓意。唐微老师走上前，借着手机的亮光细细察看那些神秘图案，而后肯定地告诉大家："这个符号叫大卫之星，是犹太教希伯来民族的一种族徽；而这个是早期天主教的十字架。"徐维则的小洋楼竟还运用了这么多西方宗教元素，难道他家里有人信教？方俞明称，他从未查到这样的史料。唐微则认为，地面的这些图饰并非属于一个门类，估计是徐家认为图案本身颇具西洋味道而随意绘制上去的。究竟事实如何，仍待挖掘出新资料方能定论。

众人的议论声引来了一位老人，他拄着拐杖走得很慢，天气的乍

◎徐家洋楼剩下的侧墙

寒乍暖使得老人早早穿上了冬装。尤其他戴的那顶旧毡帽，让我想起了叶圣陶在《多收了三五斗》中所说的"旧毡帽朋友"。清初大画家石涛说"笔墨当随时代"，穿着也应当如此吧，至少我认为这顶旧毡帽在某种程度上表明了时间的凝固。

老人的目光很和蔼，众人纷纷与他聊天。可惜老人说的绍兴话，我听不明白，好在有章利刚的翻译。老人已经 94 岁了，他说解放初分田地，他分到了徐家的房产，从那时起一直住到了今天。而今，年轻人不愿意住这种老房子，纷纷离去，所以这一片房产中只剩下了他一人。而我依然关心那个方土堆原本的用途，于是请章利刚向老人请教。老人指着土堆讲解了一番。这的确是后添加之物，因为院落分田地后住进来不少人家，而房屋渐渐不够用，于是有人就在院门前垒起了猪圈，后来猪圈坍塌了就形成了大土堆。猪圈是用土坯所建的，加上里

◎已近坍塌

面的粪肥使得上面的植物生长旺盛。

关于徐家小院中的整体风貌，老人说原本不是这么小，而后他慢慢地往里蹚，把我们带到了院落的侧方，从侧边望过去，徐家旧宅大多已坍塌，但侧面的墙体却保留了下来。这堵细石墙有着长长的一排，可见当年这院落是何等宏大。而后我又转到旧宅的后方，这一带已经盖起了新式民居，在新居的衬托下，更加透显出旧宅的荒凉。

我站在那里发着无谓的叹息，无意间听到旁边的房屋内有动静，这片旧居原本看不到有人活动的痕迹，这个声音确实吓我一跳。顺着声音望过去，一个残破门板的下方露出了狗鼻子，它在那里喘着气，很想挣脱旧门板羁绊。我本想推开门给它自由，但转念一想，我肯定没有这样的权利。下意识地摸了摸裤兜，里面有一块已经半融化的牛轧糖，我剥掉外皮顺着缝隙塞给了这位狗兄弟。它很快将鼻子缩回去，

三眼桥

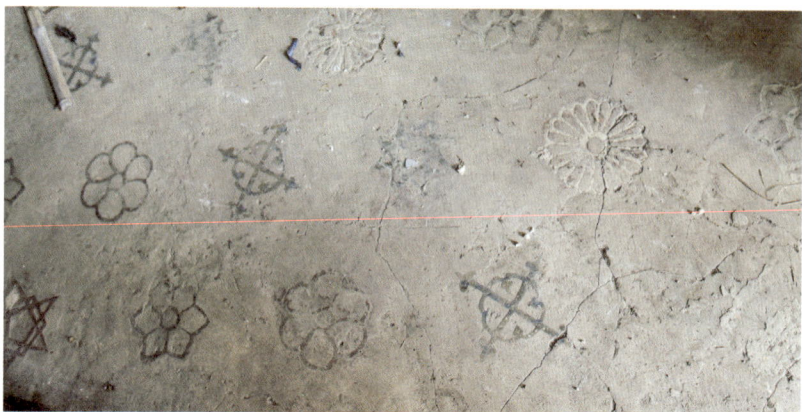

◎唐微说，这是希伯来族徽章

我听到了畅快的咀嚼声。一瞬间让我想到了时下的流行语：活在当下。

告别老人，沿着来时的路往回走，我还惦记着路遇的那座古桥。在路上又看到了多座保留完好的老房子，以往我对这些纯中式建筑有着特别的喜爱，不知为什么今日这些房屋给我带来的观感却不那么强烈，也许我的记忆仍然停留在了刚刚看过的西式建筑上。当我讲述自己的感触时，众人对我的喜新厌旧作出了轻度嘲笑。

眼前所见的这座古桥的确有些特别，这种特别是因其奇特的外形，旁边的文保牌上写明了桥名"三接桥"，此桥所处的位置是河道的三岔口，为了能让每个方位的人都得到便利，桥便建造成了如此式样，以方俞明的话来说，这应当是早期的立交桥。他同时告诉我，这座桥也跟徐家有关系，徐家祖宅就在附近。

既然跟徐家有关系，我当然要前往探看。于是踏上这古老的立交桥穿行到对岸，沿着河一路向前走，不足一百余米看到了老的门楼。朱新学最喜欢拍这种精美的老建筑，我问朱兄，这个院落是否是徐家的老宅，他说自己也不清楚，但他喜欢有特色的江南老宅中的砖雕，他知道这个院落里还有遗存，于是众人纷纷跟着他走向了歧路。眼前所见的这处门楼确实比徐维则故居保留完好，尤其上面的砖雕除了字迹被砸，其他的花式基本完好。而门上的拉挂也由于好心人用泥糊了起来，所以未被砸毁。继续向前走，穿入了一个院落，此院的门楼更为高大，而上面的字迹却完全没有了痕迹。

正在探看期间，有位中年妇女推着电单车来到了门口，众人与之打招呼，没想到这位妇女却说："你们是来拍徐家老台门的吧，其实这一带全都是他们家的。"她的这句话立即引起了所有人的关注，于是纷纷向她了解细节。这位阿姨颇为和善，她说自己所住的房原本也是徐家祖居的一部分，而她先生对此房做了系统改造，她边说边邀请大家走进她所住的院落。

院落不大，里面的建筑颇为规整，虽然有了不少现代元素，但阿姨强调这处房依然是老房子改造而成的。她将众人让进屋内，而后指着屋顶说："虽然做了棚顶，棚顶的上方还是老屋顶，维修之后不再漏雨了。"朱新学留意到，阿姨家靠窗的位置有一个老式闷橱，门板上刻

◎橱柜上有精美图案

有精美图案。他马上走上前拍照，而我却注意到，这个橱顶上有一个素面的木箱。我断定这木箱乃是古代的书箱，我的判断得到了阿姨的首肯。她准备找凳子把书箱搬下来让我拍照，而我不想给她添更多麻烦，只好跟她说自己个子高，站在下面也能够拍得着。

而后阿姨又把众人带进了厨房，为了让大家看清楚地面的条石。她说在改造房屋时，其先生特意把别处废弃的条石搜集起来，将院落和家中全部用此石来铺装。其先生的做法受到了众人一致的夸赞，朱炯先生说，这样宽大的条石现在越来越不好找了，而其家竟然能够将此搜集起来，这肯定是一笔不小的财富。朱炯的夸赞令阿姨颇为受用，脸上绽放出了得意的微笑。

从阿姨家出来继续向前探看，又进了另一个古老院落。这个院落被人用旧墙砌起一堵墙，章利刚对此墙大感兴趣，他把脸贴近此墙，

◎发现了有字古砖

一块一块地看过去，而后在上面发现了好几块带年款之砖。章先生父子两代都有藏砖之好，这类的年款砖已经搜集到了两千多块，方俞明说章先生父子是他所知道的藏年款砖最多的人。而章先生果真对古砖有着特别的痴迷，他一边寻找一边撬动，而后终于找到了一块松动的砖。他高兴地跟众人说，这是他藏品中所未备者，没想到今日能有这样的意外收获。

而我的收获则是看到了徐家老台门的残破，穿过这堵古砖墙继续向内走，进入了一个通敞的大屋，大屋被分割成不同的房间，其中一个简陋的房门上钉着门牌号"栖凫村 300 号"。从此屋穿过，后面是宽阔的后院，院中横七竖八地立着不少被烧焦的梁柱。方俞明感慨地说，去年他来此处时这些房屋还基本完好，看来不久前这里着了一场大火，这一片旧居几乎被烧光了。

踏上这片废墟，我看到这些烧焦后的木柱，在阳光的照射下，反射着强烈的亮光。朱炯说，失火的时间应当是在近期，如果时间稍长，下几场雨再加上空气中的尘土，这些木柱就不会这样亮了。我觉得他的所言很有道理，同时又无谓地感慨自己来晚了一步。而朱新学在这里变换着角度拍着这些场景，我看着他到处移动的身影，心想如果来这里拍战争片，其真实程度远远要高过那些人造布景。

在倒塌房屋的侧旁还有一间二层小楼未被烧毁，因疯长植物的阻隔，我无法穿越到楼前。而朱新学却从侧面进入了院落，他说这里的场景太有历史感了。闻其所言，我只能请方俞明把相机隔着墙递给他，请他带我拍楼内的情形。我听到朱新学在里面边拍边感慨："这个小广角太好了，不但把全景都收了进去，还能变形这么小。"他的话让我听出了弦外之音：这么好的相机沦落到了韦力手里，真是暴殄天物啊。

如前所言，关于徐家的藏书应当是始于徐树兰和徐友兰，而徐树兰的事迹我已写入了古越藏书楼篇中，在此先聊一聊徐友兰。

◎烬余

古桥探幽 浙江篇

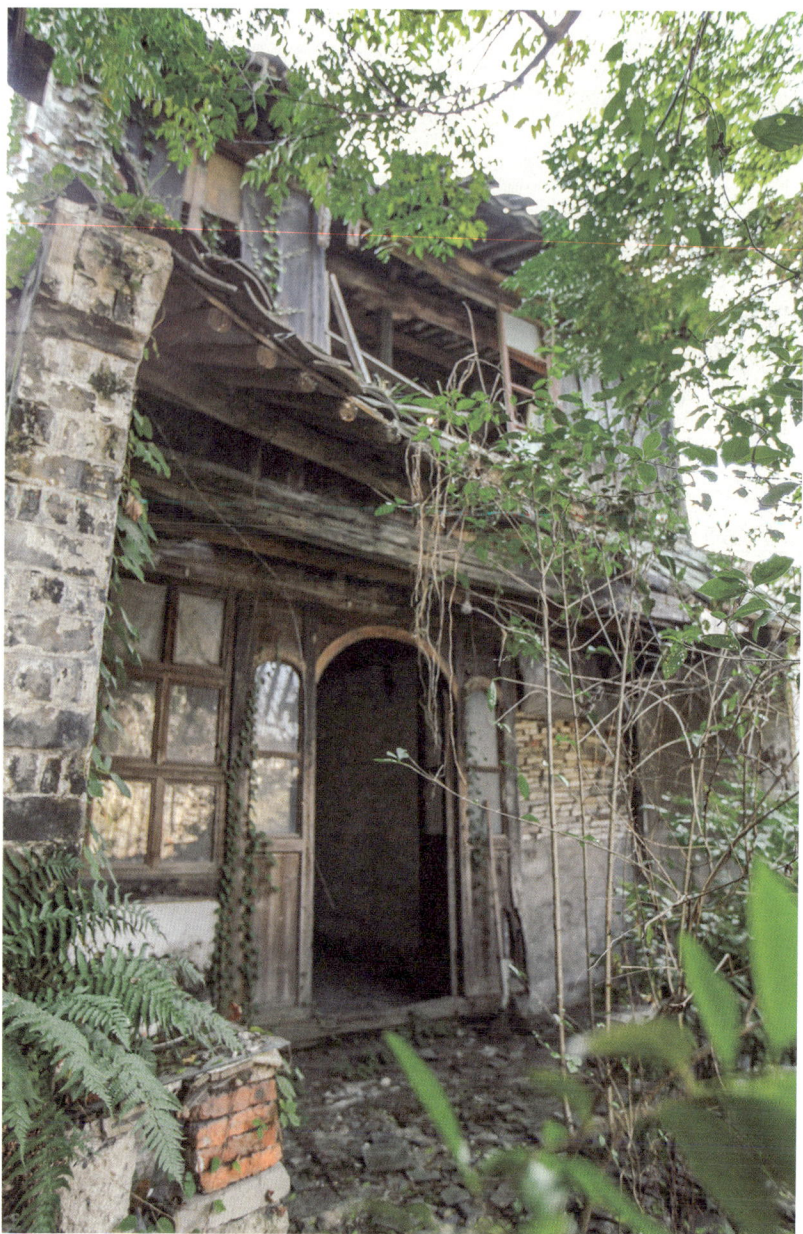

◎未被烧毁的小楼（朱新学 摄）

树兰和友兰是亲兄弟，友兰比树兰小五岁，关于友兰的事迹，薛炳写过一篇《徐友兰传》，收录在民国二十八年（1939）排印的《绍兴县志资料第一辑》中。因为薛炳曾在徐友兰家教过书，故其所写比较符合历史真实。薛炳在本传中说："同治庚午，先生年二十有八，又读书。是秋，以国子监应乡试，下第。后益锐精制艺。光绪乙亥，始受知学使胡公瑞澜，得补会稽学生员。辛巳后纳赀为员外郎，入都供职，签分户部在湖广司行走。壬午冬，乞假归省，自此家居读书奉母，不复仕。"

　　看来徐家虽然有钱，但徐友兰却未能考取功名，只能靠花钱买个公职。但没多久，友兰就返回家乡，而后不久他又跟着哥哥前往上海办实业："岁庚寅，始游沪。先生见晳种之以商战竞我也，欲挽漏卮非提倡实业不为功，由是久寓沪，留心工商。华人之设机器缫丝厂者，淞沪一埠盖自先生。甲午之局始，明年夏，母章节孝病，先生闻报驰归，多方疗治，次子滋霖复刲股和药以进，卒无效。十月，母卒，年七十有八。先生哀毁如礼。戊戌，上虞罗振玉、吴县蒋黼与先生之兄树兰设农学会于沪，译西报，辟试验场，同志入会甚众，先生与焉。且于黄浦之滨置地百亩，广求各国果种，辨其土宜次第，树艺以资实验。"

　　可惜的是，因为用人不当，徐家在上海的实业产生了巨大亏空，后来徐友兰又到湖北去开矿。某次在乘船的过程中，直面日俄战争炮弹轰击，使他受了严重惊吓，虽然有良医诊治，最后还是因病复发而去世了。薛炳在《徐友兰传》中对此有详细描写："中日战后，朝廷汲汲办路矿。先生与同志二人购湖北矿山，亘六邑之境，将谋开采。癸卯，同志以路矿事函约入都。事竣，附轮南下，值日俄开战，船经旅顺，泊港内。是夜，日本率舰来攻，炮霆弹雨，船客号呼不绝于耳。忽一弹越船首，伤人三。若炸在舱面，则全船糜矣。黎明，俄遣一舰来引港，正鼓轮出口，回首见巨浪矗立，则引舰返港已触水雷轰化。

若行度稍偏，则我船亦燔矣。此十二月二十四五日事也。先生因是得惊悸之疾，甲辰夏病危，以良医得愈。乙巳夏，病又发，前医不复至，遂卒，时光绪三十一年六月六日也。年六十有三。”

关于徐友兰的收藏事迹，薛炳在本传中也有记载："至于为学，无书不窥，旁及书画。性好收藏，凡旧钞、精刻、石墨古金法帖、名画，有所见，辄购庋八杉斋中。如是者，数十年。既驻沪，复命长子维则广为搜罗，别辟精舍以藏之，名曰铸学斋、述史楼。"

看来，徐友兰的收藏品种颇为丰富，他将自己所藏运回家乡，而后让长子徐维则建起了藏书楼。收藏之余，徐友兰也刊刻乡贤著作："择精要鲜见之本，镌诸梨枣，凡数十种。其未可单行者，辑为丛书。复访求乡先哲著述，校而刊之，名曰《绍兴先正遗书》，凡四集。书皆提要钩元，作为后跋，精识宏论，伍崇曜、鲍廷博不过是也。先生殆绌于商，而取赢于学者哉！"

徐友兰有两个儿子，长子徐维则，次子徐滋霖，继承藏书事业的主要是长子，因为徐友兰的藏书是由徐维则整理的。郑伟章在撰文中称："徐友兰的藏书目录，笔者所见有两种，一为《述史楼书目》一册，抄本，著录经部约250种，史部约500种，子部约500种，集部约850种，共2100种。依四库分部，部下不分小类。著录甚简略，仅详书名、卷数、刊本、无著者。一为《述史楼藏书别录》一册，抄本，书口有'铸学斋'三字。此目为徐氏清点藏书之簿，上多标以'准'字或'对销'字方印，有'准'字印者，为述史楼插架之书，有'对销'字印者，皆用墨笔涂去，已不藏于徐家。欲寻徐友兰铸学斋、述史楼藏书踪迹者可参考此两部书目。又，笔者尚觅见徐维则稿本《述史楼语古录》一种，书口有'铸学斋'三字，蓝竖格印稿纸，著录皆述史楼收藏古物之精髓。首列为'精本书目'99种，为徐氏藏书之菁华，余皆为金石、卷子、碑刻、书画之属。"

看来藏书者虽然是徐友兰，而真正熟悉家中藏书之人则是徐维则。那么徐友兰藏书的重点在哪里呢？郑伟章在文中写道："从抄本《述史楼书目》来看，徐友兰藏书不注重于宋元本，书目中仅元刊本《资治通鉴》二百九十四卷等五、六种，比较注重收明刻本、原刻本、抄本、稿本等，这些书也极可贵。"除此之外，述史楼所藏还有如下特点："明代刻本中，徐友兰所收毛晋汲古阁刻本极多，这是很珍贵和难得的。徐氏又注意收活字排本、日本刻本、日本活字本。正如沈知方所说，徐友兰收书尤以旧藏抄本为'精绝'，这是他的一个最突出特点。"

关于徐维则个人的藏书情况，钱斌、宋培基在《藏书家徐维则事迹钩述》一文中称："徐维则的藏书书目主要有三：一是《述史楼书目》一册，稿本，蓝格，11行，书口下方印有'铸学斋'三字，著录经史子集四部书共2000余种。二是《述史楼藏书别录》一册，钞本，为徐氏清点藏书之簿。三是《述史楼语古录》一册，稿本，著录皆述史楼收藏古物金器。最佳为'精本书目'近百种，其中旧钞本多达60余种，为徐氏藏书中之上品，其余皆为卷子、金石碑刻、书画之列。各藏书目录均由徐维则手辑而成，藏书题记之类文字亦多出自其手。"

在藏书之外，徐维则也喜欢收藏金石拓片，辟有专室"石墨庵"。拓片原本就是将纸铺在石头上，而后用墨将其拓出。徐维则将自己的藏碑帖处起这样的名称，当然很贴切。巧的是，我的藏碑帖之处也有类似的名称：石墨簃。在此郑重声明，自己在二十多年前起此堂号时，并不知道徐维则也有相同的名称，为此我郑重地请故宫碑帖鉴定大家朱家溍老先生题写了匾额。看来我与这徐维则有不谋而合之处。大约二十年前，罗继祖先生的藏品散出，其中就有徐维则述史楼的钞本，我有幸买得其中的一二。这也正是我来到徐维则故居门前感到亲切的原因之一吧。

徐维则在碑帖收藏过程中跟不少大家都有密切交往，比如当时的金石大家周星诒在《窳橢日记》中写道："壬辰岁，在绍兴郡城有居水澄巷徐以孙孝廉（维则），以旧拓隶碑一本示属审定，予遍考金石诸书，乃《汉华亭碑》也。自洪氏《隶释》著录后，遂不见诸簿录，臆当亡于宋元之间。"

光绪十八年（1892），周星诒在绍兴城内见到了徐维则，而徐请他鉴定一册汉碑裱本。周星诒经过一番认真考证，称这本《汉华亭碑》"推为天下罕见孤本"。可见徐维则经手藏拓中有难得绝品。钱斌、宋培基的文中又记载了徐维则跟鲁迅之间的密切交往，比如1918年6月25日，鲁迅在《北京大学日刊》上发表了题为《新出土吕超墓志铭考证》一文，鲁迅在该文中称："吕超墓志石，丁民国六年出山阴兰上乡，余从陈君古遗得打本一枚，以漫患难读，久置箧中。明年徐以孙先生至京师，又与一本。因得校写。"

这段话中的徐以孙就是徐维则，除此之外鲁迅日记中还有几处记载了徐维则赠送拓片的事情，因1918年徐维则曾在北大工作，故而两人有了较为密切的交往。鲁迅跟徐维则是同乡，当年徐维则在绍兴开墨润堂书店，鲁迅曾多次到墨润堂买书。这些买书的过程，鲁迅均记入了日记。比如1913年7月5日，鲁迅写道："又在墨润堂买仿古《西厢十则》一部十本，四元八角。"而在1916年12月8日，鲁迅又有到该店买书的记录："至墨润堂买玉烟堂本《山海经》二册，《中州金石记》二册，《汉西域传补注》一册，共直三元。"

关于墨润堂书店的情况，顾志兴在《浙江藏书史》中有如下介绍："徐维则于清同治元年（1862）在绍兴城区西营开设墨润堂书庄，后在水澄堂以南开设门市部，改称墨润堂书苑（徐氏铸学斋即在水澄桥），由蔡元培题写店名（蔡元培与维则同为光绪己丑科举人，与维则同读于徐半斋，并为志古堂校书）。墨润堂书苑，除采购本埠及外地木刻、石印、铅印本图书外，还自设作坊、刻印各种图书。'"

由此可知，墨润堂书店除了卖书，也会做相应的出版。同时也会从他地采购来新书，放在本店售卖。钱斌等在文中写道："墨润堂不但自设作坊，自行校刻各种图书，而且采购、销售本埠及外地新书，包括商务印书馆、中华书局、三联、开明等书店教科书及各种图书，且可根据读者需求，送书上门。徐维则《东西学书录》中著录的相当部分书目就是由墨润堂经销以及他自己所收藏的图书。"

关于墨润堂后来的结局，顾志兴先生在《浙江藏书史》中有如下表述："该店于1950年停办，1992年8月重新开业，现地在城区步行街。据此墨润堂书苑亦为徐氏刻书处。《绍兴先正遗书》中之《重订周易小义》、《群书拾补》、《群书拾补遗》、《重论文斋笔录》等书卷尾，均有'山阴蔡元培校'字样。徐氏所刻书均称精雅。"

从以上情况看，蔡元培跟徐维则的关系比较特殊。因为从光绪十二年至十六年（1886—1890）之间，蔡元培一直在做徐维则的伴读。光绪十五年（1889）八月，蔡元培又跟徐维则一同到省城应乡试，而后两人同时中举。转年蔡元培进京参加会试而考中了进士，自此之后，蔡元培离开了徐家。光绪二十四年（1898），因为戊戌变法失败，蔡元培又回到了绍兴，徐树兰聘请他任绍郡中西学堂监督。在这个阶段，蔡元培又在该学堂内建起了养新书藏。而今养新书藏的藏书大多数保留在了绍兴一中图书馆。在方俞明先生的安排下，我在此校看到了徐维则捐给该校的《东西学书录》。

相比较而言，徐树兰要比徐友兰更有社会影响力，主要原因是他建造起了古越藏书楼，而该楼到如今仍然有着较大的影响。可能是这个原因，有不少的资料都把蔡元培在徐家的工作写为是在徐树兰的古越藏书楼。当然这样的误会也有其原因，对此郑伟章先生做了仔细地辨析，他认为造成误判的原因乃是出自蔡元培的一段口述历史，萧瑜记录的《蔡孑民先生自述身家轶事》一文中写道："二十岁起，我不教书了，我在徐家校书了。绍兴有徐家，藏书甚多，又喜校书、印书，及以文会友，故也延聘了我……二十一、二、三、四岁，我都在徐家，读了许多的书。"

而同样黄世晖在《蔡元培口述传略》中也称："孑民二十岁，读书于同乡徐氏，兼为校所刻书。徐家富藏书，因得博览，学大进。"

这两段话中蔡元培都只说是他在徐家校书和刻书，但并未说是为徐树兰还是徐友兰，后世的学者将此默认为是徐树兰。比如高平叔在其所编《蔡元培年谱》中称："一八八六年（清光绪十二年，丙戌）二十岁，同乡徐树兰藏书甚富，且喜校书印书。因六叔铭恩曾任徐家塾师之关系，被邀至徐氏'古越藏书楼'，为其校订所刻图书。自一八八六年至一八八九年，均在徐家读书校书，遂得以博览群书，学乃大进。"

而台湾出版的陶英惠所著《蔡元培年谱》亦称："光绪十二年丙戌（1886）二十岁。读书于同乡徐树兰家五年。徐氏字仲凡，号检庵……家史有古越藏书楼，藏书甚多，又喜校书、印书，及以文会友，所以也延聘了先生。先生一面为他校书，一面博览群书，学问大进。"

对于这些说法，郑伟章先生以三段史实予以更正，其中第三个说法则为："蔡元培根本不可能在这5年中读书、校书于徐树兰的古越藏书楼中。前已言及，徐树兰是我国近代图书馆事业的开创者之一，但并非正宗的藏书家，他既不校书，亦不刻书，所有文献都未记载过徐树兰古越藏书楼有过校书、刻书之举。况且，据张謇所写的《古越藏书楼记》，此楼的筹建工作集议于光绪二十六年（1900），告成于光绪二十九年（1903），徐树兰于光绪二十八年（1902）四月向地方当局递呈开办古越藏书楼的呈文后，旋即遘疾不起，实际是由他的儿子徐尔谷秉承父志开办此楼的。这要晚于蔡元培在徐家读书、校书十余年。"

个仅对于徐友兰后世知之甚少，其子徐维则也同样鲜为人知。比如大藏书家李盛铎收到了《述史楼书目》稿本，但却并不知道楼主是谁。李盛铎在该书目上写了如下一段题记："此书目一册，不知谁氏所藏，意当日必求售或托鉴定者也，茫不记忆矣。目中所列注重需用之书，不计校刻远近，然明刻秘钞亦间有一二，藏书至数万卷而名氏翳如，颇为惜之。目中钞本书不知何人所钞，独有述史楼钞本者十余种，《信摭》一卷，题'述史楼钞本'，或即藏书人欤？姑记此以俟考。乙卯中秋前三日盛铎记。"

如前所言，徐维则不但藏书，他也卖书，甚至编书和出版书。而其所著之书最有名的一部则是《东西学书录》，对于此书的价值，蔡元培在该书的序言中有如下表述："海禁既开，西儒踵至，官私译本书及数百，英傅兰雅氏所作《译书事略》尝著其目，盖《释教录》之派而参以《答问》之旨者也。其后或本之以为表别部居，补遗逸、揭精沽、系读法，骎骎乎蓝胜而冰寒矣。吾友徐子以为未备，自删札记之要，旁采专家之说，仿《四库全书简明目录》之例以为书录，补两家之漏而续以近年新出之书及东人之作，凡书之无谓者、复重者、互相证明者皆有说以明之。夫两家之书裨益学者睹成效矣，得徐子之书而详益详、备益备，按图以索，毫发无憾，盖公理渐明，诞谲无实之作日消，而简易有用之书递出，广学之倪吾以是券之矣。"

看来徐维则编纂此书综合了前人的经验，而后又用中式之法来编西式书目，致使该书成为了一部颇为实用之书。经过一番梳理，徐维则对中国翻译的西学著作有了整体上的认识，故而在叙例中写道："言政以公法、公理之书为枢纽，言学以格致、算学之书为关键。东西人在中国译书者，大抵丁韪良、古城贞吉长于公法，李提摩太、林乐知长于政事，傅兰雅在局最久，译书最多，究其归旨似长于格致、制造诸学。算学之书可云备矣，惟公法、公理、格致之书中国极少，后之译者当注意于斯。"

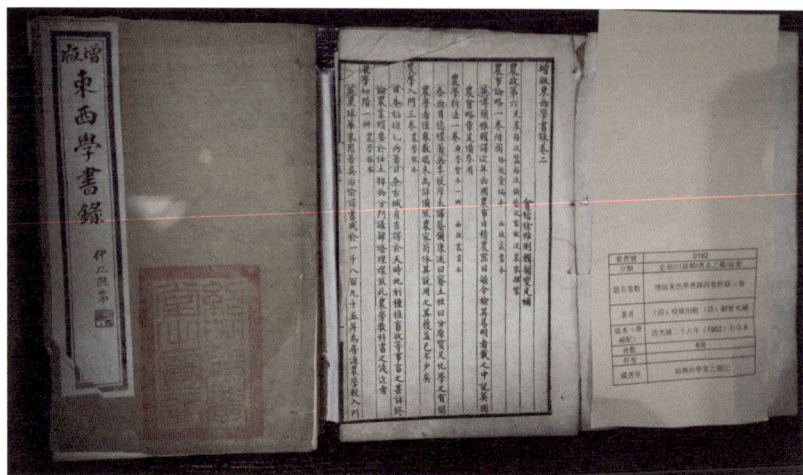

◎徐维则编《增版东西学书录》

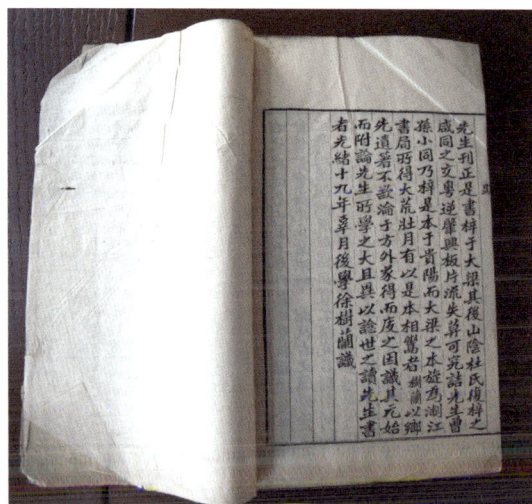

◎徐树兰所书跋语

由此可见，徐维则编纂这么一部书，他能清晰地意识到，中国在翻译西方著作中所产生的偏差，同时他也对西方的图书馆有着特别的推崇："一人孤立，何以成学？译书虽少，备购匪易，莫若官设藏书楼，任士人进读，西人多以捐设藏书楼为善举，或数十人、十余人联设学会，综购图籍，交相忞慎，事易功倍。"

徐维则的这篇《叙例》写于光绪二十五年（1899）正月，看来那个时段他还不知道西方公共藏书楼的名字就叫图书馆。但他觉得这样的公共设施对启迪民智很有作用，不知道他的这个观念是否受了伯父徐树兰的影响，也说不定是他影响了徐树兰。

因为编纂此书，徐维则意识到，人的眼界毕竟有限，他无法收全当时所出的各类译作，于是他就想出了一个新办法。徐维则在《东西学书录》一书出版后，又作了增订版，此后他又发现一些新的译作，他感觉到自己无法将这些书收全，于是就写出了一篇《广问新书之概则》，他在此文中称："维则于曩岁编印《东西学书录》，辑旧日译本，别以部居，析为三册，去岁复与顾君鼎梅燮光踵事赓续，视线所及几倍前书，名曰《增版东西学书录》，预约二月稍出版，然新籍愈多，财力未大，居地既僻，闻格又限，再期增广，难乎其难，爰动广问之思，遂创组合之义，特拟概则如左，我国志士及各地编译局所素有爱力，具见热心，凡平时目见、手自译著为拙录所未收者，随笔提要，络绎邮寄，或拙录讹略，实力指示，积日成帙，少则再为增补编印以行，多则改为《图书世界》月出一册，以为国民教学之前导，幸甚幸甚。"

看来这位徐维则果真有办法，而他的这个办法可以被称为"广泛地发动群众"，他让众人纷纷来补充新发现的译作，而后由发现者写出规范的提要，写好后寄给自己，而后自己再出补编之书。为了能够在体例上规范，徐维则在《广问新书之概则》中列出了八条撰写书录的要求，可见他的这种做法是经过深思熟虑的。更为难得者，是他在《广问新书之概则》的最后列出了通信地址，便于让参与之人将作品寄给他。这个地址成了后世考证他所开书店的具体地址："住绍兴府城老虎桥，信件寄绍兴府城水澄桥墨润堂书庄转交。"

徐维则的这部《东西学书录》我至今未曾收藏到，然而幸运的是，我却在绍兴一中图书馆看到了这部书。虽然这仅是一部石印本，却是清代最重要的西学译著书目。熊月之主编的《晚清新学书目提要》一书将徐维则的《增版东西学书录》排在了最前面。由此也可说明徐维则对目录版本学有着不小的贡献，这样一个重要的人物，无论如何也不能让他埋没在历史的尘埃里。真盼望着相关部门能够将他的旧居修复起来，而让后人多一个凭吊这位先贤之处。

蒋抑卮·凡将草堂　助刊周译，首捐合众

蒋抑卮 （1874—1940）

号鸿林，谱名玉林，字一枝，以字行，浙江杭州人。浙江兴业银行创办人之一。业余好聚深奥繁难之古籍，尤以清儒声音训诂之书为重。从章太炎学文字音韵，与鲁迅为多年好友，曾出资代鲁迅刊行《域外小说集》。合众图书馆筹建之初，即以藏书相馈赠，并捐助基金5万元。该馆为之编《杭州蒋氏凡将草堂藏书目录》一册，著录图书2584部，其余曾作句读、批注之书，部分由长子蒋俊吾于建国之初捐献给华东文管会，另有一部分于「文革」中被毁。

蒋抑卮的故居位于杭州市积善坊 10 号，按说这么明确的地址应该很容易找到，可不知什么原因，我在杭州找过它两回，均未寻得踪迹。网上的信息则称，蒋的故居已经被改建为"豪瑞假日酒店"，但即便如此，我也未曾找到过这家酒店。本次的杭州之行，我将蒋抑卮的故居列为了首选目标。而第二天一早，浙江省图善本部主任童圣江先生、办公室的何勤先生以及北京的宗晓菊女史来到了酒店，他们与我共同进行了两天的寻访之旅。

天公不作美，从昨天的后半夜开始，杭州下起了大雨，直到早晨仍不见停歇，好在雨量渐渐小了下来，这场雨使得杭州的交通几近瘫痪，堵车已经到了寸步难行的程度，但何勤开车却依然不紧不慢，真佩服他的耐性。然而我们要找的积善坊却是单行道，为了不错过入口，何勤开车在这一带兜了两个来回，总算停到了积善坊入口的位置。

积善坊的入口立着一个红色的牌坊，上面写着"通讯参茸批发市场"，这两项产品虽然反差较大，却能涵盖土与洋、中与外，而蒋抑卮酷爱收藏中国的古书，他的正式工作却是开办新式的银行。如此说来，"通讯"与"参茸"汇合在这积善坊巷，也应当算是蒋抑卮中西结合观念的延续。

积善坊巷不宽，墙上嵌着的介绍牌却叙述着这里的昔日辉煌，我一块一块地看过去，果然在上面找到了对于蒋抑卮的介绍，能够看到他的大名，即使在这里找不到他的书楼，也会觉得不虚此行。此介绍牌上称，蒋抑卮买下了胡雪岩的芝园，而后将芝园优质的建材拆了下来，以此用作浙江兴业银行办公大楼的建筑材料。这种说法多少有点儿暴殄天物的意味，怎么说蒋抑卮也是位爱好收藏的人，似乎他不应当玩这种拆旧建新的把戏。

而另一块介绍牌则称："抗战时期，主人弃屋逃难，此居被敌伪占用，当时抗日志士还在此楼餐厅消灭了一个大汉奸。建国后此楼的用

◎积善坊巷奇特的业态

◎积善坊巷历史介绍牌

◎终于讲到了蒋抑卮

途几经更迭，但欧式'容颜'未变，是杭州近代建筑工艺水平的一个标尺。"这段话不知为什么还隐去了大汉奸的名字，其实这里所说的大汉奸，指的是日伪时期的杭州市首任市长何瓒。1939 年 1 月 22 日，何瓒被抗日志士杀死于蒋抑卮故居的餐厅之内。蒋的这处故居不但以藏书著名，竟然也是抗战时期的历史纪念地，而今其拆改成了一家酒店，这当然是个大遗憾。

找到了积善坊 10 号，果真这里被改建成了一家酒店，只是名称改为了"汉庭快捷酒店中山中路店"。站在酒店前，已然寻不得任何历史痕迹，我等四人站在楼前感慨着这样的变化。虽然找到了旧址，但现况却不能令我惬意。我注意到楼体的下方有一个进入后院的通道，站在通道口向内张望，未曾看到保安人员，于是小心地走入后院，而在其后方果真别有洞天。

后院内另有一座"L"形的楼房，正前方的位置虽然已经被粉刷一新，但从线条看，这应当是民国时代所建西洋风格的老楼，而其侧方则是用玻璃幕接出了一段。我本能觉得正前方的这座楼应当跟蒋抑卮有关，于是站在院内快速拍照。同时注意到，这座老楼的门口也同样贴着"汉庭酒店"的标志，看来此楼也成了酒店的一部分。

站在此楼前拍照时，无意间发现正门侧旁有一块文保牌，上面写

◎ "积善坊巷 10 号"确实变成了快捷酒店

◎后院内情形

◎赫然看到了文保牌

着"蒋抑卮故居"。看到此物令我大感兴奋，这种无意间得来，最让人愉快无比，由此而印证了我的直觉在某种情况下颇为灵验。文保牌的出现也让童主任特别高兴，他说自己在杭州多年，还真不知道蒋抑卮故居竟然完好地保留在这里。

登上台阶，走入大堂，在其入口旁边有酒店的登记处，我先发制人地跟服务员说：这里是蒋抑卮的故居，我想拍一些照片。她瞥了我一眼没有吭声，我将其视为默许。抬眼四看，顶棚的位置已经做了新的装修，其风格与四围并不协调，尤其地面里侧的一段，这里铺装着彩色的马赛克，从花色及材质来看，这肯定是民国旧物，因为今日的装修材料无论品种花色如何丰富，都无法体现出应有的稳重。

马赛克顶头的位置则是楼梯，而楼梯的下方则用大理石做成了优美的弧形，其样式与扶手的花色有着不经意的协调。旁边的侧门也同样是当年的旧物，看上去保留得十分完好。我本想上楼一探究竟，但服务员却制止了我的行为，她说：上面是客房，不能打搅他人的休息。

◎地面上的马赛克和大理石台阶

◎侧墙上所见

我只好在楼下寻找着可拍之处。

拍完一楼的情形，又转到了院内的侧旁，其侧墙上所贴的瓷砖虽然仅是一小块，但依我的感觉，这同样是此楼的原配。而在其侧墙上，又看到一块介绍牌，称此楼为杭州市历史建筑，建造于20世纪20年代末，并称此楼是"具有典型的欧式风格"。此楼的旁边则建成了纯中式的圆拱门，再加上茂盛的凌霄花，这两者与此洋楼共同构成了水乳交融的中西合璧之景。

蒋抑卮是位经商天才，他的这个才能应当源于其家族的遗传，宋宪章所著《人文荟萃话杭州》一书中专有一节为"兴业银行的顶梁鲁迅先生的挚友——杭州银行家蒋抑卮"，宋宪章在此节中说：

蒋抑卮祖籍绍兴，自高祖殿选始，由东浦迁至杭州积善坊巷，从事酒肆业。其父蒋海筹自小很苦，九岁起就在杭州机坊当纺织业童工，后又在孔凤春香粉店当学徒。1858年（清咸丰八年）与其兄蒋廷堺一起开设蒋广昌绸庄。1862年（清同治元年），其父购织机一台，织绸自销，由于不断创新织技，产品销路很好，便积资雇工，拓展成织造作坊，生产出了多种绸缎，后为杭州制造局赏识，入贡清廷。从此，声誉鹊起。1908年，蒋广昌绸庄的业务遍及大江南北，甚至远至海外，积资已逾百万，成为杭州丝绸业的巨擘。

从蒋抑卮的高祖开始，其家就来到了积善坊巷，但其高祖首先是经营酒业，到了蒋抑卮父亲这一辈，又改为经营纺织业。杭州的绸缎天下闻名，而蒋抑卮的父亲蒋海筹，也是因为经营绸缎而成为杭州的巨富。蒋海筹被当地人称为"蒋半城"，但是蒋家真正涉及银行业，还是从蒋抑卮开始的。

1902年10月，蒋抑卮来到日本留学，他最初学的是军事。由此可知，他也是一腔的报国之情。可惜他的身体状况不好，后来又改学经济。在出国前，蒋抑卮家里掏钱替他捐了个秀才，其实他本来也有着读书之好，再加上其家饶于资，因此在日本期间，他对一些文学活动多有赞助，比如当时许寿裳在主编《浙江潮》，这个刊物是由浙江籍的一些留学生共同发起的，但这些人有热情没资金，于是蒋抑卮就捐资100元作为了该刊的开办费。

1903年4月，经朋友介绍，蒋抑卮在东京认识了鲁迅。一年多以后，蒋抑卮因为得了耳病，回国去修养。几年之后，他的耳病越发的严重，于是在1909年又返回日本请名医治疗，鲁迅、周作人、许寿裳等当时合租在一个公寓内，鲁迅特意腾出了自己的住所让蒋抑卮居住，可见他们之间的关系甚洽。

关于蒋抑卮在日本治病的细节，陈旭升所著《我的积木》一书中有"儒商蒋抑卮"一文，该文中写道：

不久，蒋抑卮与医生接洽好了，进了耳鼻咽喉的专门医院，要开刀医治耳疾了。医生即是院长，本是鼎鼎大名的博士，不知为什么会得疏忽，竟因手术而引起了丹毒。丹毒的热发得很高，病人时说胡话，病情似颇危险，时常找鲁迅说话；说日本人嫉妒中国有他那么的人，蓄意叫医生谋害，叫鲁迅给他记着。他在呓语中也说到周作人，说启明这人甚是高傲，像是一只鹤似的。鲁迅听了有趣，也就给周作人起了一个叫"都路"（Tsuru）的绰号，只是把鹤字读成日本语。半个世纪之后，周作人为上海《亦报》写文章，也曾用过"鹤生"的笔名，据说就是从这个典故出发的。

由此可以看出，蒋对鲁迅十分地信任，同时他也对鲁迅给予了尽可能的帮助。那时鲁迅想翻译东欧文学，但他无钱出版，同样又是蒋抑卮给予了资金上的赞助。

1909年2月，蒋抑卮出钱帮鲁迅出版了《域外小说集》第一册。四个月后，蒋抑卮又出钱印出了该书的第二册。而那时的鲁迅在文学上并没什么名气，印出的这两本书根本卖不出去，其第一册印了1000本，而第二册则降了一半。即便这样，这两本书还是卖不出去。当时鲁迅委托朋友对外销售，上海的寄售处就是蒋抑卮家开办的广昌隆绸庄，据说在这里仅卖出去了几本书。

从这些行为可以看出，蒋抑卮虽然是有钱人，但他能够努力地帮助一些穷朋友，而他有一句著名的口头禅——"拨伊铜钱"，这是绍兴土语，意思是"给钱就好了"。看来，蒋认为能够用钱解决的事情都不算大事。而鲁迅也用这四个字给蒋起了个绰号。从他们的交往看，鲁迅所起的绰号倒并无恶意，毕竟这是在他未发达之时朋友伸出的援助之手。而后鲁迅成为著名的大文学家，他的《域外小说集》也成为研究者和藏书家的追逐之物。

几年前，中国书店上拍了《域外小说集》第一册和第二册，其成交价高达 20 余万元，不知蒋抑卮地下有知，他对该事会做何想？因为该书出版后，鲁迅特意提出将一册赠给蒋抑卮，可惜这册名家签名本竟然差点儿被毁。孔宝定所撰《鲁迅与蒋抑卮》一文中，录有蒋抑卮侄子蒋庚声所说的一段话："鲁迅先生亲笔题词的《域外小说集》也被当作废纸扔入废品堆中。不过，后来听说废品收购站有一位同志见到鲁迅先生亲笔题词，就把此书救了出来，转赠给鲁迅纪念馆了。如果这果真是事实，真是不幸中之大幸了。"

19 世纪末 20 世纪初，因为外国人想取得中国铁路的修筑权，于是各地掀起了保路风潮。1905 年 7 月，浙江的一些商人共同组建了浙江全省铁路公司，而后对外招股。在两年的时间内，这个公司就筹到了 2300 多万元，而那时这些款项分别存在了上海、杭州的一些私人钱庄中，这给资金的结算带来了不便。浙江全省铁路公司的总理是浙江名士汤寿潜，汤寿潜跟蒋家是姻亲关系，他正在为这笔资金发愁之时，蒋抑卮因病回国，于是他找到蒋商议，希望能成立一家专业的银行。

然而私办银行于当时而言，是一种新生事物，很多人都持观望的态度，于是蒋抑卮说服父亲，率先购买了一大批股票。在其带头下，很多大商人纷纷出资，于 1907 年 10 月，在杭州成立了浙江兴业银行，此银行为浙江省第一家私营银行，而蒋海筹为此行的三大股东之一，于是他出任该行董事。两年之后，蒋抑卮代替父亲出任此职，而实际上，他是该行的实际控制人。

既然蒋家是该行的主要出资人，那为什么蒋抑卮不出任此行的董事长呢？章立之在《忆浙江兴业银行两位创办人——蒋抑卮、叶揆初》一文中，首先讲到了蒋抑卮的身体状况："蒋抑卮在留学日本时就患耳病，终身重听。中年又跌伤股骨，不良于行。病胃，健康不良，瘦骨嶙峋。为人深沉强干，不多言笑，不事酬酢，而精于理财，富有远见。"看来，这位蒋抑卮很有管理才能。可惜他身体状况不好，再加上他的耳朵听不清别人说话，于是："蒋抑卮于外界不善应酬，所以一直没有担任董事长一职，而由叶揆初当了浙江兴业银行的终身董事长，长达 40 年。"

有意思的是，叶景葵也是一位大藏书家。浙江兴业银行的两位掌门人都有藏书之好，想一想真让人羡慕。更为难得的是，他二人经过仔细的商议，对公司的业务作了一系列的改制，而难能可贵之处则是他们能彼此看重对方的优点，宋究章在其文中说道。

股东大会选七人组成银行董事会，三年一任，连选连任；董事会行总办事处制，举三人为办事董事（常务董事），三人中再选一人为董事长，负责对外，并掌全行重大事物的裁决权；总办事处内设书记长一人，下设各部。叶揆初、樊时勋、蒋抑卮为办事董事，蒋抑卮以叶揆初为人耿直、胸襟豁达、识见宏通、不矜细行、惟务远大、自奉俭约、待人惟诚，力举叶出任董事长，朋友、同事论及此事，多赞抑卮虚心让贤，难能可贵。

两位藏书家掌管的浙江兴业银行，果真成为了那个时代的佼佼者，章立之在其文中写道："解放以前，在上海私营银钱业数百家中，浙江兴业银行以其历史、规模、实力、信誉等方面著称，居第一流之列，列为'南四行'之一。该行的票据交换号码为第 4 号，次于 1 号中央银行、2 号中国银行、3 号交通银行之后，为私营行庄的第一名。直至 1952 年整个金融业改造为止，营业实际达 45 年之久。"

蒋抑卮有着经营实业的雄心，1933 年 8 月，浙江省成立了钱塘江

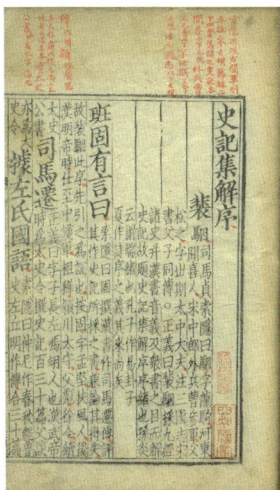

◎ 蒋抑卮旧藏《史记》一百三十卷，明嘉靖四年至六年（1525—1527）王廷喆刻本

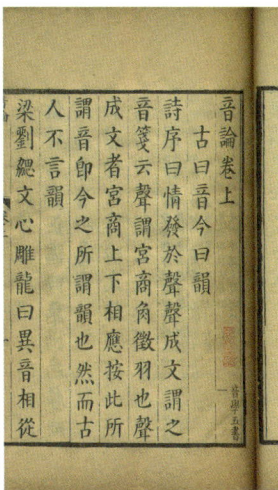

◎ 蒋抑卮旧藏《音学五书》三十八卷，清康熙六年（1667）张绍符山堂刻本

大桥工程委员会，此委员会请了桥梁建造专家茅以升设计出了中国第一座现代化大桥——钱塘江大桥，但是建造此桥需要大笔的资金，而那时的浙江兴业银行是当地最著名的财团，如果该行不出资，别人就不敢跟进。蒋抑卮跟叫景葵仔细地商议了一番，最终决定与中国银行、浙江实业银行联手出资，共同投资200万元，而浙江兴业银行承担其中的一半。

这座大桥在1937年9月建成通车，当年是极其轰动的一件大事，可是让人没想到的是，这座投巨资建起来的大桥，仅使用了几个月就要被炸毁，因为日军南侵，很快会打到杭州，为了阻止日本人迅速推进的步伐，众人也只能眼睁睁地看着这座刚刚建起的大桥在一声巨响中被炸毁，当时蒋抑卮的心情可想而知。

到了1953年，茅以升在原址之上又重新修建起了钱塘江大桥，可惜的是，在此之前13年，蒋抑卮已经去世了，这个遗憾真的无法予以弥补。而我从杭州前往萧山之时，在这座大桥上往返过许多回，每当驶上此桥，我都会想起蒋抑卮，那种隐隐作痛的心情，无法向人诉说。

蒋抑卮的藏书处名为"凡将草堂"，其"凡将"二字应当是来自《凡将篇》，此书的作者传说是西汉的司马相如，而《说文解字》曾引用过该书的内容，蒋抑卮以此作为自己的堂号，可见他也喜欢音韵之学，《蒋君抑卮家传》中写道："令君出就名师，习举子业，君以商籍应童子试，补钱塘县生员。……君厌弃帖括，性又不喜为官，乃锐意学问，喜读深奥繁难之古籍及清儒声韵训诂书，从章太炎，服膺所著书曰《文始》。"

蒋抑卮不喜欢当官，却喜欢研究音韵之学。而章太炎在晚年正是教授此类学问，蒋抑卮拜其为师，难怪他有这方面的特殊之好。

关于凡将草堂的藏书情况，周退密在《上海藏书纪事诗》中写道："家有凡将草堂藏书，大部为钱塘汪氏万宜楼旧藏，一般学者参考用书应有尽有，约5万册。先生与叶景葵、张元济等实业界巨擘为多年挚友，合众图书馆筹建之初，即慨然许以藏书相馈赠，并延请顾廷龙先生为之整理，陆续检送，并捐助基金5万元，实为赞助该馆创办之第一人也。"

以古代的分册方式来说，五万册书应该在十万卷以上，可见其有着不小的藏书量，但他却能将这些书捐给了叶景葵所办的合众图书馆。至于其具体的捐赠数量，周退密在文中写道："先生曾言：'捐书必及身为之，否则后人将视为财产，不克实践。'然未及两月而先生病逝，哲嗣仰体先生遗志，重理前诺，即请叶景葵先生亲往其家取书。景葵据旧目将原标识留阅者及重复之本留归其子孙嗣守，余者纳馆，得经史子集、丛书各部共2584部，合众图书馆为之编《杭州蒋氏凡将草堂藏书目录》一册。"

对于蒋抑卮所捐之书，陈梦熊在《〈鲁迅全集〉中的人和事》中引用了蒋世显给陈梦熊在信中的说法："凡将草堂藏书楼藏书约 5 万册，大多数捐给当时的合众图书馆，少数给蒋庚声（蒋抑卮的长侄）。"而陈梦熊在此文中还引用了蒋俊吾给他的来信："蒋抑卮生前藏书，身后由其子蒋俊吾、蒋铁八、蒋息九、蒋世显、蒋世承于 1948 年 6 月 20 日与 1953 年 4 月 23 日，先后两次捐献给上海合众图书馆，遗书计 35500 余册。根据叶景葵所写《蒋君抑卮家传》中说，除捐赠遗书外，捐助该馆基金 5 万元。"可见，蒋抑卮在捐书之时还留下了一些给他的后人。叶景葵在《卷盦书跋》中有《复堂日记》：

> 故友蒋抑卮旧藏初印六卷本，桐庐袁忠节公评点。忠节与复堂深交，凡所揭橥者，撷其精要，无或遗漏；正其疵类，不稍假借，洵不媿直谅多闻之选。壬午仲春过录一通。此后印八卷本，亦抑卮故物，随大部分捐送合众图书馆者，其自行选留以贻子孙者，定名为凡将草堂藏书。易箦前尚未选竣，余本其意旨，继续成之。此忠节手迹，则抑卮生前自行选留者也。八卷本已有采用忠节评本改正处。后学叶景葵记。

叶景葵的这则跋语写得很有意思，他说蒋抑卮藏有《复堂日记》的初印六卷本和后印八卷本，而蒋将八卷本捐给了合众图书馆，而六卷本则留给了子孙，并且六卷本中有名家批校，于是叶景葵从蒋的后人处借来了六卷本，而后将上面的跋语过录到了八卷本上。可见蒋还是将善本留给了子孙，仅凭这一点就可得知，蒋抑卮对目录版本学颇为内行。

叶景葵的这段跋语还有一个疑惑之处，就是关于蒋抑卮的堂号——凡将草堂。叶在此明确地称，蒋抑卮捐书之后剩余的部分才叫"凡将草堂"。那么，在捐书之前，蒋抑卮的堂号是什么呢？我未查到文献的相应记载。如果叶景葵所言无误的话，那么将蒋抑卮的凡将草堂总藏量称为五万册，显然不正确，因为所余部分绝不会有这么多，按照周退密的说法：

当时与顾廷龙先生共同理书者，尚有先生之侄蒋庚声，先生嘱其若有可用之书，可先挑选去。庚声遂选书 15 箱，储于自家书房，大都为经先生句读、批注之物。"文革"中不幸被抄，先是封存于一车库内，后又由"红卫兵"启封，继而辇往废纸收购站，以 3 分钱一斤尽秤而尽，得人民币 78 元，于一饮食店中挥霍殆尽。幸其曾侄孙蒋见元闻讯赶到，于忙乱中却得图籍若干，且将草堂命名之有此扬命图籍百余册，以作永久之纪念。

看来，分给蒋抑卮侄子蒋庚声的书总计有十五箱，可惜这些书大多被红卫兵毁掉了。蒋抑卮旧藏之本流传至今者绝少见到，这些年来，我仅得到了其中之两部，那部明嘉靖本的《史记》乃是著名的刻本，而另一部《音学五书》则是音韵学史上的名著，由此也可看出蒋抑卮选书之精。

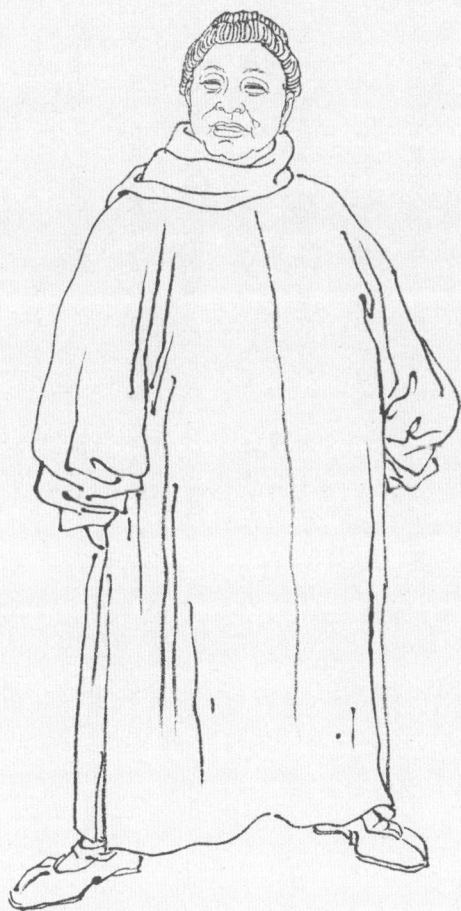

张宗祥·铁如意馆　雪抄露纂，量冠古今

张宗祥 （1882—1965）

名思曾，后慕文天祥为人，改名宗祥，字阆声，号冷僧，别署铁如意馆主，浙江海宁硖石人。其书法学李北海，兼融汉魏碑法，雄浑洒脱，一气呵成，流传颇广。工诗能文，小善画，精鉴赏，通晓医药、戏曲、文学、史地，精于抄校古籍，经他精心校勘的古籍有三百多种。历任浙江图书馆馆长、浙江省文史馆副馆长、西泠印社社长，并任浙江省人大代表、政协常委、中国国民党革命委员会浙江省委常委等。

来到海宁市，先去参观了衍芬草堂。经浙江图书馆善本部主任童圣江先生之介，在这里见到了海宁市图书馆副馆长沈兰女史。看完衍芬草堂后，跟着沈馆长来到了张宗祥纪念馆，此馆位于老城区的一条河边，河的对岸是一处寺院。因为河边的路无法停车，沈馆长带领我等把车停到了徐邦达纪念馆的门前，而后步行走到了张宗祥纪念馆。

从外观看，纪念馆是一座略具仿古意味的新楼房，外立面贴着瓷砖以及大面积的玻璃幕，这样的装修风格跟我的想象有着较大差异，因为其式样太像具有地方特色的办公场所，好在其侧墙旁有数块展板，上面介绍着张宗祥的生平事迹。

在纪念馆的门口见到了该馆馆长李惠明先生，李馆长带领我等走进院内。眼前所见是一处民国风格的老建筑，其入口处挂着"张宗祥故居"的匾额。李馆长介绍说，这座小楼就是张宗祥在 1934 年所建者，当年他建造此楼就是为了退休后住在这里颐养天年。

可惜，张宗祥的晚年有太多的事情，使得他在这座楼内仅住过很短的一段时间。1965 年张宗祥夫世前，他留下遗愿，要把这处旧居捐献给政府。1984 年，张宗祥的长女张珏代表家属将该旧居捐献给了海宁市政府。到了 1992 年，海宁市政府将此旧居建成了张宗祥纪念馆，转年对外开放。

这座小楼是用青砖水泥砌就，是典型的砖木结构，其木门木窗也没有特别的雕饰，由此能够看出，张宗祥建造此房主要是用来居住。而其门前的几株芭蕉长得十分茂盛，在其翠绿色的映照之下，更显得这座小楼有着庄严肃穆之感。

楼前的右方是一个两亩地大小的庭院，地面以箭头的方式铺着砖块，可能是因为刚刚下过雨的缘故，地面有些湿滑，而庭院正中的位置则是一处低矮的老式建筑。李馆长介绍说，这栋建筑是张家的老宅，而张宗祥当年就是出生在此屋之内。难怪张宗祥在此老屋旁建起了这

样一栋小楼，这真是典型的落叶归根，可惜由于历史的原因，他未能实现自己的这个愿望。李馆长说，因为张宗祥后来考取了举人，所以他们馆将这处老屋称为"举人第"。

在"举人第"的右侧有一座中式的木结构小楼，其风格与张宗祥故居形成了较大的反差。李馆长说，此楼是张宗祥的弟弟张麟书的旧宅，而今也成了纪念馆的一部分。兄弟二人建房，一西一东，而中间则夹着老屋，这样的建造风格不知有着如何的寓意。

在庭院的空地上，立着一尊张宗祥的铜像。不知是铜像的制作手法有问题，还是因为江南多雨的缘故，这尊铜像流下了很多的锈色，看上去颇为富态的张宗祥，满脸是泪痕，这跟他为人平和的心态有着相当大的反差。

走进张宗祥故居，迎面看到了他的匾额——"铁如意馆"，此匾虽

◎张宗祥铜像

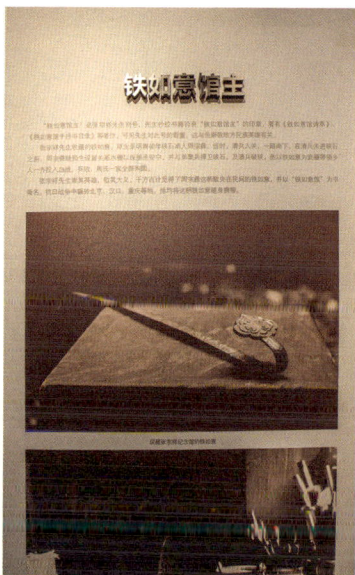

◎照片上的"铁如意"

◎匾额

然是新制，但其落款确实是馆主本人。关于这个堂号的来由，我在一些资料上看到，是因为张宗祥得到了一柄铁如意，这件铁如意乃是明末周宗彝的故物，因为周同样是海宁人，张宗祥特别敬重这位前贤，故而得到之后令他大为高兴，于是将此起为自己的堂号。我问李惠明：这件铁如意现在何处？李告诉我：这件铁如意张宗祥的后人也捐给了本馆，可惜锁在库房内，没能拿出来展览。

而当天晚上，海宁市图书馆古籍文献部主任朱鸿老师就带领我等参观了周宗彝纪念馆，我在该馆内又看到了一柄铁如意，细看旁边的介绍文字，原来这是一件复制品。而我在张宗祥故居内没有看到铁如意的原件，应该算是本次寻访的一个小遗憾。据说周宗彝的这柄铁如意其实是抗清的兵器，但我看到这个复制品时，完全感觉不到其有什么特别之处。以我的感觉，随便哪个兵器的威力，恐怕都不输于这个铁如意。当然，站在反清复明的角度来解读，那就完全是另一回事了。

张宗祥故居的一楼全部布置成了展馆的模样，李馆长带着我等边看边介绍，他对张宗祥的点点滴滴都能如数家珍般地讲授。我在这里看到了那柄铁如意的照片，虽然照片看不出实物的大小，但多少能够

感到其绽放出的震慑力。展板上称，周宗彝就是拿着这柄铁如意带领本镇人抗击清兵，在其兵败后，周氏一家全部殉国，这也正是张宗祥看重这柄铁如意的主要原因，因此他在抗战期间，辗转北京、汉口、重庆多地，身上都带着这柄铁如意。只是不知他有没有拿这柄铁如意跟日寇搏斗的想法。

他在抗战期间也来到了重庆，那时的重庆涌来了太多的人，致使当地的物价飞涨，而张宗祥一家生活得同样很窘迫，但即便如此，他还在那里去翻看善本书，张宗祥在《巴山夜雨录》中写道："宋刻，《施注苏诗》，向为翁覃溪（方纲）所藏，每册前后七八页均名家题记、书画。后归湖南袁氏，遭火抢出，重行装裱，虽损字不多，而四匡焦痕烂然。且闻原有石谷等画，今皆未见。中央图书馆购得后，蒋慰堂弟即携上山见示，为跋数语，立返之。时正日机时来轰炸，恐波及此宝笈也。马叔平（衡）兄欲以故宫画册'卢鸿草堂十志图'借临，亦不敢受，万一被毁，罪过难赎。"

这里所说的蒋慰堂就是当时的中央图书馆馆长蒋梦麟，而蒋正是张宗祥的学生。想来，老师要看书，蒋馆长当然予以安排，而当时张宗祥看到的竟然是宋刻本的《施注苏诗》，该书乃是宋版书中的名物，张宗祥在记录中简述了该书在递传过程中所遭受的灾难。

张宗祥在那个时候为什么要看这么一部书？而今难知其真实想法。他说自己看到这部著名之书后，在上面写了段跋语，就立即退还给了蒋梦麟，因为那时日军的飞机时常来轰炸，他很担心会毁掉这件宝物。在那样的特殊年代里，张宗祥考虑的不是个人的安危，而是古书会不会受到损伤，仅凭这一点就能看出他有着何等的爱书之情。如果以因缘来算，仅凭这部书就能让我跟张宗祥扯上关系，因为这部著名的《施注苏诗》的其中一册而后来到了我的书斋，虽然我所得的这一册没有张宗祥的跋语，但至少跟他所看原本为同一部书。

在一个展柜内摆放着一块雕版，此雕版的版心有"铁如意馆"四个字，其余为空白，这显然是用来刷印笺纸的雕版，而其旁边则摆放着一叠张宗祥所抄书页，同时这个展柜内还有个烟斗，而烟斗之旁有一节金属的铁管，我不明白此为何物。李惠明介绍说，这个物件是捅烟斗用的拉管。我印象中，自己的祖父也是抽烟斗，但他却没有这样一个物件，他仅是用铁丝来捅烟管，由此可见，张宗祥比我的祖父要讲究许多。当然，张宗祥要比我的祖父伟大太多，他的伟大之处显然不是用这种特殊的烟管，更多的原因是他以抄书名世。

　　关于张宗祥抄书的本领，我看到多处文献均有介绍，其中讲得最有趣者，乃是宣大庆所写《张宗祥先生的轶事》一文：

　　张宗祥先生善于抄书。蝇头小楷一天可写一万五六千字，而且个个笔精墨妙。所有见过先生抄书的人，无不惊叹他可一心两用的绝妙抄书本领。这种本领大约是"前无古人，后无来者"的。有客造访，先生照旧缮录不辍，边吸着烟斗，边下笔滚滚，边谈笑风生，五官并用，却无一字舛误，堪称天下一绝。更令人惊诧不已且有趣的是，看先生抄书如摆围棋之棋谱。先生有时从页之中心抄写几个字，随后从这几个字的旁边逐渐向四方抄过去；有时从一页之四角抄写几个字，再从四角汇向中心；有时既从页之中心，又从页之四角，同时抄过来、写过去，最后竟一字不误，一句不漏。真乃奇观。所以，我每次在先生处，边听先生纵论古今，边看先生如此摆谱抄书，常常会忘却时间，常常会乐而忘返。当时我曾幼稚地问先生："您为什么要这样抄写呢？"先生则说："这是检查错误的妙法。用这几种方法抄写，既不单调，又可使我边谈边写，而且从不会有任何差错。"先生的"手抄六千卷楼"，确实毫无一点夸张之意。难怪鲁迅在当年曾赞誉先生是"打字机"。

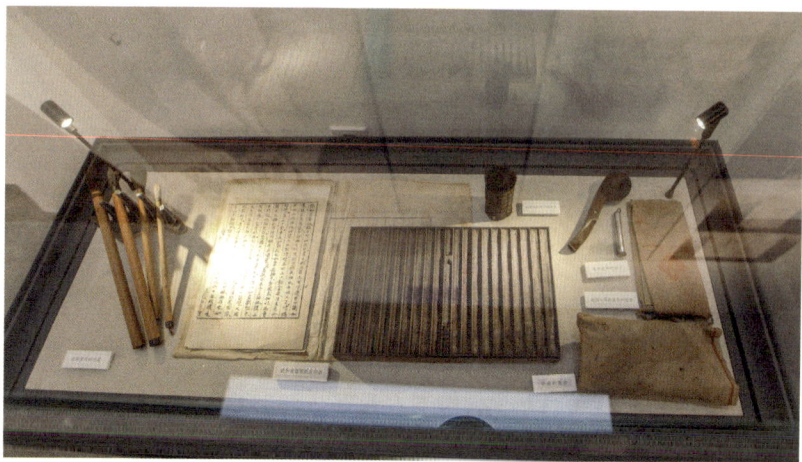
◎制作抄书纸的雕版

　　这段文字写得十分形象，但每次读来都让我惊叹不已，我的惊叹不仅仅是张宗祥的抄书速度，他竟然用毛笔一天写出了一万五六千字，这个数量可谓惊人。而张宗祥纪念馆内所发放的介绍册中，其抄书数量比这个更为惊人："生平抄书成癖，边抄边校，往往夜以继日；运笔如飞，一昼夜能抄二万四五千字。有'抄校古籍近万卷'之说，前无古人。"

　　张宗祥一昼夜能抄到两万四五千字，这个纪录我觉得无人能够打破。虽然说我现在录入文章乃是用电脑，且帮我录入者乃是打字飞快的专业人员，即便如此，一天打一万多字已然是一种极限，而张宗祥竟然能用毛笔快过电脑一倍以上，这等速度真不知他是怎样做到的。

　　对于宣大庆的这段记载，我向李惠明馆长予以印证。他说：确实是这么回事，张宗祥的奇特之处就是能够一心多用，因为他在接待客人时，能够边谈话边抽烟，同时手中还在不停地抄书，更为奇特的是，他并不是一行一行地抄下来，可能有时候是为了换换心情，他竟然能隔行来抄，之后再补上原有的空白之处。我对他的这个奇特本领表示了质疑。

为了打消我的疑问，而后李惠明特意带我走进张麟书旧居内。此旧居的一个房间被布置成了会客室的模样，而其墙上挂着一幅张宗祥抄写的书法作品，李惠明指给我看。虽然这幅书法作品写得十分工整，但里面有些字却大小不一。李惠明说，这就是因为张宗祥隔行抄写所致，等他再抄写空白处时，可能因为字数写不下了，所以他就会将此写得小一些。但即便如此，至少说明张宗祥对所抄之书的内容十分的熟悉，否则他写得再小，恐怕也难将原文填补完全。

张宗祥一生究竟抄了多少书呢？周采泉在《张宗祥传略》中说："我国历史上抄书留名的，向推南齐的沈骥（或作麟）士，他生平抄书数千卷……年过八十犹耳聪目明……时人以为养身静默所致……先生（张宗祥）所抄之书，实际上将及万卷……"

其抄书数量有近万卷之多，这真可谓前无古人，而是否会后无来者，这种断语虽然不敢卜，但估计没人能够打破这个纪录。可惜的是，他所抄之书却在运输途中意外被毁掉了大半，张宗祥在《八十书怀》第六首的小注中写道："胜利东还，运书一木船，沉于三峡，亡抄本过半。"

抗战胜利后，张宗祥从重庆返回浙江，他用船运回了一大批书，没想到此船在三峡中沉没了，这个损失当然让他十分地痛心。张宗祥一家前往重庆躲避日寇，那为什么会把自己所抄之书运往重庆呢？郑绍昌、徐洁所著《国学巨匠——张宗祥传》中写道：

抗战初在武汉时，他将其在北平和武汉所抄书，托他的学生、时任中央图书馆馆长的蒋梦麟携之入川。至胜利还都时，中央图书馆用

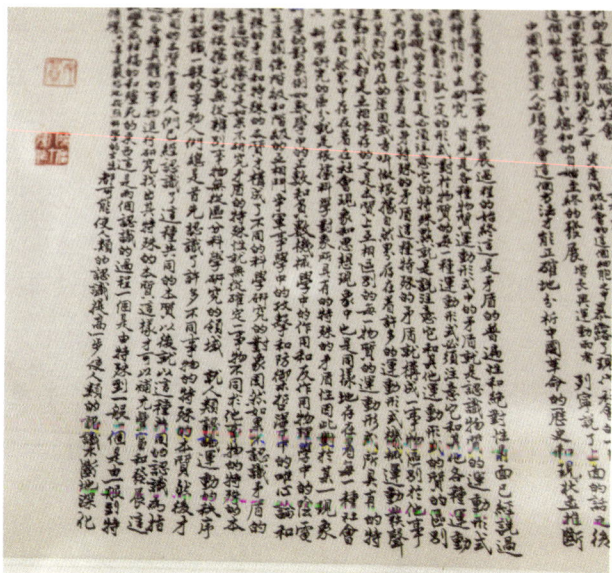

◎字有大小的区别

木船运书，木船沉，张宗祥手抄书也付诸东流。可惜！可叹！可悲！

看来，张宗祥对自己所抄之书颇为珍爱。在那样困苦的年代，他竟然走后门，让他的学生蒋梦麟把其所抄之书运到了四川。可能是因为太过珍爱，千辛万苦运到四川的书竟然掉到了长江里。但是他的抄书本领却天下闻名，而我在参观旧居中的展览时，其中一块展板的题目就是"抄古书的大学者"。

张宗祥旧居为二层小楼，李惠明说二楼还未对外开放。站在楼梯之间，我看到了其扶手之精美，虽然这个木楼梯乃是镂空雕花，但其花饰却有着西洋味道。可见，张宗祥虽然喜好抄中国古书，却不排斥居所有着西洋味道。

然而人总是有矛盾之处，比如大收藏家叶恭绰曾出席巴黎和会，当时巴黎大学新设了中国学院，此院想借一部《四库全书》用来研究，叶恭绰回国后，就跟金梁一同向大总统徐世昌提议影印《四库全书》，之后叶恭绰又跟张宗祥商议影印底本的事情，没想到张宗祥却说："与其全印，不如择印。倘择印，则不必石印，可以木刻。盖《一统志》《通志》诸正史之类，卷帙既繁，流传亦广，不必重印也。"

不知道张宗祥为什么不愿意影印全套的《四库全书》，他提议只选择一部分用来出版，但他又不建议用省钱省力的石印，而提议用中国传统的木刻。木刻的方式出版周期很慢，并且费用也比石印大许多。他为什么提议要用这种费时费钱的办法呢？可惜我没有看到相应的解释。

当时商务印书馆想承担影印这部大书的任务，张元济在北京见到了张宗祥，二人经过一番筹划，感觉到要想把这部书影印 100 部，至少需要 20 年时间，而所需的款项也在二三百万银元。这么大的工程让张元济望而却步，最终未能实施这项大计划。但是我今日参观张宗祥的旧居，却看到了他思想上的开明，因为他完全没有排斥西洋的意味，这就让我更不能理解他为什么不愿意采取省钱省力的西式印刷方式。

就历史的资料来看，还有一事也让我不明，那就是关于《嵇康集》的校录。在人们的印象中，鲁迅对《嵇康集》的校录下了很大的工夫，然而张宗祥在《嵇康集》的"校记"中说了这样一段话："此书丙辰（1916 年）正月据丛书堂本传录，与周豫才（树人）同事雠校。今豫才早殁，手写之书已印入鲁迅全书中。予两人自壬戌（1922 年）秋别后，无缘再聚。不知彼书后有更动否，亦无暇取印行本一校。"

在这里，张宗祥明确地说，《嵇康集》是他跟鲁迅共同校录的。既然如此，而后出版的《嵇康集》校录本应当有两人的署名，而实际上却仅有鲁迅的署名，并无张宗祥的。怎样解释这个现象呢？周采泉在《张宗祥传略》中也提出了相同的疑问：

◎ "抄古书的大学者"

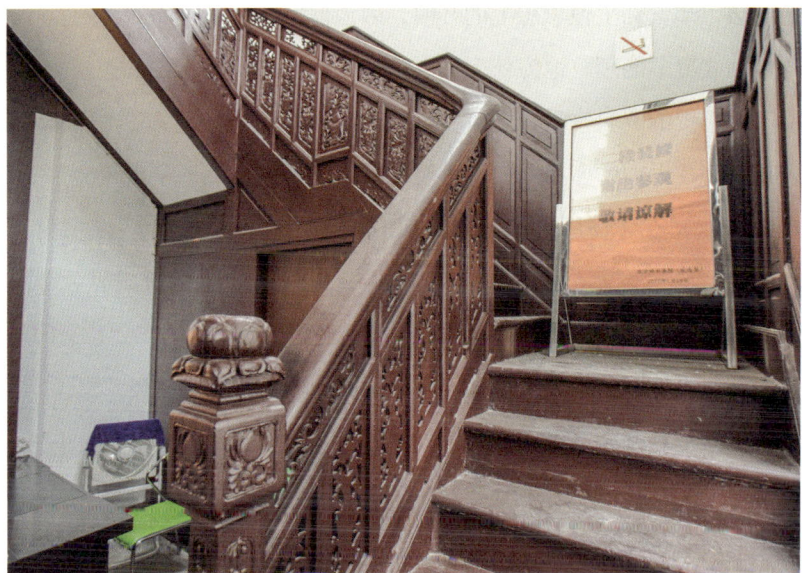

◎式样别致的楼梯

今取鲁迅先生手校《嵇康集》（1956年文学古籍刊行社影印本），与先生所出校之异文，完全相同，确是出于同一祖本，即吴宽丛书堂抄本，而参以其他丛刊及类书等悉心校勘而成。即"附录"二卷亦同。鲁迅先生以为"中散遗文，世间已无善于此者矣"。窃怪此书既出于同一祖本，辑抄又在同一时间，先生在"提要"中，明言"与周豫才（树人）同事雠校"。而鲁迅先生在此书《跋》中并无一字提及先生，何耶？

两位当事人均已离世，真相如何也只能随后人猜测了，但是张宗祥确实跟鲁迅的关系处得很好，郑绍昌、徐洁的《张宗祥传》中有着如下一段记载：

1919年，张宗祥出任京师图书馆主任（即馆长）。据《北京图书馆馆史资料汇编》（下）第1298页载："教育总长傅增湘派张宗祥去办京师图书馆，编好善本书目。张婉言辞谢。鲁迅了解他的才能，力劝他去。据他回忆，鲁迅对他说：'你真是木瓜，如此宝山，何以不去开发？'张这才决定去。"

当年的教育总长傅增湘，要派张宗祥到京师图书馆任职，不知出于什么原因，张却不愿意就任此职。鲁迅听到这件事后，他劝张不要再推辞，作为爱书人，京师图书馆的藏本之丰富、质量之高，绝对算得上是宝山，不到那里任职，那才是傻瓜。张宗祥听从了鲁迅的劝告，而后去主持京师图书馆。而这段经历对张宗祥十分重要。

如此推论起来，两个人共同校勘《嵇康集》也不是没有可能，或许是而后的鲁迅成为革命旗手，在出版《嵇康集》时也就无法署上张宗祥的名字，因为张的性格可谓特立独行，他一生不参加任何的组织

© "举人第"

◎张宗祥书法的得意之作

◎爱愚草堂内景

和党派，这样的人显然不易受待见。

看完展览之后，接着参观了"举人第"。这处旧居的面积很小，里面同样被布置成了展厅的模样，只是有一座老的架子床，除此之外，也是展板加展柜的形式，其中一张放大的老照片乃是张宗祥跟周恩来总理的合影。可见，当年知识分子的地位还是很高。李惠明介绍说，这处旧居乃是当年的老屋，他们以修旧如旧的方式，每年对这处老屋进行整修。而今看上去，房屋的面积确实很窄小，可见当年张家的景况并不富裕。

张宗祥也算是名人之后，按照其家谱记载，当地张家的一世祖追溯到了唐代宰相陆贽，张宗祥乃是陆宣公之后，仅凭这一点就足可以为傲。可惜到了张宗祥祖父那一辈，家族衰落了下来，虽然他的父亲张绍基也是位举人，然而他却未曾出仕，故张家的日子过得并不富裕。而张宗祥在4岁时，因为在家中的椅子上玩耍，把脚卡在了扶手之内，用力拔出时伤到了关节，从此他不能行走。到他7岁时，马桶盖又砸伤了他的受伤之腿，这使得他雪上加霜，以至于他的家人认为他长大之后不太可能有所作为，想让他学医或者学画，以便能够自食其力。好在其十几岁时遇到了名医，终于治好了他的脚伤。这段经历让他十分地发奋，这才有了日后的成就。

参观完"举人第"后，接着去看他弟弟的旧居，此旧居的名称为"爱愚草堂"，而其入口处的侧墙上则有张宗祥所书文天祥所撰的《江心寺诗》。李惠明介绍说，这是张宗祥书法中的精品，因为张也认为这是他的神来之作，张宗祥从小就崇拜文天祥，他原本名张思曾，在参加某场考试时想到了文天祥，于是他在试卷上就署名为张宗祥，等到考试发榜时，他的试卷名列第一，从此之后，他就以此为名，直到他逝世。

以我的想法，既然有精品，相对而言者，也会有普品，我问李惠明：张宗祥的书法作品是否也是如此呢？他说当然，而后李馆长告诉我：1946 年 11 月，张宗祥回海宁硖石扫墓，他在此故居内住了四天，因为其名气太大，前来求书画的人络绎不绝，在这四天内，张宗祥总计写了 50 多副对联，还有 10 多个条幅，但是到后面，张宗祥实在太累了，以至于有些作品写得就不精彩。

看来，做个完人真的很不容易，何必还要求全责备呢？张宗祥在文献史上的贡献，就足以令世人高度地敬仰。

杜宝光·不曜斋 源自王玑，终归孔庙

杜宝光 （1884—1974）

字云章，浙江衢县城关人，浙江两级师范学校优级史地科毕业，辛亥革命后任教育科员。曾任浙江八师校长、衢县教育会会长、浙江八中教员、东阳中学教务主任、历史教员等职。

在衢州跟王汉龙聊天时，我问他当地古代有哪些藏书家，他说据自己的了解，确实很少，他知道较多的只有杜宝光。然而我却完全不知道杜宝光，只好向王汉龙了解细节。他说，在我到达衢州之前，他通知了方樟连老师，方老师请王带我到他家吃饭，届时我可以向方樟连请教关于杜宝光藏书之事。

在衢州的这天，雨下个不停，时间不到六点，天已经暗了下来，我跟王汉龙打着伞在雨中散步，边欣赏着雨中衢州旧街，边听他讲述着方老师家的故事。杜宝光的儿子名叫杜瑰生，杜瑰生的儿子杜新一跟方老师是连襟，所以有关杜宝光的故事，我可以向方樟连请教。王汉龙向我强调，而今方老师所住之房乃是明代理学家王玑的旧居，而王玑又是王阳明的弟子，听他这样一讲，迅速把故事的时空拉到了明代的中期。

王玑的旧居处在一条老巷之内，王汉龙介绍说，这里原本是市中心。进入一条不宽的小巷，在雨中朦胧地看到一处旧居的大门，大门内透出的灯光映照在地面上，不规则的水影斑斑驳驳。王汉龙高兴地说，看来方老师今天很高兴，因为他打开了大门，而以往来此处时，王汉龙都是带朋友从侧门进入的。

可能是听到了我们的说话声，方老师带其夫人迎了出来。眼前所见跟我的想象有着一定的差异，我本以为站在屋檐之下的主人一定是长衫大褂，而眼前的方老师，身上透现出的却是后现代艺术家遮掩在西式唐装下的勃勃生机，其夫人也同样，是标准的现代知性女。寒暄过后，随之进入古宅，顿时看见了《古今大战秦俑情》式的交错：古老的梁柱式建筑，跟现代化的小资情调事物混搭在一起，简洁的白墙之下，摆放着数幅西式油画，古老的书桌上摆放着时髦的品茶用具，歇檐式的屋顶用网格式的木条做了空间隔断，这一切都让我站在原地，不知道把自己的思绪放在时空的哪个维度上。

◎古居内的新书架

　　我言语中的唐突一点都没有引起方老师的不快，他直率地向我
讲解着这一切风格的来由。因为他在学校里做美术老师，自己擅长者
是西画，所以他在改造这处古居时，融进了许多现代元素。他觉得旧
居不仅仅是摆放给人看的古董，他希望把它改造成可以供人使用的有
机之物，这种心态与如此情怀，都大大地触动了我那日渐僵化的思维
模式。

　　显然，方老师也会把古代元素以巧妙的方式融合进整个布局之内，
他打开房屋的另一侧大门，在这里有个天井状的门厅，门厅的正对面
摆放着一个古老的刻石，我感觉这个体量硕大的石制品像是古代石桥
上的一段护板。方老师向我解释了它的用途，可惜当时我只注意着欣
赏其改造之巧妙，竟然忘记了他当时所言。方老师将这个石制品改造
成了花坛的模样，里面种上了几棵绿竹。这种装饰手法，让我瞬间想

到了古人在器物拓片之上，再绘上几枝花。看来反差与混搭也是古人常玩的一种手法，而方老师将这种手法有机地运用在了古居之上。

回到房间内，听方老师简述着这里的历史，而后他送我一本自己编的《诗是吾家事——杜宝光杜瑰生诗文合集》。方老师说，该书中有杜新一所撰之文，其中谈到了这个院落的由来。回来后我翻看该书，果真看到了杜新一所撰《怀念是我生活的一部分》，其在该文中称："都堂厅是明嘉靖都御史王玑的故宅，我们所住的部分为清中期续建，是爷爷从王家后人手里先典后买置得的。房子有一个小院，两个天井，其中一个小天井砌有石雕花台，另一个大天井放一尊鱼缸，各个房间都放着书架、书箱，壁上则轮换悬挂些古画对联，现存一帧上世纪50年代爷爷在窗前读书的照片，身后门柱贴有楹联，句为'窗明几净笔砚同欢'，系清光绪衢州知府世善的手笔。"

看来这处庭院叫都堂厅，而在参观这处古宅时，我果真在院落的

◎旧居内景

◎精美的刻石

一个夹角处看到了这处小房屋，装饰成了现代化的模样。如今的方老师仍然没有忘记都堂厅，他请人题写了堂名，挂在这间小房之内。原来到了清代中期，这处院落就由王玑的后人卖给了杜家，而后一直由杜家人使用。由此文可知，原本古宅内各个房间都摆放着书架和书箱，而今我在这里只见到了一面墙的博古架，博古架的上端摆放着的都是现代化的洋装书，惟有一个古木箱摆放在博古架上端，此箱的正面刻着"稽古"二字。方樟连介绍说，家中的书在"文革"中都被抄走了，唯一剩下的，就是这个旧木箱。

对于这段历史，杜新一在文中有着如下的描述："曾听爷爷说1942年也是马年，时值抗日战争，衢城沦陷，都堂厅为日寇所据，爷爷多年收藏古籍被洗劫一空。战后，以书为侣的爷爷仍不改旧习，日积月累，所藏又渐成规模，小小的不曜斋居然满架盈箱，叠简累册，所藏

◎另一个堂号

不乏明清精刊，其中的地方史料尤为珍贵。还有一些字画也是爷爷多年搜集收藏，这些都是爷爷晚年生活中的嗜好和精神寄托。"

看来，当年杜家的藏书在抗战的时候就被日本人洗劫一空，战后杜宝光又开始藏书，而后他的不曜斋又变成了盈箱满架，可惜这样的壮观景象到了"文革"时期，又瞬间成空："马年开始的'文化大革命'没让我们家逃过又一次的劫难，以'破四旧'为名的红卫兵还有居委会的觊觎者们几次三番来我们家抄查，爷爷和父亲此时倒也豁达大度，说了句：别乱翻，这些书陪伴我们也多年了，除了工具书，统统拿走吧！红卫兵把整箱整箱的书用手推车拉走了，字画则当场撕了烧了，石膏浮雕被摔碎到院中的小池塘里，花了大半天时间，家中变得空荡荡的。"

红卫兵把这些书抢走之后做何用呢？杜新一在文中写道："书被拉到了居委会便被众人各取所欲，等文化馆的人闻讯赶到已流失多半，这些劫后余物后被送到文化馆保存，当时的文化馆就设在孔氏家庙中。1974 年 11 月爷爷逝世后，父亲在爷爷住过的房门上题联：鹤归清献里，书入仲尼家。"这简直是书的痛史。而杜宝光确实是位涵养极高之人，他所有的珍藏之物再次成空后，依然能够坦然面对。这究竟是怎样的心态，在那样的历史氛围中，没人能够有真切的体会。1974 年11 月，杜宝光去世了。他的儿子杜瑰生在父亲住过的房间门上题写了一副对联，这副对联可证当年杜宝光所藏之书剩余的部分拉到了当地的文化馆，而文化馆就设在孔庙之内。他的书虽然遭到了这样的劫难，让人意外的是，这些书竟然又回到了孔圣人之门。这一切真不知道应当作何解释。

对于这些劫余之物，《诗是吾家事》也列出了一个目录，名称为《不曜斋现藏衢州博物馆书画目录》。这份目录的合计是："古籍 730本，画册碑帖拓本 12 册、3 件、277 又 1/2 页。"由此可知，这份目录其实是不曜斋残存在衢州博物馆的古籍书目，然不知为什么题目起为"书画目录"。此目详列出了书名和本数，但没有卷数、版本等详细内容，也没有按照经、史、子、集进行分部。比如此目的前八部书为：《唐诗别集》《衢州乡土厄言》《纲鉴》《诗经》《尔雅》《韩昌黎全集》《说文解字》《史记》，这八部书经史子集几乎全有，然而它们却无序地排列在了一起，可见此份目录仅是货品单明细，并非是一部标准的古籍书目。而对于这些书的版本，目录中有备注一项，此项大多空白，但也有很少的几部列着标注，比如《唐诗品汇》备注为"明版"，《世说新语》备注为"明刊本"，并且同书名、同版本者有两部，故而从目录上无法做出版本上的区分。从这份目录可以看出，当年的杜宝光对诗集颇有偏好。

这份目录中还有一些版本目录学方面的著作，比如《书目答问》《汲古阁珍藏秘本书目》《放翁题跋》等，即此说明，杜宝光当年也对

◎老的书箱仅余此一个

版本有所涉猎，估计其当年所藏之书也有不少好的版本，只是经历了那两场劫难，而今无法知道他当时究竟藏过哪些善本。

《诗是吾家事》内收录有杜宝光所撰《亡书雅咏》八首，从这八首诗大概可以窥见他当年藏书的着眼点，比如其第二首为：

明清精刊具规模，满目琳琅心意舒。
闲暇时还独玩诵，今番囊箧尽空虚。

看来不曜斋当年藏书主要是以明代和清代的精刊本为着眼点，由诗句可知，这方面的收藏已经初具规模。除此之外，杜宝光的藏书也不弃残丛，其在第三首诗中写道：

断简残编百衲书，平生收藏亦艰虞。

◎第二进院落

叠林充栋数千册，补阙拾遗心力勋。

对于不曜斋藏书的专题，其在第四首诗中有如下描写：

经史诗文诸子书，行文足够我驱驰。

摭埴冥途费摸索，小巷大街苦生疏。

看来，他当年藏书也是不论经史子集，只要自己喜欢者，均可纳入收藏范围。除了这八首诗之外，杜宝光还写过一首《续咏亡书》：

野老自蒙书满屋，左图右史立标签。

保存文物儒生事，思古幽情每跃然。

匹夫无罪莫怀璧，鱼目混珠亦受灾。

外物情知不足惜，无聊偶乐一兴怀。

即此可知，他当年藏书量很大，正如其孙杜新一所言，他们家每个房间，都有藏书。对于其堂号之由来，杜新一在文中有着如下的解释："爷爷的书斋常用名有三，一是'不曜斋'，取自老聃'光而不曜'意。二是'整暇轩'，取'好整以暇'之意。三是'古柏轩'，缘堂厅庭院中有古柏一株，传为王玑所植，距今已逾数百年。偶尔也用'还读我书堂'，此则源自陶潜'既耕亦已种，时还读我书'诗句。"

原来，都堂厅内还有一株王玑所植的古柏，我在此旧居作客时，方樟连特意给我解释过这个古柏的遭遇。他说原本这棵树就在后院，因为杜家后人长久不在该院落内居住，附近的居民就往墙内倒垃圾，致使这棵古柏生了白蚁，最终被蛀死。直到他整修这个院落时，他才把这棵枯死的古柏清理了出去。

方老师把我带到了后院，而今这个庭院已经整修一新，靠墙的一侧摆放着一些太湖石，这应当是当年庭院中的旧物，方老师说这正是那棵古树的原址。但不知什么原因，他没有在院中再补种一棵，而是将整个庭院铺上了地砖，因为江南的潮湿，这些地砖上生了一层青苔，脚踩在上面感到特别的湿滑。王汉龙小心地扶着我走到了院中，而后侧回身来观看着方老师在院落里建造起的一个玻璃房屋。这样的建造手法让我想起了卢浮宫前的那个琉璃金字塔，那可是建筑大师贝聿铭的杰作，据说建造当时也受到了民众的广泛质疑，认为在这古老的经典面前摆放一座现代化的装置，让人无法接受，但后来人们才发现这两者竟然是如此的和谐和统一，以至于它成了卢浮宫前不可或缺的景致。

参观完庭院，我们进入了这间玻璃房屋，里面布置成了餐厅的模样，方老师夫妇正是在这里请我吃饭。第一次到朋友家，就去吃饭，这让我多少有点不好意思，而此时《衢州日报》记者巫少飞也赶了过来。巫先生谈吐极佳，他向我讲述着当地的藏书历史，使得这场家宴添了不少话题。方樟连向我咨询着名人故居如何申报文保的问题，我则从另一个侧面讲出了个人的态度和观点，而巫先生则以他独特的视角评价着我的所言。我们在这里品尝着方老师夫人酿造的酒，谈论着与这个时代格格不入的话题，这份惬意真是令人回味。

关于王玑，倒也值得做一下补述。王玑的先祖乃是王珉，本是汴梁人，南宋初年跟随高宗南渡来到了衢州，于是落户于此。到了明成化二十三年（1487），王玑出生于衢州。明嘉靖四年（1525），王玑参加乡试中试，但因为名额问题，未被录名，当时的浙江巡按监察御史潘公就把王玑介绍给浙江学政万公，后来万公安排王玑到杭州的万松书院去学习。而这位万公正是王阳明的弟子，经过他的介绍，王玑在

○餐厅内景

余姚拜见了王阳明，成为阳明的入室弟子。嘉靖七年（1528），王玑考中举人，转年中了进士，从此在朝中为官，而后又辗转多地任职，直到晚年才回到衢州休养，而其所居之处，就是我这晚吃饭的老宅院。虽然我查不到王玑藏书的史实，但他是阳明弟子，而我对宋明理学也有着特殊的兴趣，可惜我已经来不及把他写入《觅理记》中，因为该书已交稿了。

郁达夫·风雨茅庐　卖文买书，竟化劫灰

郁达夫 （1896—1945）

原名郁文，字达夫，幼名阿凤，浙江富阳人。中国现代作家、革命烈士。郁达夫是新文学团体『创造社』的发起人之一，在文学创作的同时，积极参加各种反帝抗日组织，先后在上海、武汉、福州等地从事抗日救国宣传活动，其文学代表作有《沉沦》《故都的秋》《春风沉醉的晚上》《迟桂花》等。民国三十四年（1945）八月二十九日，郁达夫被日军杀害于苏门答腊丛林。

就社会名声而言，郁达夫乃是一位著名的作家，抗日战争期间郁达夫一家人来到了南洋，在日本投降后的一个星期，郁达夫在苏门答腊没有了踪迹，到后来人们听说他被日本宪兵秘密杀害了。这期间究竟发生了什么事，至今也未看到定论，而本文则并非想在这方面做出什么突破性研究，因为此文所谈只是郁达夫跟藏书有关的事迹。

李小萍在《论作为藏书家的郁达夫——以福州藏书活动为考察中心》一文中称："郁达夫是我国现代著名作家，同时也是一个卓有成就的藏书家。关于藏书，他曾经有句名言：'出卖文章为买书。'写文章是为了买书，这在古今中外的藏书史上也并不多见。"其实从相应的资料来看，郁达夫在年轻时就有藏书之好，朱国才所撰《学海泛舟——浙江名家成才佳话》一书中说："郁达夫中学时期，曾在杭州府中学读过书。他性格内向，不善交际，一心一意读书，学习成绩优异。他把平日节省积聚起来的钱，全花在买旧书上。每到星期假日，旁的同学三五结伴游西湖去，他一人到丰乐桥、梅花碑等书铺集中的地方，翻阅铺中的各类图书，偶尔检到自己喜欢的旧书，就掏出钱来买。"

看来郁达夫的爱书乃是出于天性，而他对书有着一种本能的全爱，对于书籍的价值郁达夫在《人与书》中总结到："书本原是人类思想的结晶，也就是启发人类思想的母胎。它产生了人生存在的意义，它供给了知识饥渴的乳料。世界上的大思想家和大发明家，都从书堆中进去，再从书堆中出来。"

1913 年，郁达夫的长兄郁曼陀到日本去作考察，那时郁曼陀任职于北京大理院，大理院乃是国家最高的司法机构，而郁曼陀到日本就是要考察日本的司法制度。于是郁达夫跟着哥哥一同来到了日本，他前来日本倒不是为了玩耍，因为他想到这里留学。当时中国跟日本有一个协定，那就是凡是考取日本所指定的几所学校，就可享受国家官费留学，为了参加这样的考试，郁达夫到达日本后刻苦学习，而后他

◎郁达夫故居

果真考取了东京第一高等学校，从此开始了他十年的日本生活，而与他一同考取该校的还有郭沫若。

在日本期间郁达夫又开始大量地购书，然而这个阶段他却喜欢上了欧美文学，他尤其对小说感兴趣，于是他见到就买，由此走上了文学之路，1921 年，郁达夫出版了自己的第一部小说集《沉沦》。

1915 年夏，郁达夫被分往名古屋的第八高等学校去学习，他在此学的是医科。到了转年的秋天，郁达夫却改学了文科，发生这样的转变，不单纯是因为个人的偏好。因为此前不久郁达夫跟哥哥郁曼陀生了一场气，而他学医科原本就是哥哥的建议，这时为了报复哥哥他放弃了医科的学习，于是他又重新从一年级读起。他在上学期间仍然在不停地买书，郁达夫在自传之六《孤独者》中说："在学校里既然成了一个不入伙的孤独的游离分子，我的情感，我的时间与精力，当然只有钻向书本子去的一条出路。于是几个由零用钱里节省下来的仅少的金钱，就做了我的唯一娱乐——积买旧书的源头活水。"

看来郁达夫把藏书当成了自己在精神困惑时的最可靠伙伴，这正如宋代大藏书家尤袤所言："饥读之以当肉，寒读之以当裘，孤寂而读之以当友朋，幽忧而读之以当金石琴瑟。"

关于郁达夫的藏书专题，郑伯奇在《忆创造社》一文中说道："郁达夫喜欢买旧书，特别是外文书。他常引我去逛旧书店；城隍庙里的小铺子，北京路上的旧货摊，我们都去过。有时我们也到虹口外国人开的旧书店去。达夫能讲一口流利的英语，和那里售书的外国人交谈，好像跟自己人谈家常一样地自由自在。每逛一次，他就要抱一大包书回来。"看来郁达夫也是爱好收藏旧书，而他的特别之处则是喜欢外文书，这跟他的语言天赋有很大的关系，其实他不止是英文说起来流利，他的日文也说得很棒，陆建民在《论郁达夫的语言学习天才》一文中说，郁达夫除了通晓日语和英语外，他对德语和马来语也很精通，这也是他喜欢外文书的基础条件吧。关于他所藏外文书的数量，刘保昌在《郁达夫传》中有如下一段形象的描绘：

　　令陈翔鹤感到吃惊的是，郁达夫的藏书真多啊。当时，郁达夫的书籍刚刚从日本托运回国，从楼板一直堆到楼顶，整个房间里，除了一张小床之外，满屋子都堆满了书籍，英文版的，法文版的，德文版的，日文版的，什么版本的书都有，真是洋洋大观。

　　只是线装的中国书很少见，他去问郁达夫："为什么没有中国书啊？"

　　郁达夫笑一笑，指着自己的肚子，说："中国书都装在这里了！"

　　的确如此，郁达夫的旧学功底是很深的，仅他那一手出神入化的旧体诗作，就可以颠倒众生了。从其创作之丰，不难想见其蓄积之厚！

　　1922年，郁达夫留学毕业归国，转年他到北京大学经济学系任教职，这次又是住在了长兄家中，而他的嫂子陈碧岑对郁达夫也颇为照顾，王观泉所撰《席卷在最后的黑暗中——郁达夫传》一书中说："据曼陀的女儿，画家郁风回忆，连郁达夫藏书的书柜都是由她的母亲即陈碧岑一手操办，并一直将书保管了十年后，妥善地运到郁达夫在杭州的'风雨茅庐'。"可见此时郁达夫的藏书量已经很大，以至于嫂子陈碧岑特意给他做了一批书橱。在北京期间，经周作人的介绍，郁达夫结识了鲁迅，两人在以后的岁月中关系处得很好，而他们之间的戏谑，则可以证明郁达夫藏的中文书同样数量很庞大。吴安宁在《且把浮名抛：民国才子往事》一书中讲到了如下一则故事：

　　有一次，一帮同仁在鲁迅家里聚饮。鲁迅先生讲了一则讥讽和尚

旧书铺

郁达夫从小就养成了爱读书的好习惯。

1911年暑假，因思家颇苦，郁达夫从嘉兴回来路过杭州又住了一日，就到梅花碑的旧书铺去买了一大堆书，让他的"暑假过得很快活"！

那时候，杭州的旧书铺都聚集在丰乐桥、梅花碑的两条直角形街上。书铺虽然不多，但书籍是丰富的，旧书更是经济实惠。郁达夫对这些书铺里的旧书刊爱不释手，经常在不多的零用钱中拿出一部分到这里买书。

杭州老街

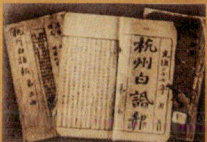

丰乐桥老照片

◎关于郁达夫买书之事的介绍

的笑话。故事说的是一个老和尚垂死之际，有一桩遗憾使他死难瞑目，就是从来没有看到过女人的私处。弟子们只好花钱雇了一个妓女送到病榻前，老和尚一看，说了"惊天动地"的一句话：哦，原来跟尼姑的一样。这才放心西登极乐。

郁达夫听完这个故事后，从鲁宅一直咯咯不停地笑到自家，就赶忙翻检藏书，查找笑话的来源。郁达夫藏书颇富，达万册以上，居然未能查到出处。

他第二天还老老实实地问鲁迅："迅哥，你那笑话太经典了，哪本书上看到了，我都翻了一夜也没找到。"

鲁迅摇头大笑，说："你真是个书呆子，这个笑话贩夫走卒都能讲。"

这则故事说明郁达夫所藏的中文书其数量也在万册以上，那他全部藏书的具体数量是多少呢？过世杰所编《人生之美：中外名人生活情趣》一书中专有"郁达夫藏书"一文。该文中说到：

俄国作家托尔斯泰藏书二万二千多册，被视为极其丰富的私人藏书。而现代中国文学家郁达夫的藏书更丰富，数量达四万册左右。

郁达夫在浙江杭州"风雨茅庐"里的藏书达三万册，在他新加坡的寓居里藏书达一万册。可惜两处藏书毁于日寇之手。

看来郁达夫的藏书总量应该在四万册左右，可是过世杰所编的该书中又说到了这样一段话："郁达夫一生究竟购买了多少图书？收藏了多少图书？考据学家说法不一。据郁达夫在自己的遗嘱里讲：有藏书五百万卷！但至今这还是个谜，有待研究郁达夫的专家们来揭谜！"五百万卷的藏书量，这太骇人听闻了，如果这个数据所记不错的话，郁达夫堪称中国历史上数量最大的藏书家。但我觉得这个说法恐怕是把郁达夫遗言中所说数字的"零"数错了，因为无论从郁达夫的经济收入还有他的个人表述等等，他都不可能达到这个巨大的藏书量。

郁达夫有一度到福州任职，他在此期间依然在不停地买书，他将自己的买书过程都记录在了日记里，比如《闽游日记》1936年2月6日郁达夫写到："在大街上买《紫桃轩杂缀》一部、《词苑丛谈》之连史纸印者一部，都系因版子清晰可爱，重买之书。"而转天，他又买了一些书："自省府出来，更在府西的一条长街上走了半天，看了几家旧书铺，买了四十元左右的书。所买书中，以一部《百名家诗钞》，及一部《知新录》（勿剪王棠氏编）为最得意。"此后的几天只要有闲暇他仍然去买书，比如在这年的3月31日："归途又买了一部江宁汪士铎的《梅村诗文集》，一部南海谭玉生的《乐志堂诗文略》，都是好书……"

由这些记载可以看出，郁达夫在福州期间确实有空就买书，但他买的书却没有什么价钱很大的宋元善本，虽然这些都是中文线装书，而郁达夫也自称"都是好书"，其实这些书都是好书中的"小品"，不属于大价钱的东西，毕竟郁达夫还算不上是有钱人。郁达夫在福州工作期间究竟买了多少书，他在《图书的惨劫》中说道："杭州沦陷之前，我在福州，当时只带了几部极简略的书在身边；后来在福州临时添买的古今杂籍到这次南行时止，也有二千余册了，现在尚存在永安的省图书馆内。"普通清刻线装书他总计买到了两千多册，这个数量其实不大。

在福州期间的 4 月 3 日，郁达夫在日记中写道："晨六时起床，即去省立图书馆看了半天书。经济不充裕，想买的书不能买，所感到的痛苦，比肉体上的饥寒，还要难受。而此地的图书馆，收藏又极为简啬：有许多应有的书，也不曾备齐。"看来郁达夫有空也会去图书馆看书，其根本原因如他所言是没有那么多钱用来买书，其实对于自己买书缺钱这件事，郁达夫在自传之六《孤独者》中也有多次的描写："于是几个由零用钱里节省下来的仅少的金钱，就做了我的唯一娱乐——积买旧书的源头活水。那时候的杭州旧书摊，都聚集在丰乐桥、梅花碑的两条直角形的街上，每当星期假日的早晨，我仰卧在床上，计算计算在这一礼拜里可以省下来的金钱，和能够买到的最经济实用的册籍，就先可以得着一种快乐的预感。有时候在书店门口徘徊往复，稽延得久了，都赶不回宿舍来吃午饭，手里夹了书籍上大街羊汤饭店隔壁的小面馆吃一碗清面，心里可以同时感到十分的愤恨与无限的快慰。"

以上所记乃是他在福州时无钱买书的纠结，1933 年 4 月，他迁居到了杭州。对于这段的经历，郁达夫在《移家琐记》中写道："新居在浙江图书馆侧面的一堆土山旁边，虽只东倒西斜的三间旧屋，但比起上海的一楼一底的弄堂洋房来，究竟宽敞得多了……'好得很！好得很！'我心里在想，'前有图书，后有武库，文武之道，备于此矣！'"

这显然是以调侃的心态来形容自己的新居，虽然房屋的状态不是很好，但离浙江图书馆很近，这给爱书的郁达夫带来了很多的方便。比如他在1933年8月19日的日记中写道："午后去图书馆看书报，见有许多国民党的杂志，全在抨击我的近作。"郁达夫到这里查看报纸，他看到很多报纸上都在抨击他的作品，他依然能够很淡定，这等肚量让人佩服。虽然有了图书馆可以利用，但郁达夫的藏书癖却不能因此而得到满足，于是他就又开始接着买书，顾志兴先生在《钱塘江藏书与刻书文化》中谈到："与风雨茅庐相邻近的一带如城站福缘路、新民路（今解放街）书肆甚多，达夫常去福缘路拜经楼旧书店购书，成为该店常客，所购多为诗词集子，每次购书，从不讨价还价，以书后所标价格付款。"

郁达夫哪里来这些钱供他大量买书呢？虽然他的所买够不上善本级别，但他的购买数量如此之大仍然是一笔不小的开支，而其经济来源正如他自称的主要就是靠卖文买书。郁达夫富阳老家的堂屋内曾经挂着他手书的对联："绝交流俗因耽懒，出卖文章为买书。"这就是人们常说郁达夫卖文买书一语的出处，而实际上这也是他真实情况的形象描写。比如他在1932年11月10日给王映霞的信中写道："《弱女子》落得卖去，有一千二百元也可以了，最低不得比一千元少。"这里所说的《弱女子》应该就是郁达夫所撰《她是一个弱女子》，当时的版税价格在一千到一千二百元之间，就那个时代的经济收入而言，这可不是一个小数字，以至于这些钱可以供他买书买房。而后郁达夫就在他于杭州买的那块地建起了自己的藏书楼——风雨茅庐。

对于风雨茅庐的建造情况，郁达夫在《冬余日记》中有如下描写：

◎郁达夫墨迹

"场官弄，大约要变成我的永住之地了，因为一所避风雨的茅庐，刚在盖屋栋；不出两月，油漆干后，是要搬去定住的。住屋三间，书室两间，地虽则小，房屋虽则简陋到了万分，但一经自己所占有，就也觉得分外的可爱。"

能够建起独立的藏书之所应该是每一位藏书人的梦想，而郁达夫当然也不例外，可惜的是当日本人占领杭州时，他辛苦建起的这样一份专藏竟然全部被毁掉了，为此郁达夫写了一篇《图书的惨劫》，此文发表在了1939年5月11日新加坡的《星洲日报》上。这篇文章首先讲述到了日本侵略者对中国藏书的大破坏。"这一次的倭寇掳掠奸淫，则于子女玉帛之外，并文化遗产，也一并被劫去了。我所亲见的藏书家，如山东聊城杨氏之海源阁，常熟瞿氏之铁琴铜剑楼，吴兴刘氏之嘉业堂，宋元旧籍各具数百；明清以下之版本，无虑千万，现在则虽不全部被焚，也都已被敌人劫去。江浙两省，小藏书家比别处更多，藏书及数万卷的人，光在浙西一隅，亦有数十家以上，次次事起仓卒，大抵都不及搬走，这一笔文化损失的巨账，恐怕要数百年后算得清。"

接下来郁达夫又谈到了他个人藏书的损失情况："我个人之损失而论，在杭州风雨茅庐所藏之中国古籍，当有八九千卷以上。最可惜的，是宋元明以来，及至清末之类书。上自《太平御览》及《广记》起，下至李氏五种，商务、中华之辞书、名人年谱、人名地名辞典止，只从这部分来计算，我的损失要上四五千元。而有许多像同文石印的字类编等，系精装本中尤精者，即使有了钱，一时也收集不到了。"由这段话可知风雨茅庐内所藏中国古籍在一万卷以内，而他在这里点到了一些书名，他未曾明言这些书的版本，虽然也提到了"宋元明"，但根据上下文来看他所说的是这些类书的出版年代而非刊刻年代。因此郁达夫究竟藏有怎样的善本至今仍然无法查到细目，而他藏的中文古籍中也确实有特色之品："其次，是明末清初的禁书，因欲撰明清之际小说而收集者，共有大小三百余部。更其次，是清初的百名家词钞诗钞，及清末道咸以后的词集等，将六百余种。"

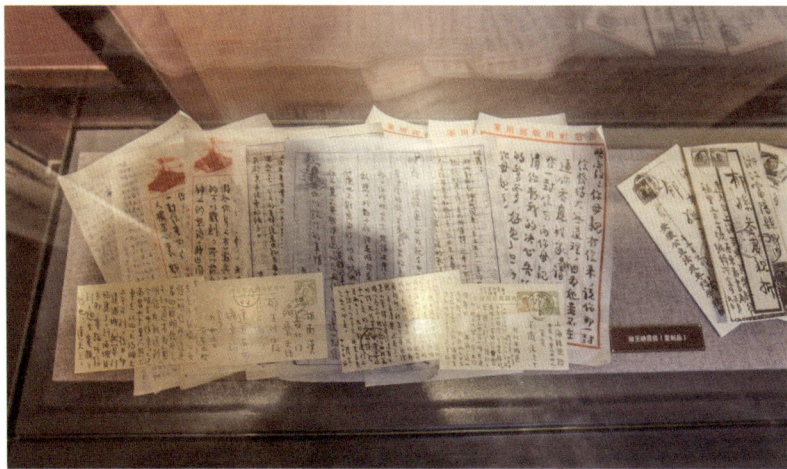

◎手札

看来郁达夫对中文古籍的收藏也有着自己的体系，明末清初的禁书是他的专题之一，而这类书在民国年间也是热门专题，这类书的价格远高于其它的书。郁达夫解释自己藏这些书的缘由，是他准备撰写明末清初小说，为此他收集了三百多部这样的禁书，这类书原本留存不多，郁达夫能够搞到如此大的数量，可见他下了很大的功夫。除此之外，他对清人词集也有着偏好，而同样词集也是民国年间的热门专题，郁达夫能够藏到六百多种，可见他在这方面做出的成绩也不小。

中文书之外，郁达夫的另一个藏书专题当然就是外文书了，他在《图书的惨劫》一文中也讲到了他有哪些好的外文书："风雨茅庐所藏书籍，除中国线装书外，英德法日文书更有两万余册。英文自乔叟以前之典籍起，至最近尚在之詹母斯·乔斯、物其尼亚·伍尔芙、诗人爱利奥托止，凡关于文学之初版著作，十八世纪以前者不计，自十九世纪以后印行的各种，总收藏了十之八九。德文全集本，则自歌德以前之情歌作者算起，至马里亚利儿该止，全部都齐。法文著作，亦收集到了罗曼罗兰、安特来、琪特、去亚美儿为止。最可惜的，是俄国文学之德译本，自十九世纪以下，至《静静的顿河》第二册止，俄文豪的新旧德译本，差不多是完全的。"可惜的是他辛苦搜集来的这么多宝贝竟然在战争中化为乌有，这让他十分的痛心："即使有了钱，一时也搜集不到了。"

1938 年底，郁达夫应新加坡《星洲日报》的邀请前往此社任副刊主任，南太平洋战争爆发后新加坡沦陷，郁达夫躲到了荷属苏门答腊，此后他化名赵廉又留起了胡子，所以有了赵胡子这样一个绰号。在此期间他集资开办了"赵豫记酒厂"，于是他对外称是这个酒厂的老板，在这期间郁达夫又开始藏书，张楚琨在《回忆流亡中的郁达夫》一文中写道："他把宪兵部没收而视为废品的荷兰人、欧洲人的书籍都搬到自己房子来。买书、藏书是他一生最大的嗜好。可是，因为战乱，杭州'风雨茅庐'藏书 3 万卷（遗嘱称 50 万卷），新加坡藏书万卷都丧失了。这时突然出现这许多意外的'财富'，他怎不喜形于色呢？他颇为得意地带我上家里参观他的新'财富'：有英文的、德文的、法文的、荷兰文的、印尼文的，整整齐齐摆在极为精致的书柜内。他指着一套精装的英文书给我看：'这是莎士比亚全集，多漂亮的版本！'"

可见人的癖好无论遇到怎样的阻挠，一旦有了机会，他仍然会故态萌生，可惜这样一位极具才气的人物竟然被日本人杀害了。这个世界上少了一位有才气的文学家，而我更为痛心的是中国少了一位真正的爱书人。好在他的杭州旧居也就是风雨茅庐被保留了下来，我也只能前往此处去凭吊这位真正的爱书人。

郁达夫故居位于杭州市场官弄 63 号，今日的寻访是浙江省图书馆吴志坚主任带我前来的。他先带我参观了浙江省图旧馆，而后穿过一间中医诊所门诊拐入一条小巷，不足 50 米，就来到了郁达夫旧居的门口。如此说来当年郁达夫从家中走出前往省图看书看报，即便是慢慢地跛步，时间也不会超过 3 分钟，有这等便利的条件他依然大量购书，可见他达到了"爱书入骨髓"的程度。

从外观看，郁达夫旧居已经做过了整修，门窗乃是新换的，墙壁也粉刷一新，在入口处的右侧则有杭州市政府颁发的郁达夫故居文保牌。故居免费参观，穿过门庭赶往院内，在院的当中看到了一处四围带着回廊的房间，此房翻新得颇为精致，这跟郁达夫在文中形容的破烂程度完全不能叠合，看来本处做过全部的翻新处理，说不定是彻底地重新建造。而今旧居内布置成了展厅的模样，走进门廊首先看到的是郁达夫的半身胸像，而左右两边的房屋以展板的形式介绍着郁达夫的生平。其中一个展板则是他跟鲁迅的交往，郁达夫移居杭州后他跟王映霞曾经前往上海去见鲁迅。1933 年 12 月 29 日，他们两人见到鲁

◎整修过的正门

迅后，鲁迅写了一首诗赠送给郁达夫：

> 钱王登遐仍如在，伍相随波不可寻。
> 平楚日和憎健翮，小山香满蔽高岑。
> 坟坛冷落将军岳，梅鹤凄凉处士林。
> 何似举家游旷远，风波浩荡足行吟。

此诗原来没有题目，后来在收入鲁迅的《集外集》时由编者起了个题目为《阻郁达夫移家杭州》。看来当时鲁迅并不愿意郁达夫离开上海，因为他们曾合编《奔流》月刊12期。可见两人关系相处得不错，鲁迅还曾邀郁达夫共同翻译《高尔基全集》，可惜这件事未能进行下去。1936年10月19日，郁达夫听到了鲁迅逝世的消息，他立即给许广平发了唁电，第二天一早他就登上"靖安"轮奔向上海。10月22日郁达夫抵达上海后，当天下午就赶往万国殡仪馆，前去向鲁迅遗体告别。此后郁达夫写了多篇纪念鲁迅的文章，可见两人真是志同道合的朋友。

在这些展板中也有介绍郁达夫藏书事迹者，这当然是我最喜欢看到的内容，可惜这上面也未讲到郁达夫究竟藏有哪些中文善本。尽管我知道他不太可能有什么宋元本，但我还是忍不住自己的好奇。

与故居的右侧相连者还有一个房间，这里才是郁达夫特意建造的藏书楼——风雨茅庐，这个房间虽然不大，但却是独立的藏书之所。郁达夫在那样的年代中还特意给自己的书安个家，可见他对自己的藏书充满着感情。入口处的介绍牌上写着："卧室场景还原、书房场景还原。"这使得这处专门的藏书之所分成了两部分使用，我在卧室内和书房内都看到了一些民国旧家具，只是不知道这是不是当年郁达夫和王映霞用过的旧物。

◎郁达夫胸像

◎书房场景

唯一的遗憾，是我在这里未曾看到郁达夫嫂子给他制作的那批书柜，不知道那些书柜是否也跟他的藏书一起前往了天国。好在风雨茅庐依然屹立在原处，这使得我在探寻郁达夫藏书时有了说话的落脚点。

郑振铎纪念馆　一腔热血，为国护书

郑振铎 （1898—1958）

原籍福建长乐，出生于浙江温州。现代著名文学家、藏书家。抗日战争期间与胡愈之等组织复社，出版《鲁迅全集》，尤其注重对因战争而散落、流失、被盗的古籍善本、版画的追踪、收购、保存，为抢救祖国文献做出了杰出的贡献。著有《插图本中国文学史》《中国版画史图录》等。

自寻访以来，我至少来过温州四五次，而唯有本次打扰了朋友。昨天晚上，到方韶毅家参观了书房，今天上午到他的办公室又去拍了他的珍藏之物。前往宁波的车票已经买在了下午，这之间还有几个小时的空余，我请方兄带我去拍几处历史遗迹，他很快就把我带到了郑振铎纪念馆。

关于郑振铎的遗迹，此前我已找到过两处，然而在温州的这一处我却未曾留意过。方韶毅告诉我，郑振铎虽然署名是长乐郑氏，但长乐只是他的祖籍，在郑振铎祖父那一辈郑家就已经定居到了温州，而郑振铎也出生在这里。因此说，寻找郑振铎的遗迹，到温州来更为正宗。

温州市的郑振铎纪念馆位于温州市内鹿城区沧河巷 24 号，从外观看，这是一幢典型的民国小洋楼。郑家似乎没有这么大的实力，方韶毅称确实如此，因为眼前的这幢洋楼并非郑家所建造，这座楼在当地被称为"金宅"。既然名为金宅，显然是一位金姓有钱人所建造。当地政府把这幢洋楼保护了起来，而后把郑振铎纪念馆安置在了这里。我在金宅的门口果真看到了省级文保牌，其文保内容跟郑振铎无关，因为名称是"沧河巷金宅"，颁发此牌的时间则是 2017 年 1 月，而我站在此宅门口时是这一年的 10 月，看来这幢洋楼成为文保单位的时间还不足一年。

走进金宅，眼前所见当然首先是前言，我站在这里端详一番，这个前言中给郑振铎罗列了一大堆头衔：作家、文学评论家、文学史家、翻译家、文献学家、艺术史家、文物鉴赏家，这里边唯独缺我所想找到的"藏书家"这三个字。当然文献学家也能涵盖藏书之事，但藏书史的研究者也可称为文献学家，而郑振铎则是实实在在的藏书大家。他的所藏在其去世后，由北京图书馆冀淑英等先生编了一部目录，仅这些目录就有厚厚的一大函，其藏书规模之大、专题之特别，都足以

◎郑振铎纪念馆外观

郑振铎纪念馆

给其戴上藏书家这顶桂冠。而今在这前言上没能找到这三个字，这也足见藏书家在人们的心目中还是未能得到公正看待。

这座小洋楼的大堂被设计成了一明两暗的标准格局，厅堂的两侧则以拉板的形式标示出郑振铎一生的功绩。主办方将其一生业绩每个项目用八个字来概括，当然我最留心的则是"献身文物，厥功至伟"。

穿过正堂进入后院，后院也同样是二层小楼，其布局设计成了凹字形。整组建筑均有回廊，每个房间以回廊相连，用罗马柱来支撑。二层的护栏是西洋花式，不知为何保护得特别完整，细看之下又不像是后补配者。不知近几十年，这座楼是何用途，如果分给了不同的人家变成一处大杂院，估计这些栏杆早已是残缺不全。

走入正厅，安置在最前方者，是一组雕像。站在后方的那位中年人一看即知是郑振铎，而坐在前方沙发上的是位女性。我不清楚她是郑振铎的母亲还是其夫人，然而无意间留意到了她的脚，因为这组雕塑将这位女性的脚雕造得很像传统的三寸金莲。以郑振铎的时代来说，这更可能是他的母亲。

正厅的两侧同样布置着一些展板，每个展板上的文字都是当代名人对郑振铎的褒奖之语。我留意到其中有故宫博物院院长单霁翔先生，单院长在文中讲述了郑振铎对于故宫的贡献，原来郑振铎在当国家文物总局局长时，把一些重要文物调拨给了故宫，同时他在1952年又将自己所珍藏的陶俑全部捐献给故宫。而国家图书馆馆长韩永进先生则讲述了在抗战期间，郑振铎参加了"文献保存同志会"。此会以上海为中心，而后在江浙、北平等地大量收购典籍，他们的这些行为极大地阻止了古籍文献的损失与外流。而在1958年，郑振铎因飞机失事去世后，他的藏书由其夫人高君箴及其子女遵其遗志全部捐献给文化部，而后由文化部转交给北京图书馆。

正厅的两侧厢房被布置成了展厅的模样，我先从右厢房看起，此

◎郑振铎与母亲雕像

屋内的展板系统地介绍了郑振铎的生平。在第一块展板上，我看到了郑振铎母亲郭宝娟的照片，由此而印证了我的判断：正堂的雕塑，坐在沙发上者的确是郑的母亲。为什么要将他母亲的雕像摆在最明显的位置上呢？通过展板我了解到，郑振铎在童年之时，父亲、祖父相继亡故，母亲带着他依靠叔父接济，再加上母亲的辛苦劳作来维生。在这样困苦的生活环境里，母亲还是供他读完了小学、中学。

1917年，郑振铎考入了北京铁路管理学校，此校也就是后来的北方交大，到如今该校改名为北京交通大学。我有几年的时间就住在该校门口不足一百米处，每天的出入都会路过该校门，而几乎每次都会想象着郑振铎在这里出出进进的情形。我不清楚他在这个时段是否已经有了藏书之好，如果是这样的话，他不知道有多少次拎着自己心爱的书从这里走进走出。每想到这种情形，都让我心下有一丝奇特的温暖。

展厅的下方则摆着长长的一排展柜，而这些展柜里都是与郑振铎有关的文本，其中最抢眼的一件当数《北平笺谱》。摆在这里的一部应当是十几年前中国书店的复制品，虽然该品的复制水平还很不错，但若见过原物，仍然可以感受到两者之间的差距。当年在鲁迅的指挥下，郑振铎只要有空就会跑到琉璃厂去搜集笺纸，而后以老版新刷的方式制作出了100部该书（亦有文献称乃是重新刻版），此套书全有编号并且卷尾有鲁迅和郑振铎的签名，未成想这部书甫一面世就大受欢迎，瞬间销售一空，故接下来他们又制作了100部，而这第二个100部则没有鲁迅和郑振铎的签名。按照唐弢的说法，此部书总计出版了300部，而第三个100部的情形我却未曾了解到。

这里的展柜内最给我以收获者乃是郑振铎所写出的"笺谱付出数"，从字迹上看这是郑振铎的手笔，他在这张纸中列出：

（1）付上海40部

（2）付预约人46部

（3）付铎赠人及自留12部

（4）付赠送建功、绍虞2部

共100部

原来第一版的100部有着如上的分配，付上海的40部，以我的理解应该是拿给鲁迅者。而付预约人的46部则说明当年有46人提前预订了《北平笺谱》，46部已经接近100部的一半。如此推断起来，当年鲁迅和郑振铎将《北平笺谱》的第一版定为100部，很有可能是根据这个预约数。因为有一半的定数，显然100部的销量不会有问题，而在郑振铎手中的自留及送人者仅有12部。

郑振铎在此单中又列出另外的两部是赠送给魏建功和郭绍虞，因为《北平笺谱》中有鲁迅和郑振铎分别写的序言，然这两份序言分别

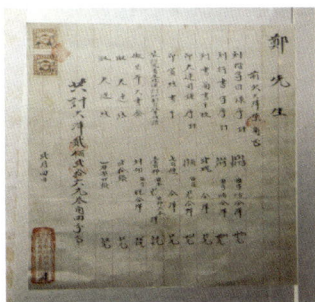
◎《北平笺谱》的分配方式

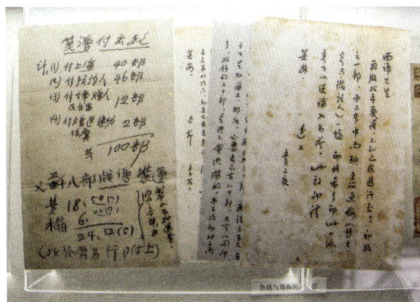
◎制作《北平笺谱》的装订成本以及用纸

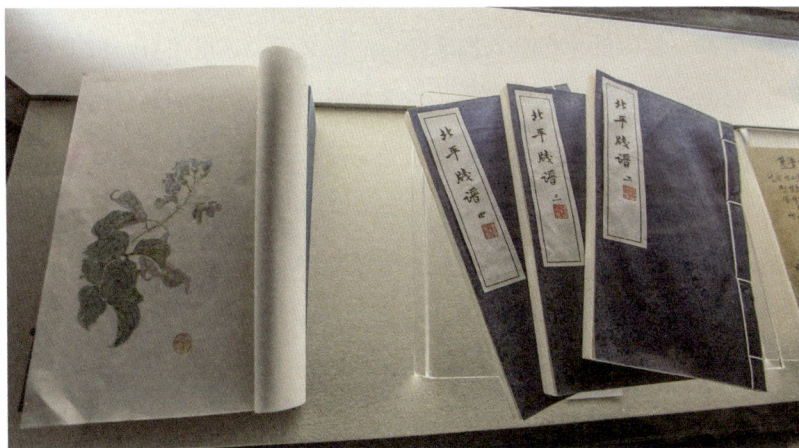
◎《北平笺谱》

是让魏建功和郭绍虞来抄写，所以这两位付出劳动的人每人得到了一部该书。

鲁迅得到的那40部分别去了哪里？这是我曾好奇的事情，2005年上海嘉泰拍卖行上拍了一部第一版的《北平笺谱》，其排列的序号为第十七号。该书乃是许广平赠送给张大千的红颜知己李秋君的祝寿之物。显然许广平是从鲁迅那里拿到此书赠送给朋友的。

近三十年来，我在世面上已经见过五部前一百号该书，这让我突发异想：可否将前一百号的下落一一查清楚，搞一场拼图游戏，了解到这一百册书分别落在了哪里，如果能搞清楚这些书的递传故事，将是很有趣的一件事。当然这一百号中仅有一部在我手里，可惜我仅知道我得书经过，而之前的流传过程却难以探听到实话。某次我跟谢其章先生聊天时，他大为赞赏我的思路，而后他举出了红印花珍贵邮票的例子。他说曾经有人就想把红印花邮票整版中的每一枚邮票的下落搞清楚，而后一一还原每一枚邮票在整版中的位置，为此这个人还写了一本书。闻其所言，我很想找来此书一读，以便从他那里学到拼图游戏的方法论。

这个展柜内还有郑振铎为《北平笺谱》之事写给鲁迅的信，虽然这些信都是复印件，却是人们未曾留心的文献。这里还有一份书商给郑振铎的账单，这份账单乃是关于《北平笺谱》的详细装订费用，更为难得的是，这个账单列出了《北平笺谱》所用的纸张名称，上面写明《北平笺谱》用的叫"天连纸"。这个纸名我以往从未听说过，不清楚是不是某地所产连史纸的简称。而这些珍贵的史料，都是以往从未提到过的。这些资料又让我有了新的想法：真应该把与《北平笺谱》有关的文献都搜集到一起，而后进行一番梳理，这显然是一份颇为珍贵的出版史料。可惜我念头太多，能力又太小，有些事情只能想一想，何时能够实施，则期盼着因缘的到来。

接下来我还在这里看到了毛泽东和周恩来给郑振铎所写之信的复印件，以及郑振铎出席各种会议的证件等等。能够将这么多的史料完整地保留下来，可见其家人对于保存文献也有着良好的习惯，而他们能将这些原件捐献出来，由此也足见他们受郑振铎影响是何等之大。

看完另一侧的展厅，而后登上二楼，这里的展柜内布置着一些郑振铎捐赠之物。有几个阶段，郑振铎痴迷于购买陶俑等出土文物，后来有人说他的所买有不少是赝品，然究竟如何，我未曾看到过原物，但是郑振铎的赤子之心却不容质疑，他无论对历史典籍还是历史文物，都有着强烈的爱，而他的这份爱乃是出自其本然。

虽然说郑振铎对历史文献做出了那么多的贡献，但他始终有着文人的本色，他有时并不了解俗世的规则。比如他的儿子郑尔康曾写过一部《星陨高秋——郑振铎传》，该书写到了 1921 年 5 月 11 日郑振铎前往商务印书馆的情形，当时的商务印书馆编译所所长高梦旦接待了他，而正是这场接待使得高梦旦见识了郑振铎的不谙世事。郑尔康在文中有如下一个段落："高先生对郑振铎当时的境遇深表同情，并表示欢迎他来商务工作，编译所正需要他这样有才华的文学青年，在谈过工作的具体安排后，高先生问郑振铎，'每月需要多少薪水？'按说薪水本该是由馆方来定的，高先生这样问，可说是破了例，而郑振铎却也不知高低地笑道：'只要工作合乎志趣，薪水只需 60 元就够了。'高先生微笑着点点头。从此，郑振铎就当了商务印书馆编译所的编辑。其实，他当时哪里知道，一般像他这样初进商务的人，薪水每月至多不过 20 余元，要至少熬十几年，才能拿到 60 元，他一开口便是 60 元，可谓狂妄已极。而高梦旦先生竟欣然同意，可说是破格又破格了。"

他们之间的这番对话让我对高梦旦大为佩服，他果真是位有胸怀

◎各种证件

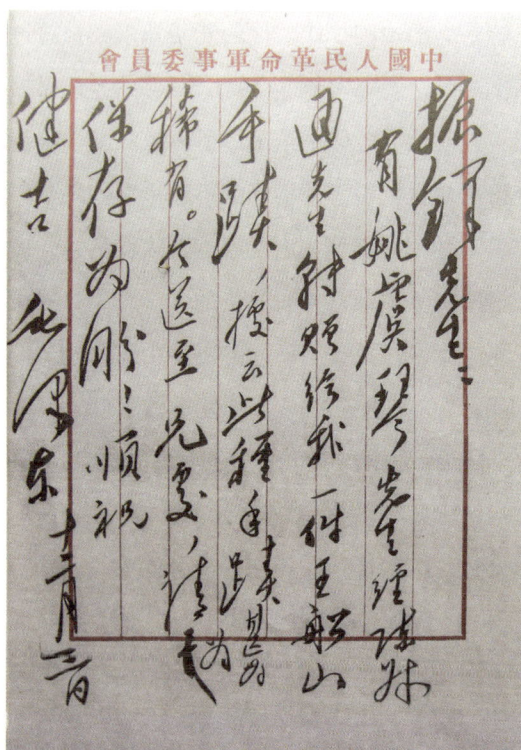

◎毛泽东写给郑振铎的信

的人，难怪商务印书馆成了中国出版界的龙头。也许正是他们的这番对话，让高梦旦体味到了郑振铎的纯真，最终他让这位书生成了自己的女婿。

对于郑振铎的藏书之事，我已在几篇文章中多次提及，去年中华书局出版了一本跟郑振铎有关的新作，此书的名称为《为国家保存文化——郑振铎抢救珍稀文献书信日记辑录》，由郑振铎研究专家陈福康先生整理而成。其中的有些材料乃是我初次看到，翻阅该书，我最感兴趣的部分乃是当时文献保存同志会几人间的通信。

抗日战争时期，国民政府相关负责人陈立夫、朱家骅与中央图书馆的蒋复璁等人通过在上海的张元济、张寿镛、何炳松、徐森玉以及郑振铎秘密地收购历史典籍。在以往我本能地以为他们的工作重点主要是买宋、元刻本以及明、清重要的善本。然而翻看这些通信，却修正了我的错误认定。比如1940年2月4日，郑振铎在给张寿镛的信中写道："菊老意：（一）全集零种，（二）诗文选钞均可缓购，某极同意。惟谓：（三）铅印本，（四）洪杨乱后人之著述，（五）非初印，（六）非极著名之诗集均可从缓，则敝意略有不同。盖铅印本不能再印，及今不收，后来搜集更难，洪杨乱后人之著述，有关近代史料，且其板经此劫后，存者极少；又如每书必择初印本，则失去者必多。诗集似可不必大量收藏，然不著名人之诗，亦每每有用。好在价目不大，不妨广收。"

郑振铎在此信中首先提到了张元济的购书建议，郑振铎对张的建议有赞同也有反对，但从总体上来看，他们更多者关注的是史料价值，而并非把眼光全部停留在善本方面。对于这样的观念，郑振铎在当年8月12日给张寿镛的信中又说过这样的话："曾以数日之力，检阅《书目答问》，将我辈已购之书，就所忆者作一符记（○）。所缺何种，大抵一望可知（所缺之书，当尚有已购得者，因总目未编就，未能细

◎二楼阳台

◎郑振铎捐赠之物

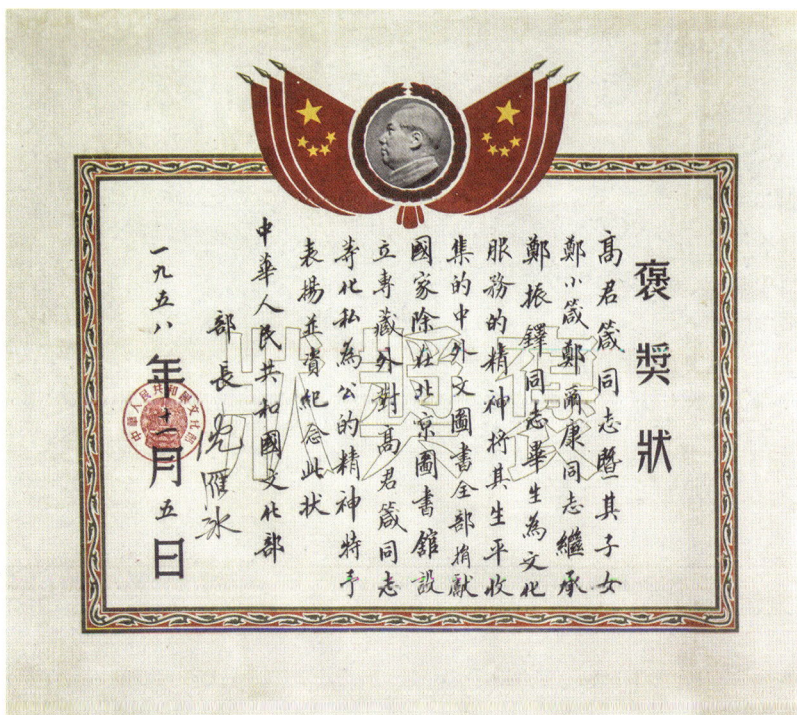

◎捐赠奖状

为标出），以后加以补充，当不难齐备。惟清儒重要著述，其难得过于明版，价亦极昂。像宋翔凤《浮溪精舍丛书》（此书已购得，在费氏目中），全数不过十余册，而市价在四五百元左右。沈钦韩《幼学堂集》不过六册，而售价至八百元（燕京购得），可谓奇矣！"

郑振铎秘密收书的方式，竟然是以张之洞的《书目答问》为指南。他在此书上一一作记号，看来是想把《书目答问》所列之书购全，但是有些清中晚期的刻本，尤其内容是关于考据学者，价格都很贵。而他所提到的难得的清刻本还有："而单刊之清儒著述，若包世荣之《诗礼征文》，苗夔之《毛书韵订》，宋绵初之《韩诗内传征》，赵绍祖之《新旧唐书互证》，丁宗济之《逸周书管笺》等，亦均有可遇而不可求之势。然此类要籍，却又以备齐为上策。盖皆读书者不可少之书也。假以时日，或当不难购得。"

郑振铎的这段话也可以作为今日爱书人的购书指南，虽然说现在的风气与晚清民国间有了较大的差异，但想购买到这类的经学著作依然很不容易。我也曾经按照《书目答问》上的所列去买书，虽然张之洞说那些书都是通行本，但其实这些书在市面上极其罕见，确实如郑振铎所言，其难得程度超过了不少的明版书。郑振铎为什么要极力主张收这样的典籍呢？他在该信中有如下的明确表述："而在国家图书馆之地位上，亦似以放大眼光广搜群籍为宜也。此项工作，对于自己亦甚有益处，每多一次翻检，于版本、目录之学问便可增进不少。如能以我辈现有之财力，为国家建立一比较完备之图书馆，则于后来之学者至为有利，其功能与劳绩似有过于自行著书立说也。"

这正是郑振铎的胸怀所在，他认为替国家买书乃是为了建造一座比较完备的图书馆，而并不是恢复一座古代的藏书楼。正是由于这个出发点，他一直留心着嘉业堂的藏书。为什么要有这样的留心呢？1940 年 9 月 1 日，郑振铎给张寿镛的信中说道："刘氏书与适园书重复者并不多，盖原来收书之目标，二家不同；一着重在史料与实用，而版本书则为附带收下者；一则专门着重在版本书。"

郑振铎把嘉业堂的藏书跟张氏适园进行了对比，他认为适园更看重版本，而嘉业堂则偏重于史料。所以他认为："嘉业之书，论版本或不如瞿、杨二家及适园之精，论有用与罕见，则似较此数家为尤足重视。"为此，他详细翻阅了嘉业堂的藏书目录，而后作出了这样的估价："今日星期无事，细翻嘉业堂善本目，觉得其中好书实在不少。此'目'经月余之选择，从二千七百余部中，选得一千九百余部，约得四分之三弱。此一千九百余种书，即每种以百元计，已近二十万。但其中宋元版书，或不难以四五百至千元一部得之，而稿本部分则万难加以精确之估价。即如《国榷》与翁覃溪《四库提要》稿本，如在坊贾手中，其价均不易谈妥，且恐均非数千金不办。其他类此之书颇亦不少。近得覃溪《纂修四库经过》二册（手稿）价二百元，如此，则'提要'稿凡一百五十册，须一万五千金矣（当然万无此价，姑照比例

◎郑振铎旧藏《元曲选》

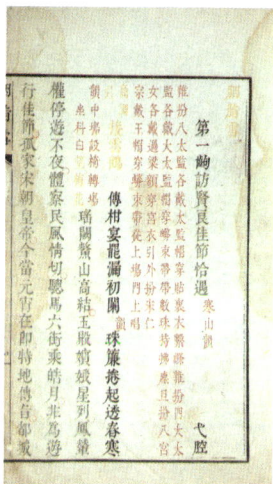

◎郑振铎旧藏《胭脂雪》，清内府四色抄本

◎郑振铎编《中国版画史图录》内页

计之），即以明刊本部分而言，'方志'一部每每在千金以上。"

郑振铎对嘉业堂之书很是看重，尤其关注其中的稿钞校本，他专门提到了翁方纲的《四库提要》稿本，觉得此稿很重要，但是价钱肯定不便宜。可能是因为有这样先入为主的心态在，所以翁方纲的这批手稿并没有被郑振铎等人买去。几年前，我到澳门参加一个目录版本学研讨会，在主办方的安排下，与会者共同参观了当地的何东图书馆，在该馆内赫然看到了嘉业堂旧藏的这部翁方纲《四库提要》稿本。馆方介绍说，此为本馆的镇库之物。由此可见，当年文献保存同志会出于各种原因，并没有把当时的一些重要文献全部收购到手。

虽然说郑振铎看重文献的史料性而非文物性，可是当他翻阅嘉业堂所藏宋、元本时，依然大感失望。他在 1940 年 12 月 27 日给张寿镛的信中写道："今午偕韵秋赴刘宅阅其宋元刊本，约三小时而毕，大失

◎郑振铎旧藏《药师本愿功
德宝卷》，明嘉靖二十二年
（1543）德妃张氏刻本

◎郑振铎辑《玄览堂丛书》

所望！鱼龙混杂，佳品至少，真似披沙拣金；真金极不多见。此批宋元本，盖不过一二万元之价值，万无出价十万元之理。观其书目，非不唐唐皇皇，按其实际，则断烂伪冒，触目皆真宋本，比较可以入目者不过三五部；元本比较佳者，亦不过五六部耳。"

　　看来，郑振铎也想鱼和熊掌能够兼得，他既想买到有价值的史料，同时也希望能收购到上好的宋元版本。当他看到嘉业堂剩余的宋元本跟他的期望值相距甚远时，当然大感失望。但即使如此，当他的情绪稳定下来后，依然觉得嘉业堂的所藏还是值得拿到手。二十天后，他在给张寿镛的信中又说出了这样的想法："刘物则多史料，稿本甚合保存'文献'之目的。即全舍其宋元而取其明刊、抄校亦甚可观。我辈所得，有数大特色：（一）抄校本多而精；（二）史料多，且较专门；如得刘物，则欲纂辑《明史长编》，必可成功；（三）唐诗多，且颇精。并世藏家，恐无足匹敌者。如再得蜀刻及书棚本唐集十余种，明活字本唐集五六十种（近有六十种左右可得），则重编《全唐诗》之工作，亦大可进行矣。"

在郑振铎的观念中，收书不仅是为了保存，同时还要为编纂有价值的典籍作准备，而嘉业堂数量巨大的藏书，恰好能具备这个特点。因此，他觉得最好能够将文物性和史料性相结合，于是再过十天后，他又向张寿镛讲到："连日偕森公至刘处阅书；明版部分，已阅毕，甚感满意！佳本缤纷，如在山阴道上，应接不暇，大可取也。谨先奉闻，一二日后，当往续阅其抄校本部分。此事如告成，则算我辈大功成就，殊可休息一下矣。"

嘉业堂的明版书被郑振铎翻阅一过，由此他认识到，该楼所藏的明版书是何等有价值，而最终嘉业堂所藏的明版书的精品也的确被文献保存同志会囊括而去。

当年文献保存同志会的工作有着很大的风险，因此他们之间的通信都是用化名，可见他们工作环境是何等之恶劣。为此蒋复璁想给该会的人申请一些酬劳，当他把这个想法告诉郑振铎时，郑振铎却坚决地反对。他在1941年2月26日给蒋复璁的信中明确地表达了自己的观点："我辈供奔走，略尽微劳，时读异书，多见秘籍，为幸亦已多矣！尚敢自诩其功乎？书生报国，仅能收拾残余，已有惭于前后方人士之喋血杀敌者矣。若竟复以此自诩，而贸然居功取酬，尚能自称为'人'乎？望吾公以'人'视我，不提报酬之事，实为私幸！且政府功令，兼职者不能兼薪。弟任教国立大学，已得国家薪禄，更万无再支额外劳酬之理。如为采购事务，奔走市上，则尽可开支车资，实无按月支领巨额薪酬之必要也。国难未已，分金均宜爱惜，我辈书生至今尚得食国禄，感国恩已深，虽此间生活程度颇高，然量入为出，差足仰养俯育，更不宜乘机取利，肥己肥家。读书养气，所为何事！见利忘义，有类禽兽。良知未泯，国法具在。务恳吾公成全弟之私'志'，感甚、感甚！"

看到这段话，我更加钦佩郑振铎的胸怀，由此而让我想起了毛泽东在《纪念白求恩》中说的一段话："一个高尚的人，一个纯粹的人，一个有道德的人，一个脱离了低级趣味的人，一个有益于人民的人。"

吴其昌、吴世昌 抗日绝食，青铜红学

吴其昌 （1904—1944）

字子馨，号正厂，海宁硖石人。少年考入无锡国学专修馆，受业于唐文治。1923年毕业后至广西容县中学任教，并扶助弟妹求学。1925年，考入清华大学国学研究院，从王国维治甲骨文、金文及古史，从梁启超治文化学术史及宋史。1928年任南开大学讲师，后任清华大学讲师，1932年任武汉大学历史系教授。抗战军兴，随校迁至四川乐山，旋兼历史系主任，直至逝世。

吴世昌 （1908—1986）

字子臧，浙江海宁硖石人。著名汉学家、红学家。曾任英国牛津大学高级讲师兼导师，牛津、剑桥大学博士学位考试委员。回国后，任中国社会科学院文学研究所研究员、中国社会科学院研究生院博士生导师。中华诗词学会发起人。著有《〈红楼梦〉探源》《罗音室诗词存稿增订本》《吴世昌全集》（十卷）等。

参观完海宁图书馆，王丽霞馆长把我等送到了侧门，在其侧门口，我看到了一张很大的招贴画，其图案像是古代的藏书楼，我马上问王馆长这是何处。她告诉我说，海宁市唯一保留下来的一条古街，而今已经开发成了著名的旅游点，这个古老的大门就在那条街上。于是，她马上安排古籍地方文献部主任朱鸿老师，陪我们晚上到那里一看。

虽然说在江南的老城镇内恢复起了不少的仿古街，但来到海宁市的这条街上还是让我感觉到了不同他地的味道。在夜色的衬托下，我在老街看到的第一座虹桥，就有着气度不凡的南方壮美。

沿着步行街跟着大队的游客慢慢向内走，在灯光的衬托下，游客的面庞也变得柔和了许多，一同前来的童圣江、何勤及宗晓菊老师，也都饶有兴致地欣赏着这里的点点滴滴。王馆长告诉我，他们馆在这条古街上开有一家24小时的书店。朱鸿把我们带到了这里，虽然是一家不大的书店，而在这声色犬马的旅游区，竟然有不少的人坐在那里静静地看书，这种画面在我看来最为惬意。

参观完书店，沿着老街继续前行，在老街的中段，无意间看到了一个深色的牌匾，上面写着"吴其昌吴世昌故居"。海宁二吴的故居竟然在这里，这给了我一份意外的惊喜。两年前，为了写一篇关于《红楼梦》的稿件，我曾搜集了一大批相关的研究著述，囫囵吞枣地阅读一番，其中就读到了吴世昌的一些见解，然当时并未想到要去找他的故居，而今来到了他故居的门口，当然要入内一看。

故居免费参观，走进门厅，看到左右两侧摆放着一些书架，而回廊上端挂的匾额写着"书香四溢"，我不确定这些书是否跟二吴有关，然其二人在各自的学术领域均有着令人瞩目的成就。如此推论起来，他们应当有不少的藏书在。走入回廊，里面也陈列着一些书，看来这处旧居成了一家书店，这真是一个完美的结合。

回廊两侧的墙上挂着一些老照片，还有一些介绍文字。穿过回廊，

◎回廊

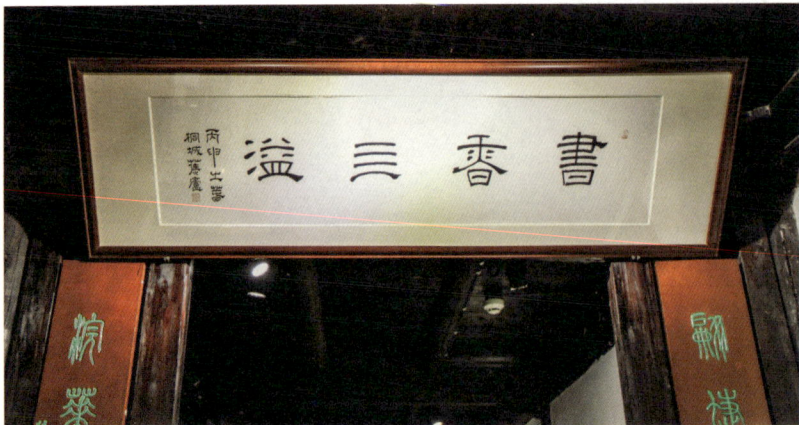

◎喜欢这几个字

进入了一个独立的院落，此院落全部是木结构，在灯光的映衬下，整个氛围透显着一种古意。走入正厅，里面是传统的厅堂摆设，正前方的八仙桌两侧有吴其昌和吴世昌的胸像，只是胸像制作得有些大，衬托得厅堂里的家具都很迷你。

几间房屋的侧墙上仍然挂着一些展板，最令我关注的是"吴氏兄弟绝食哭陵"。抗日战争时期，吴氏兄弟坚决要求政府反击日本人的侵略，于是他们特意来到南京的中山陵，兄弟二人以及家属都在陵前痛哭，而后绝食。这场绝食活动进行了三天三夜。后来，清华大学校长罗家伦与教育部科长谢树英，陪同吴其昌面见蒋介石，吴其昌表达了自己的抗日心愿，而后他才被人送回了学校。这份英雄气概被报纸报道了出来，在社会上引起了很大的反响。

厅堂两侧的展柜上摆放着兄弟二人的著作，其中有吴其昌手抄的一阕词，而抄词所用的笺纸则是"饮冰室用笺"。吴其昌考上了清华国学研究院，当时那里的四大导师——王国维、梁启超、赵元任、陈寅恪，都对他有很深的影响。1927年秋，梁启超到天津的家中养病，吴其昌也跟随导师来到了其家中，吴其昌在梁家帮助导师整理了一些文案，这张便笺纸应当就是此时所得者。

吴其昌本来就有很好的国学功底，他虽然跟徐志摩是亲戚，但吴家比徐家的日子要过得艰难，因为吴其昌 12 岁丧母，14 岁丧父，而吴世昌又比哥哥小 4 岁，兄弟二人在年幼之时就成了孤儿，这样的人生打击可想而知，但是这样的困苦让兄弟二人更加地发奋读书，郭谦著《走进世纪文化名门》一书中写道：

吴其昌"五岁知书，十岁能文，乡里称为神童"。他体质薄弱，但求学意志惊人。他向镇上藏书人家借书读，常常"夜以继日，或坐以待旦"。1921 年，17 岁的吴其昌进入无锡国学专修馆，师从唐文治，研治经学及宋明理学，由此开始其学术生涯。三年后毕业，即赴广西任容县中学国文教员，后转至天津周家做私塾教师。在此期间，他闻

◎正堂

◎企晟木结构

◎著作

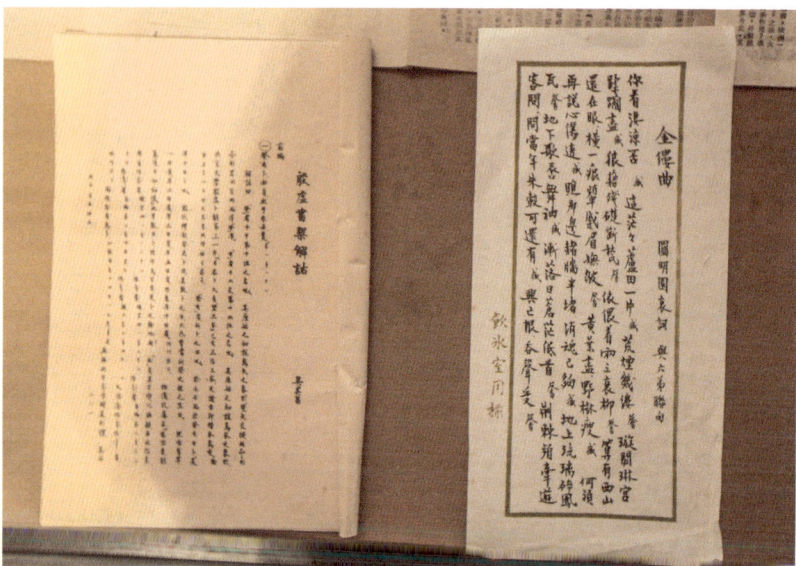

◎吴其昌著作及手迹

知清华学校开办研究院"国学门"，他参加了首次考试，在录取的33名学生中，吴其昌名列榜首。

因为家中穷困，吴其昌读不到太多的书，于是他就向本镇的藏书家借书来看。而海宁在清代就有许多的大藏书家，我在今天上午刚刚参观完蒋光焴的衍芬草堂，不知当年吴其昌是否到那里去借过书，但他的刻苦确实有了回报。而其弟弟吴世昌的学业同样不容易。世昌在小学还没有读完时就被送到中药铺去打工，以此来赚些费用补贴家用。1925年，他就读于嘉兴秀州中学，在那里做自助生。两年半之后，他就考上了南开大学预科二年级。一年后，又考入了燕京大学英语系。如此论起来，吴家当时应该没有什么藏书，然其二人而后都成了著名学者，这样论起来，他们应当也搜集了不少的藏本，可惜我未曾查到相应的资料记载。

在玻璃展柜内还有一册油印本的吴其昌著作《殷墟书契解诂》，这部书堪称是吴其昌在殷墟甲骨方面的代表作。曾有一度吴其昌开始研究甲骨与青铜，而其研究的方法则是根据历朔来给一些青铜器断代。但这种做法不是他的发明，因为宋代的吕大临在《考古图》中就这么做过，而后近代的刘师培所著《周代吉金年月考》也是用历法来考青铜器的年代，王国维的名作《生霸死霸考》也是用历法来推算"虢季子白盘"等著名青铜器的年代。吴其昌当然会受这种风气的影响，只是他在这方面做得更为系统更为深入，所以他被一些学者称为——用历法考青铜器时代的最系统学者。

正厅的左厢房则是吴氏故居的藏书室。走入厢房内，里面陈列着几个书架，上面摆放着一些书。翻看这些书，均为当代读物，这应该不是当年兄弟二人所用之书。因为在故居内没有遇到工作人员，故无法打问吴氏兄弟二人原藏之书去了哪里，然而我却听到何勤喊我说：

©私人图书馆

"藏书在楼上！"

沿着木楼梯登上二楼，果真在这里看到了成排的木书架，上面同样也摆放着一些书，我在侧墙上看到了一个标牌——"沁缘·私人图书馆"。原来，这里成了私家的藏书之地。虽然这些书并非吴氏兄弟旧藏，但在这里能够看到这么多的书，还是大感高兴。

参观完二楼，向外走去，到此时才发现入口处的左侧通向门面房，此处挂着一块匾额——"沁缘书屋"。站在门口向内张望，里面被布置成了书吧的模样。看来，该处故居处处与书有关，这真是物尽其用的完美表现。而我在书吧内还看到了一些吴其昌的著作，其中有一部著名的作品——《金文历朔疏证》，此书乃是吴其昌用历法考证青铜器的著名作品。关于其具体的考证方法，吴其昌在该书卷首写道：

◎吴其昌代表作

如能于传世古彝数千器中，择其年、月、分、日，全铭不缺者，用四分、三统、诸历推算六七十器，确定其时代。然后更以年、月、分、日，四者记载不全之器，比类会通，考定其时代，则可得百器外矣。然后更以此百余器为标准，求其形制、刻镂、文体、书势，相同似者，类集而参综之，则无虑二三百器矣。然后更就此可知时代之群器，籀绎其铭识上所载记之史实，与经传群籍相证合，则庶乎宗周文献略可取征于一二矣。

看来，他是用归纳推理，而后扩大其包围圈。这样的推论方式虽然颇为有效，然也容易出现失误。此文刚发表不久，就受到了郭沫若的批评，郭在《毛公鼎之年代》一文中说道："吴谱所采者为十二年说，又其《疏证》于〈趞曹鼎〉亦有论列，因于'靁'字，未细心辨察，又误认'壬午'为'壬寅'，遂定为厉王十五年五月十一日所作之器……今得识'靁'字，吴说可谓徒费气力矣。"

原来，吴其昌在作释文时，他误读了青铜器上的干支，致使年代推算有误。为此郭沫若不止是指出了他的错误，同时也不赞同他的这种推论方式："彝铭中多年月日的记载，学者们又爱用后来的历法所制定的长历以事套合，那等于是用着另一种尺度任意地作机械的剪裁。在二三十年以前的旧人，仅仅就一二例以作尝试，其结果倒也无足轻重；近一二十年来的新人们，更扩大规模做整套的安排，大表长编，相沿成为风习。作俑者自信甚强，门外者徒惊其浩瀚，其实那完全是徒劳之举。周室帝王在位年代每无定说，当时所用历法至今尚待考明，断无理由可以随意套合的。"（郭沫若《青铜时代》中"青铜器时代"一文）

虽然吴其昌也承认郭沫若指出的问题确实存在，但他还是坚信自己的方法论没有问题。吴其昌的确是个聪敏的人，他在无锡国学专修馆读书时就跟王蘧常、唐兰并称为"国专三杰"。1925年，他考入清华大学国学研究院时也是第二名的好成绩，而当时的第一名是刘盼遂。对于他的这种才能，他的校友戴家祥在《我所知道的吴其昌学长》一文中称："我和子馨虽为浙江大同乡，他高我一班，专业不同，初时不大来往。他受唐文治的影响较深，喜谈宋儒义理之学，和我志行异趣，而他知识浩瀚，下笔千言一如宿构，则又非我所能望其项背。"

"子馨"就是吴其昌的字。看来，当时的吴其昌在学校也是学霸类的人物。他不仅如此，并且还很有才情，在学校里因为唱歌而出名，戴家祥在文中记述了吴其昌在某场聚会上唱的是郑板桥的《道情》词十首。这十首词每首都是以"老"字开头，为此研究院的学生们给他起了一个"吴其老"的绰号。

因为国学根底深厚，所以吴其昌也喜欢填词作诗，比如他在1923年跟王蘧常、唐兰等人登上了北固山，而后他填了一首《菩萨蛮》：

> 夕阳残影山衔日，日衔山影残阳夕。
> 秋色暝高楼，楼高暝色秋。
> 乱云江雁断，断雁江云乱。
> 空望一重重，重重一望空。

这阕词显然是游戏之作，因为其每两句就形成了回文，这种做法虽属文字游戏，但真要将一阕词句句回文，且意思还能讲得通，当然很不容易，这需要对文字有高度的掌控力。

前面提到吴其昌为了逼迫政府抗日，曾经绝食哭陵，而他作的一首《水龙吟·哀居庸关》则最能表现出其慷慨悲凉的心境：

> 千山杜宇凄啼，一关雄峙千山底。

乱峰虎据，孤城蛇走，天边草际。

昼静春寒，山川满目，夕阳铺地。

看涧沙如雪，涧花如血，吊战骨，垂清泪。

宝相天龙半落，和祖国、一般身世。

烟云过眼，庄严消尽，只馀残碎。

今日我来，百年旧恨，从头钩起。

便登台恸哭，如意击断，问谁能记。

　　吴其昌跟导师梁启超的感情特别深厚。梁启超病逝后，吴其昌等弟子们特别想给老师出版文集，于是他就联系了当时最有名的出版机构——商务印书馆，而后张元济特地给吴其昌回信谈及了这件事：

　　贵同学诸君笃念师门，将集文字之巨编，传河汾之盛业。风义动人，至为仰佩。编成后委托敝馆代印，当转询敝公司。据复，前经陈君叔通谆托，曾由敝编译所函复，可以遵办。惟字数有百万余言之多，插画甚富，拟请每完稿时陆续寄示，俾可次第付之手民。皮脊洋装亦可照行。惟全书制作较繁，出版亦未能拘以期限。

　　看来，吴其昌等弟子们编辑的梁启超文集体量庞大，除了有数百万字之外，还有大量的插图，并且吴还提出要做成皮面精装。可见，为了出版导师的著作，吴其昌可谓不惜代价。

　　1932 年，吴其昌到武汉大学任历史系教授，后来兼任系主任。1938 年，武汉大学因为抗战而西迁到了四川乐山，吴其昌原本体弱多病，而后又因生活艰苦染上了咯血症。1943 年，当地的胜利出版社为了提高民族自信心，组织编纂了一套"中国历代名贤故事集"，他们特意邀请吴其昌来写一本《梁启超》，而吴对导师感情深厚，所以不顾自己的病情而答应下来了这件事，然后仅用了一个月的时间就写出了五万多字。

其实，这个写作过程并不容易，吴其昌在《致潘公展、印维廉书》中写道："其昌受命奋兴，时病正烈，学校正课，至请长假，而犹日日扶病，搜集史料，规画结构，创造体例，起打草稿，虽在发烧、吐血之日，亦几未间断，其事至苦……近两月来，几于日夜赶撰此稿，朋友劝阻而不果。"

看来，当时他的病情已经很严重。但即便如此，他也不停笔，他在《致侯塄书》中又称：

潘公展、印维廉二先生嘱撰《梁启超传》，十二月中旬开始动笔，一口气写五万字足，直至一月十九日，始告一段落，身体太弱，写四五天必须睡息一天，辛苦！辛苦！

吴其昌为写《梁启超》一书，花费了很大的心血，遗憾的是，他仅写完了上册就病逝了，年仅40岁。然而他写的这半部书，却有着较大的影响。梁启超研究专家夏晓虹教授，在给吴其昌所著《梁启超》一书的再版前言中，专门写了篇"梁启超与吴其昌"，该文的第一个段落是：

知道吴其昌之名，在我主要是由于梁启超的缘故。二十年前读《饮冰室合集》，见梁氏晚年讲学清华，文稿常由吴氏记录整理，故对其人印象颇深。嗣后，编《追忆梁启超》一书，除收入吴撰写的《梁任公先生别录拾遗》与《梁任公先生晚年言行记》二文外，又仔细阅读了其绝笔之作《梁启超》。当时对吴氏扶病为其师做传、交稿一月即遽归道山的壮行十分感佩，《后记》中特申敬意，称："将生命的最后时日奉献给自己的导师，得学生如此，梁启超应该很满足了。"也因此，就我而言，吴其昌的名字总与梁启超相系连。这对于吴氏显然不公平，但经由此例，却可以让我们窥见教育转型期师弟关系的动人处。

由以上可知，吴其昌是位重感情之人，他对导师的事情无论什么情况都会做到尽心尽力。可是，他的藏书之事却很难查到史料，然而他在清华大学任讲师时曾做过国立北平图书馆特约编纂委员，由此可证，他在目录版本学方面也很在行。

吴其昌的弟弟吴世昌，也同样是位著名的学人，他在燕京大学学习了七年，前四年读的是英文系，后三年则是国文系的研究生。他在1934年就曾和胡适、梁实秋等人共同办起了《学文月刊》，后来他出国做教授，直到1962年才返回中国。

吴世昌的学问有两类专长最受瞩目，一是关于红学，段启明在《略谈吴世昌先生的红学贡献》一文中说："《红楼梦》是中华文化的结晶，是中国文学的瑰宝。因此，自20世纪以来，人们就不断地把她推向世界，同时又以'世界的眼光'审视她的深邃与美妙，从而促进了中西文化的交流与互动。在为此而作出重要贡献的学者中，我们特别要记住三位哲人的名字：王国维、吴宓、吴世昌。"

早在1904年，王国维就发表了《红楼梦评论》，这部著作是运用西方的哲学观点来评价和解读《红楼梦》的价值。而吴宓也同样如此。1919年，吴宓在美国哈佛大学作了一次演讲，其题目是"红楼梦新谈"。对于这次演讲的意义，吴宓的女儿吴学昭在《吴宓与陈寅恪》一文中说："据我所知，最早从西方文论角度审视《红楼梦》的是王国维先生，然而在西方系统介绍《红楼梦》并指出其在世界文学发展史上地位的，可能是我父亲的这篇演讲。"

而吴世昌在这方面的贡献，则是他在1961年出版了英文本的

◎吴世昌毕业证书

《红楼梦探源》，他的这部书分为五卷，每卷的题目分别是："抄本探源""评者探源""作者探源""本书探源""续书探源"。

《红楼梦》的争论焦点之一，乃是一百二十回本的《红楼梦》，其后四十回究竟是曹雪芹原作，还是高鹗的续作。吴世昌对此也有着自己的观点，他认为："续书的实际写作，不论是多少章回，肯定是高鹗所为。"看来，吴世昌属于高鹗续书派。然而他在这派中态度却并不坚决，因为他又说："后四十回确有几段故事像是出自曹雪芹的原著。"

吴世昌在文中当然举出了很多的例子来佐证自己的观点，比如《红楼梦》第八十三回中写到了"元春生病，贾母和王夫人等奉诏进宫探问"，《红楼梦》中有这样几句描写："车辆轿马俱在外西垣门口歇下等着。一回儿，有两个内监出来说：'贾府省亲的太太奶奶们，着令入宫探问……'"吴世昌认为这句话中的"省亲"二字露出了马脚："'省亲'二字只能用于探望父母，此词首次出现于第十八回描述元春探望父母时，'大观园'因此得名'省亲别墅'。但母亲或祖母看视女儿或孙女，即便她可能是皇后，也从不叫'省亲'。"

母亲和祖母去看望女儿或者孙女，无论晚辈已经是什么身份，都不能用"省亲"二字。为了印证自己的观点，吴世昌列举出了《公羊传》《吕氏春秋》《礼记》《孝经》《庄子》等许多典籍，以此来证明"省亲"一词中的"亲"字只能指的是父母，长辈探看晚辈，绝不会用此字。而吴世昌认为曹雪芹学问功底深厚，绝不可能出现这样低劣的失误，所以他的结论是——这段文字肯定是高鹗续作，而不可能出自曹雪芹之手。

吴世昌的另一大学术专长是在词学方面。几十年前，词学的主流乃是夸赞豪放派、批判婉约派，这种做法近似于将词人脸谱化，吴世昌反对这样的两分法，他在《我的学词经历》一文中称："解放以来的词学研究，其中有一个问题，就是以豪放、婉约划线，'言必称苏、辛，论必批柳、周'，并且人云亦云，形成了一种牢不可破的习惯势力。其实这是不切实际的。我非常不赞成这种错误做法。"

为什么他反对这样的分法呢？因为他认为"豪放"二字不能概括很多题材，他在《罗音室词札》中称：

写景不是豪放，发牢骚不是豪放，感慨不是豪放（广武之叹不是豪放），送客惜别不是豪放，云愁雨恨不是豪放，夸张自负不是豪放，大言炎炎不是豪放……吕恰慈认为：用现成词语，不求甚解，不问原意，只是存储反应。随手牵来配上，其实不切作者原意。这些存储反应，无文学批评的价值。试问何为豪放？何为婉约？后者尚可引《玉台》之序以为解释，至豪放二字，实毫无意义。

对于这样的反对态度，吴世昌在其遗著《词林新话》中列出了十个理由，其第五条理由为："机械的分派，堵塞了自由研究之路。我们主张自由研究，把批评家、鉴赏家从人云亦云、随口附和的懒惰恶习中解放出来，不再受分派的牢笼束缚。"看来，他认为全面地把握一位作家的整体面貌，才是最客观的评价。而具体到苏东坡，他的第七条和第八条分别是：

七、说苏是豪放派，是挂十漏三百。

八、苏轼的上百种姿态深意，用"豪放"这顶大帽子一盖，就抹杀或掩盖了其余九十九种优点。

但不知什么原因，吴世昌对常州词派夸赞吴文英却颇为反感，他在《词林新话》中列举出了很多前人贬斥吴梦窗的评语，而后他又做出了这样评判："凡称赞梦窗、碧山等人者，都是解人以自充内行吓唬读者，其情可鄙，其事可恶，常州派之流毒一至于斯！"

可见，吴世昌也是一位爱憎分明的人。凡是他看不惯的人，都坚决地予以贬斥，只是他的贬斥之词颇具时代色彩。

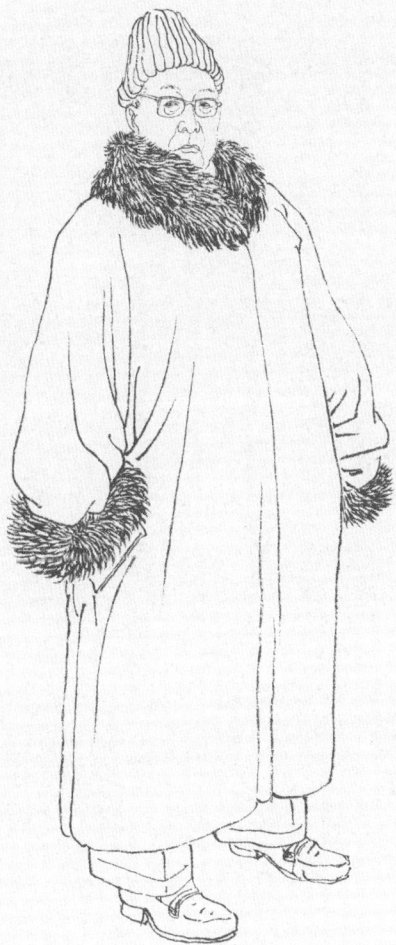

黄源 （1905—2003）

浙江海盐武原镇人。作家，编辑，翻译家。早年任《文学》《译文》月刊编辑，曾主编『译文丛书』，译有许多外国名著，出版多部著作。与鲁迅、茅盾、黎烈文、胡风、巴金等关系密切。后参加新四军，历任华东大学文学院院长，华东文协主席，浙江省文化局局长、浙江省文联主席等。

海盐张元济图书馆的王美萍老师为该馆善本部主任，我参观该馆时，印象最深者之一乃是她把自己的办公室设在了书库内，如此做法在其他馆十分少见，由此也可以看出她对书有着怎样的挚爱，因此海盐这一天的寻访不仅因为她的安排变得特别顺利，还可以一路听她跟汪帆老师欢快地聊天。她们二人均与书为伴，同时都是健步爱好者，二人分别聊着哪些地方最适合开展这种运动，同时还会穿插讲述与书有关的人与事，如此的穿越方式让我听来颇为新奇。

按照我今日的寻访名单，王美萍带领我等乘车来到了南北湖，近二十年来，这是我第三次来到此湖，而前两次均未找到黄源藏书楼。今天的寻访王老师先带我们参观了金九避难处，金九虽然是朝鲜近代史上重要的人物，可惜我不知道他是否喜欢藏书，至少这里展板上的介绍文字完全没有提及，也许藏书之事在很多人眼中不值一提，但在我这里却是最敏感的字眼。

参观完金九避难处，王老师带着我们转到了另一条小路，很快就来到了黄源藏书楼的入口处。此前王老师已经给这里的管理者打过电话，所以我们在入口就看到了这位老师。

从外观看，黄源藏书楼很像南方的一处庭院，灰瓦白墙再加上高高的马头墙，总给人以强烈的画面感，可惜我的拍照技术太烂，无法展现出这种建筑的秀美之处。在入口的位置看到了黄源藏书楼的介绍牌，此牌用中、朝两种文字书写，不知为什么会写朝鲜文。以我的了解，黄源跟朝鲜人没有任何的交集，想来这里可能是距金九避难处较近，以便让来这里的韩国人一并参观此楼吧。

进入院落后，一直沿着侧墙向前走，而藏书楼的入口则跟庭院的入口相反。转到了另一侧，方看到大门上有将军叶飞书写的"黄源藏书楼"匾额。由此进入楼内，工作人员打开了里面的灯，她解释说平时这里不对外开放。看来，如果不是通过汪帆找到王老师，即使我独

◎黄源藏书楼入口处

自找到了此楼所在，也难以进内一探究竟。

藏书楼的一层被布置成了展室的模样，这里用展板和照片的形式介绍着黄源的生平，而最重要的部分则是黄源跟鲁迅的关系。这些展板的下方还摆放着一些小型的玻璃柜，里面陈列着黄源的著作以及他生前的一些用品，我尤其对那个旧木箱最感兴趣。以我的想象，黄源在战争年代就喜好藏书，他应该是把自己的珍藏之本放在此箱内到处运着走。

参观完展厅，穿入了一个院落，这个院落的前后房之间有回廊相连，由回廊走入后面的房内，此处的一楼也同样被布置成了展厅的形式。这里仍然有些放大的老照片，给我印象最深的一张乃是黄源站在葛岭的老门楼旁。一年之前我曾到葛岭寻访藏书楼，浙图的吴志坚主任带着我在葛岭上走来走去寻找历史遗迹，当时我并不知道黄源也曾在这里居住过多年，否则也可到他的故居去探访一番。

回来后查找资料，看到了不少的名人在写黄源的纪念文章时都会提到葛岭，我印象较深的一篇乃是沈迦先生所写的《葛岭的春天》。我

◎两种文字的介绍牌

◎藏书楼大门

跟沈兄也算是相识多年的朋友，但我却从未听他提过其跟黄源的交往，由此文方得知，20世纪90年代沈迦正在做《温州日报》记者，他曾专门到杭州的葛岭拜访黄源。1957年，黄源被打成右派，被下放到温州瑞安塘下镇，当时他住在邵岩德的家中有两三年之久，此后的几十年，黄源一直怀念此人，但因为健康原因，他始终无法故地重游，而沈迦却来到此镇拍了一些照片，而后拿给黄源看。

沈兄做事之细心，真的令我十分佩服。他在此文中也写到了到葛岭探望黄源的细节：

> 黄源老人近几十年来一直住在西湖边的葛岭上，那是片林木葱郁、云淡风轻的好地方。每次沿着长长的石阶往上走，心情也会逐渐明朗起来。许是对书画的钟爱，我对他房间四壁的名人书画印象犹深。黄宾虹的山水、茅盾的条幅、舒同的对联，好像还有叶飞、周而复的手迹。这些名家与黄老多有交往，由此也可见黄老在中国文坛的地位。

由此可以推断，那时的沈迦肯定对收藏字画特别感兴趣，因为他只注意到了黄源家挂着怎样的书画作品，而关于黄源的藏书，他在文中却一个字都没提，以至于让我对他的这篇文章略感不过瘾。

这些照片中还有一组的题目是"黄源专库"，对于此库的来由，上海鲁迅纪念馆的王锡荣馆长写过一篇《鲁迅的最后一个入室弟子》，王锡荣在该文中说：1996年恰逢鲁迅先生逝世60周年，上海鲁迅纪念馆准备承办全国性的纪念活动，为此该馆准备重新翻建，所以王锡荣想借这个机会把黄源的藏书纳入新建的纪念馆中，于是他就跟同事一同前往杭州浙江医院去见黄源，他跟黄源说，新建的纪念馆准备专门开辟出一个区域来收藏跟鲁迅有关人物的历史遗存，他们将此起名为"朝华文库"，以此来表示"夕拾"之意。王锡荣在该文中记录了他们

◎看到了熟悉的葛岭

二人的对话：

　　我们的立意在于几百年以后，而且兼有收藏、展示、研究、纪念四项功能。谁知黄老一听我的想法，拍案叫好，连说："好！好！这个设想好！"我一看他赞成，就趁热打铁，请他也在其中设一个"黄源专库"，把自己的藏书手稿等捐赠给我们。黄老抱歉地表示，他已经答应自己的家乡海盐，把藏书等捐给家乡设立"黄源藏书楼"了。

　　黄源虽然很赞同王锡荣的这个提议，但他却遗憾地说自己已经答应把藏书捐献给家乡海盐，因为海盐有关部门要在南北湖畔给黄源建造一座藏书楼。显然，这个结果让王锡荣未曾料到，这让他颇感失望。对于当时的情形，凌月麟、周国伟所写《新年伊始悼黄老——兼忆"黄源专库"的筹设》一文中也讲到了这个细节：

1997年国庆刚过，周国伟与王锡荣副馆长、保管部主任秦海琦三人去浙江医院拜访了黄源先生。在交谈中，我们向他说明筹建"朝华文库"的目的、意义，黄老频频点头，表示赞赏。但谈及设立"黄源专库"时，黄老有些犹豫。他坦率而又为难地说："我的图书已经捐赠给海盐，那里是我的家乡，他们为我新建了藏书楼。"我们听后则表示："如果书籍已捐赠给浙江海盐，那我馆的专库存放您的文稿、照片、使用过的物品也可以。"黄老为之动容，不假思索地说："那可以。"

看来，黄源的书大部分藏在了我所看到的这座书楼之内，还有少部分庋藏于上海鲁迅纪念馆内的黄源专库。

凌月麟、周国伟的文中还讲述了他们到葛岭找黄源的夫人巴一熔，把书拉走时的细节：

11月25日，我馆派出专车，由我们带队赴杭州。先至浙江医院慰问黄老之后，随即驶往葛岭。巴一熔在家里热情接待了我们。她说："书籍是黄老终身的伴侣，是他生命的一部分。现在他考虑，作为一名鲁迅的学生，在有生之年，决定把一部分藏书放在鲁迅纪念馆的专库内，让它们发挥作用，这是一种最好的选择。"说着，她就领我们走到紧邻寓所的一间10余平方米的黄老藏书小屋，指着一排排放满书籍的简易书架说："黄老的书都放在这里，请你们装就是了。"在海盐藏书楼建成后，黄老还为我馆留下这么多书籍，我们真是喜出望外，心里充满欣喜之情。我们数人立即在藏书屋外满植花木的小院内进行了搬运、钤印、装箱、打包等，流水线般地紧张操作，一刻也未停下来。

这次拉走的书究竟有多大数量呢？该文中给出了这样的数据：

"'黄源专库'的藏品，主要是书籍，加上文稿、照片和有意义的实物，共一千二百余件。书籍近一千册……"看来，至少这些书不在我今天所看到的藏书楼内。

来到了后方的二楼，上面即是藏书之地。这里的书架颇为简单，乃是前些年流行的中密度板加贴面。书橱不高，约两米左右，书架的上半段是玻璃门，下面则是闷橱，透过玻璃可以看到里面插放的藏书，这些书一律都用塑料袋一本一本地包裹了起来。管理人员介绍说，此楼处在湖边，潮气太重，所以他们特意采取了这种措施，以此来不让书受潮。这种做法会使书不透气，有可能使得藏书受损更为严重，但是在湖边如何保护藏书，我却没有经验，想了想，也就没有乱出主意。

一橱一橱地浏览这里的藏书，眼前所见大多为精装本，线装书一部也未曾看到，这些洋装书中有哪些属于珍本，我却并不在行，但黄源夫人巴一熔所写的《爱的源泉——我和黄源六十年》一文中，却讲到了这样一件往事：1960年，黄源的"右派"帽子被摘掉，但其他待遇依然没有跟上来，又赶上他儿子得了肝炎，妹妹得了肾炎，而那时

◎二楼的书架

◎藏书全部用塑料袋保护了起来

的黄源属于"摘帽右派",所以他的文稿也没人要,在这种困难的情况下,他向某人借了100元,以此来渡过难关。可是过了一段时间,对方催着还款,而黄源又没有任何的积蓄,所以他只好卖掉了一部自己最珍爱的书,这部书是鲁迅送给他的《海上述林》蓝色丝绒面特装本。黄源卖书时是背着夫人,但是儿子放学回家时却看到爸爸哭了,就是因为卖出了那部书。

由此推断,这部《海上述林》应该是黄源藏书中最珍爱之物,这部书若放到今天,其市场价在三万元左右,这样倒推过来,他在一九六〇年以一百元的价格卖出,也同样是一个大价钱。对于这件事,黄源一直未曾告诉巴一熔,而其夫人也就装作不知道此事,直到黄源去世,其夫人也没有问黄源把这部书究竟卖给了谁。但无论如何,我在这藏书楼内是不可能再看到这部书了。

而今书楼的管理者根据年代对黄源的藏书做出了基本的分类,其在

◎由此可知书架是在楼内定做的

玻璃橱上贴着一些标签，我看到其中之一是"1949 年以前出版书籍"，这些书看上去品相保存得十分完好。经历了那么多的运动，尤其经历了"文革"，他却能将这些书保留下来，这真不是件容易的事。但是根据巴一熔所写《爱的源泉》一文可知，而今留下来的藏书只是黄源所藏的一部分：

　　1950 年我们到了上海，他经常跑书店，有时两个人一同逛书摊，1937 年抗战爆发时存在巴金处的两个书架，此时又送回来了，我们家的书更多了，客厅成了书房。1954 年他到杭州工作，一下子运来了五十多箱书。1957 年黄源遭遇厄运，人倒霉书也遭了罪，一书房的书不得不挤在一个又潮又黑的小阁楼上，等到清理时，已成了白蚂蚁红蚂蚁的大本营，可怜的书有头无尾，体无完肤，手一提，飞了一地，全家人心痛不已，没办法，只好把它们送进火堆，林黛玉在葬花中流泪，我在焚书中哭泣。这个消息我还不敢告诉黄源，以免增加他的烦恼。

到了上海之后，黄源开始大量买书，可惜到了 1957 年，他被打成了"右派"，他的书也被堆放在了一个潮湿的小阁楼里，最后这些书全被蛀掉了。这种情形若让黄源看到，定然会十分地痛心，于是家人背着他将这些书全部烧了。

黄源乃是鲁迅晚年时最喜爱的年轻人之一，但他是不是鲁迅的最后一个入室弟子，却只有王锡荣下了这样的断语，然细读他的这篇文章，原来他所说的"最后一个"是有着另外的意思：

鲁迅一生，弟子如云。既有嫡传弟子，也有私淑弟子。在北京时，"登堂入室"的弟子很不少。而住在上海的大陆新村时，由于当时的政治环境恶劣，鲁迅遭到通缉，会友多在内山书店，或餐馆、咖啡馆，十分密切的才可以"登堂"，即上家里去，但也多数在楼下的会客室。至于要"入室"，即上楼上的工作室兼卧室，就要十二分密切，人数也就更少。掰着手指数数，也只有十来位。而黄源先生，就是这十来位密友中的一位。而且，迄今所有"入室"的友人或弟子，全都已谢世，甚至"登堂"的也很难找到了。因此，黄源先生的仙去，似乎标志着一个时代的结束。

1927 年 10 月 25 日，鲁迅到上海劳动大学做讲演，由此认识了在该校编译馆半工半读的黄源。到了 1933 年，当局采取图书审查制度，因此左派文人发表文章比较困难，于是鲁迅就提议众多文人通过翻译来表达自己的思想，而后就成立了"译文社"。此社成立后，鲁迅推举黄源做该社的编辑人，其实幕后的真正主编则是鲁迅本人。即此可见，鲁迅对黄源是何等的看重，故而张廷竹在《鲁迅晚年弟子黄源》一文中说："鲁迅先生晚年最为器重的弟子有三位，一位是他，还有两位是流亡的东北热血青年萧军、萧红。相比野性粗犷的萧军和似乎永远长不大的萧红，黄源文静勤勉、忠厚深沉，鲁迅对他同样关爱。"

虽然黄源对鲁迅特别尊重，然而他也做过失误的事情。1935年，鲁迅的学生萧军和萧红住到了上海的拉都路，某天萧红去买早点，她回家后发现包油条的纸竟然是鲁迅的手稿，这让萧红很生气，于是她就写信把这件事报告给了鲁迅。1935年4月12日，鲁迅在给萧军的信中写到："我的原稿的境遇，许知道了似乎有点悲哀，我是满足的，居然还可以包油条，可见还有一些用处。我自己是在擦桌子的，因为我用的是中国纸，比洋纸能吸水。"鲁迅的这几句话说得颇为洒脱，但此事还是被传开来。

原来，丢掉这张手稿的人竟然就是黄源，他在《鲁迅书简追忆》中写到："这原稿是我丢失的。我当时不懂得鲁迅的原稿之可贵，清样校完后，就把有的原稿散失了。一张原稿落在拉都路一家油条铺里用来包油条，和我同住在拉都路的萧红，去买油条，发现包油条的是鲁迅先生的原稿。"

由这段话可知，黄源真是个诚实的人。他虽然很崇拜鲁迅，但对鲁迅的手稿却并不看重，到如今，鲁迅一页手稿的价钱至少在几十万元以上，如果让黄源知道，不知其作何想。

1936年，鲁迅去世，黄源为致丧办事处成员，他日夜替鲁迅守灵，而后与巴金等十几人为鲁迅抬棺。鲁迅逝世后，黄源来到了抗日根据地。1939年11月，黄源正式参加了新四军，任军部委员会委员兼秘书，同时做《抗敌》杂志编委，并在这里认识了陈毅。皖南事变时，黄源与军部走散，当时叶挺以为黄源已经阵亡，他秘密托人转信给周恩来——"黄源亦死于这次皖南事变"，而后《新华日报》还发表了《忆黄源》的悼念文章。黄源几经脱险，来到了苏北根据地，陈毅见到他后大为高兴。1949年5月之后，黄源担任了华东军政委员会文化部党组书记等一系列职务，后来又任省文化局局长。1957年被打成"右派"。1979年他当任了浙江省作协主席、文联副主席。

然而他的藏书之好无论是战争年代还是升平时期，却始终如一，郑秉谦在《繁花千朵老山茶——我所认识的黄源同志》一文中写到："黄源同志除了是鲁迅的学生与战友，除了是翻译家、编辑家与作家之外，还是一个学问家、藏书家。以后我每上他家去，都要向他的书柜张一张：又添了些什么书了？后来，他说他的书都运往他的家乡海盐南北湖'黄源藏书楼'了。"

对于黄源的藏书，陈昌掖在《深深怀念恩师黄源》一文中写到：

他自奉俭朴，但嗜书如命，家有藏书上万，大部分都捐赠家乡海盐的"黄源藏书楼"。他在信中说："我视力渐下降，但看书的习惯不改……"大约在五年前，他曾托我转告在京的小女儿为他代购《毛泽东传》，因杭州买不到，价在五十元左右。我还记得在医院他桌上有一本《陈毅传》，内页写了不少密密麻麻工整的眉批，他对故旧的感情何等深厚！

黄源在生活上很节俭，他省下的钱全部用来买书，而后又把这些书捐给了这座藏书楼。他的这种达观令我十分地佩服。而到了晚年，他在视力下降的情况下，仍然买书、读书，可见黄源对书的挚爱贯穿其一生。

黄源何以有了藏书之好？巴一熔在《爱的源泉》一文中有如下的描述：

他自幼爱书，从省下糖果钱买小人书、连环画开始，直到在上海省下车费以步代车买书报杂志，跑四马路书店找书、买书。到了日本以至到澳大利亚访问，还是上书店、逛书摊寻书、买书。他行军时，背包中有心爱的书；他挨批斗时，衣包中藏着书；他下农村劳动时，挑着一麻袋书，回来时变成了两麻袋书。他是许多书店的常客，他和很多书店、图书馆的售书、借书人是朋友，一有新书、好书，他们会立即告诉他，为他订书、购书、寄书。他可以不理发、不买衣物，但必须买书。他的家除床外，一室有半室为藏书园地；他单身时，一床有半床是书，有时成立体包围式，上下左右都是书，他随手可取，圈圈点点、写写划划，他惟一的劳动是买书、搬书、晒书、上架。他一生爱书、读书，一生与书结缘，一生与书相伴，几乎到了痴迷的地步。

这段描述更印证了我的观念：凡是爱书之人，大多是出于天性。而更为幸运的是，黄源的夫人巴一熔也有藏书之好，并且他二人就是因工作而相识，因书而相爱的，这真可谓是一种完美的结合。更为难得的是，在那戎马倥偬的年代，他们在行军之时还背着自己心爱的书："1942年的隆冬，长途行军的前夜我们结婚了，背包中带着两个人心爱的书。后来数十年中，买书、看书、藏书、晒书、上架成了我们生活中的家常便饭，两个人都离不开书，都爱书如命。"

爱书人到了晚年都会想到如何安排好自己心爱的宝贝，黄源也是如此，巴一熔在文中写到：

红了樱桃，绿了芭蕉，时光一年年过去，国家一年年昌盛，黄源一年年老起来了，他想到要给他心爱的书放到一个既能长久保存又能发挥作用的地方去。终于他的家乡海盐县委抢先了一步，给他建起了藏书楼，他的好友叶飞同志给他题了楼名，因此他决定把八千册书首先捐给了南北湖黄源藏书楼。一千多册捐给了 1950 年经他创办的上海鲁迅纪念馆。家中只留一些常用的新购的书籍。已捐的书上有着大量黄源阅读时写的心得、记录、题字。

由这段叙述可知，黄源藏书楼内的藏书量是 8000 册。我在这里看到了这些藏书，更让我羡慕他的藏书有了这样一个好归宿。而今他虽然去世了，但是他通过自己的藏书，依然向社会传递着他的这种爱书之情，我在这里能够感受到他对书的挚爱。

当我们参观完毕走出楼时，我仍然站在门口回望着这座秀美的藏书楼，同时也觉得有一个小遗憾，那就是这里并不容易找到。但是黄源藏书楼的难找，应该不止是我个人的感受，鲁迅纪念馆的王锡荣也曾来到这里寻找该楼，但他同样也费了一些周折：

后来，我和同事们专程去海盐寻访了一次"黄源藏书楼"，开始遍寻不见，后来，在我们去寻访朝鲜革命者金九的避难处时，就在南北湖畔的山中，金九避难处的紧邻，发现了黄源藏书楼。该馆精美雅致的设计和黄老精美的藏书，给我们留下了深刻的印象。虽然我希望黄老的藏书能更多地入藏我馆硬件十分到位的"朝华文库"，但我想，黄老的百年文化遗存能在这里与青山绿水为伴，具有永久的意味，也是值得欣喜的。

真希望这处黄源藏书楼能够得到广泛宣传，让前来南北湖欣赏天然美景的游客们得知：在这美丽的湖畔还有着如此丰富的一座精神家园。

唐弢故居

继古推新，书话巨擘

唐弢 （1913—1992）

原名唐端毅，常用笔名晦庵，浙江镇海人。现代作家、鲁迅研究家、文学史家。1933年起在鲁迅的影响和帮助下开始写散文和杂文。新中国成立后，致力鲁迅著作和中国现代文学史研究，坚持杂文、散文创作。著有《推背集》《晦庵书话》《唐弢文集》。

关于谈书的文章，古代称之为书跋，现代称之为书话。而书话这个文体，能够得到业界的广泛认同，这件事跟唐弢有很大的关系。杨义在《唐弢书话》一书的后跋中写道："文界之有'书话'一体，唐弢功莫大焉。唐公以作家、学问家为魂魄，以藏书家为筋节，治书话三十余年，成《书话》与《晦庵书话》，恃其书味本色及文章风采，风行海内外。"

杨义先生在此只是称，唐弢对书话这种文体有很大的功劳。那么这种文体是不是唐弢发明的呢？姜德明先生的意见是："有人说最先用'书话'为题写作的不是唐弢先生，我认为这个问题不怎么重要。我也没有作过考证，只是在翻旧书刊的过程中，见到 1937 年 10 月纪念鲁迅逝世周年前后，阿英先生写过一组《鲁迅书话》；同年 4 月，他还在《青年界》第 11 卷第 4 号上发表了一组《红楼梦书话》。但，也不能就此断定最早用'书话'的是阿英。作家曹聚仁早在 1931 年 8 月 15 日出版的《涛声》半月刊创刊号上，便以'书话二节'为题了。同月 22 日出版的《涛声》第 2 期，他又发表了《书话·2》。如果我们有耐心去翻阅一下，1933 年和 1934 年的《申报·自由谈》，那里还有另外几个作者，也在以'书话'名义写读书小品。书话在 30 年代曾经一度繁荣，丝毫也没有影响唐弢先生在书话创作方面总其大成的功绩和历史贡献。前人的实践我们都应当尊重。文学史上从来也不可能无缘无故地会跳出一个伟大的天才来。"（《唐弢书话》序言）

虽然说，唐弢不是"书话"一词的发明人，然而这个词到他这里才得以定型。徐敏在《唐弢书话：现代书话创作模式的成型》一文中论述道："从现代书话的创作历程来看，20 世纪 30、40 年代可以算是创作的成熟期。不仅有曹聚仁在名称上首次提出'书话'一词，更有一批书话写作大家的出现，如鲁迅、周作人、郑振铎、叶灵凤、郁达夫、阿英等。他们的创作各具风姿，充分体现出书话写作的灵活性和

◎唐弢故居现状

多样性，也使得后人难以摹仿。而到了唐弢这里，他作为中国现当代文坛上系统地、有意识地创作书话的第一人，在创作的主导思想和写作体式上都有自己的见解，这些见解直接影响了其后的书话创作，并成为一种范式，为后人提供了可资借鉴、摹仿的范本。"

徐敏的这段总结颇为谨严，这样的"第一人"应该没有疑义。为什么给出这么高的评价呢？这是因为唐弢第一次明确了"书话"一词的外延与内涵。他在《晦庵书话》序言中有过这样的表述："书话的散文因素需要包括一点事实，一点掌故，一点观点，一点抒情的气息；它给人以知识，也给人以艺术的享受。这样，我以为书话虽然含有资料的作用，光有资料却不等于书话。我对那种将所有史料不加选择地塞满一篇的所谓'书话'，以及将书话写成纯粹是资料的倾向，曾经表示过我的保留和怀疑。"

这段话中的"四个一点"成了后世撰写标准书话的圭臬，以至于被无数次引用。而唐弢本人也认为自己的这个定义有着高度的概括性，以至于在《林真说书·序》中再次强调："我反对有些人把书话仅仅看作资料的记录，在更大的程度上，我以为它是散文，从中包含一些史实，一些掌故，一些观点，一些抒情的气息，给人以心地舒适的艺术的享受。"

唐弢给现代书话所下定义，是否得到了业界的普遍认同呢？大概在二十年前，出版界形成了一股书话热，不但有很多出版社发行此类书籍，而且多以丛书的形式成批推出。因我有爱书之癖，故而凡是这类书通通拿下，这种做法正如鲁迅在《拿来主义》中所言："他占有，挑选。看见鱼翅，并不就抛在路上以显其'平民化'，只要有养料，也和朋友们像萝卜白菜一样的吃掉，只不用它来宴大宾；看见鸦片，也不当众摔在毛厕里，以见其彻底革命，只送到药房里去，以供治病之用，却不弄'出售存膏，售完即止'的玄虚。"

当然我的这个引用似乎有些不恰当，只是想说明，自己对书话一类的偏好，已经到了望文生义的程度。其实，爱书之人有此病者绝非我这样的孤例，很多人都把谈书之书作为一个专题系统地来收藏，中外爱书人均不能免疫。但凡见到书名中有"书"这个字眼者，眼睛瞬间冒出贼光，迅速擒获为妙。买回之后，借用鸠山从李玉和那里得到假密电码后说出的名言："拿回去研究研究。"然而一研究就会产生两个结果，有可能惊喜，也有可能大倒胃口。因为有些冠名为书话者，其实跟书话没有任何关系，无非是些书评或序言类的文章，几乎完全不包含唐弢所说的"四个一点"。对于书话这个题材的泛滥，业界正统人士早有觉察。姜德明先生在 1996 年 4 月给《唐弢书话》所写的序言就谈到了："现在，人们对书话范围的界定还比较宽泛，多数人把凡是关于谈书的散文、随笔，包括书的序跋，甚至较短的书评，一律目为书话。或者说，书话本来就内容宽广，可以无所不谈，不必强求统一。"

姜先生的这段话只是以客观的角度，以克制的笔调描绘了书话界的泛滥状况，而后他用一个"但"字来强调自己对这种观念的不认可："但，有些认识已经逐渐为更多的人所接受也是事实。如，书话源于古代的藏书题跋和读书笔记，并由此生发、衍变而成。书话不宜长篇大论，宜以短札、小品出之。书话以谈版本知识为主，可作必要的考证和校勘，亦可涉及书内书外的掌故，或抒发作者一时的感情。书话不是书评，即不是对一本书作理论性的全面介绍、分析和批评。书话不能代替书评。"

其实姜先生所言也正是唐弢的观念。《晦庵书话》序中写到唐弢某次在开明书店遇到叶圣陶，叶跟他说："古书讲究版本，你现在谈新书的版本，开拓了版本学的天地，很有意思。"对于叶圣陶的这番话，唐弢明确地称："我的确谈了不少版本的异同和优劣。但是，这并非出于我个人对版本的兴趣，而是透露了一个事实：我写《书话》，继承了中国传统藏书家题跋一类的文体，我是从这个基础上开始动笔的。我的书话比较接近于加在古书后边的题跋。"

因此可以说，书话就是现代语言写成的书跋，而其内容并不仅仅是谈现代版本，从唐弢所写的书话中也同样可以看到他对古书的论述。比如他在《蠹鱼生涯》一文中谈到了关于古代刻书校勘的重要性："刻书必须讲究校勘，这是因为古书辗转传抄，每致错误。《抱朴子》说：'书三写，以鲁为鱼，以帝为虎。'汉朝刘向始作校雠，《别录》里说：'校雠，一人读书，校其上下，得缪误，为校；一人持本，一人读书，若冤家相对，如雠。'这样做的目的是要比勘异同，纠正错误，部次条别，考镜源流。后来唐朝的颜师古、陆德明，宋朝的郑樵、岳珂，都有较大的贡献。郑樵还写过《校雠略》，作为《通志》的二十略之一。不过真正能把校勘工作推上科学轨道的，却是清代乾、嘉以来的学者，他们人数既多，成就也远远地超越了前代。"

唐弢强调清代乾、嘉学派的重要学者，其校勘水平超过了前代，而这种风气传导到刻书方面也会产生一大批精校精刊的刻书家。他在文章中例举了多位，尤为重要者是文章最后一段特别讲到的大藏书家黄荛圃："黄丕烈在《士礼居藏书题跋记》卷四里曾说：'余好古书，无则必求其有，有则必求其本之异，为之手校；校则必求其本之善，而一再校之，此余所好在是也。'对于那些细心绸绎，反复勘对，穷毕生之力，孜孜矻矻地做着校雠工作的人，我以为是应该感激的，因为他们使许多向来认为难读难解的古书，从此可以读，可以解，使我们有可能进一步去了解古人的思想和生活。鲁迅所谓：'中国要作家，要文豪，但也要真正的学究。'或者就是这个意思吧。"

由此可见，唐弢先生十分赞赏古书中的精校精刻之本，也正出于这样的原因，他将古人书跋的概念延伸到了当代，加上自己独特的观念，最终形成了一种有别于古代书跋的新型文体，而这正是唐弢对于中国谈书之书的一大贡献。自他而形成的书话文体，在当代受到了广泛追捧。姜先生在《现代书话丛书》的总序中明确地说道："四十年代初，我开始对新文学书刊发生兴趣。在课堂里无法满足的知识，只好到旧书摊前去探秘，开头是盲无所从，碰到什么是什么。一本曾孟朴的《鲁男子·恋》曾经让我痴迷多时，误以为是新文学最伟大的小说。到了四十年代中后期，突然发现唐弢先生写的关于新文学的书话，一下子顿开茅塞，好像找到一位引我入门的老师。我羡慕他的藏书丰美，那些充满魅力的版本一直诱惑着我。我采取的是笨办法，循着他书话中提到的书一一去搜访。读唐弢的书话，打开了我的眼界，如读一部简明的新文学史。"

看来，姜先生的确是直接受到唐弢的影响，从此致力于现代书话的研究与写作。《书话》一书的面市，使得著名学者赵景深先生也成为了唐氏书话的粉丝。赵先生在 1946 年的《上海文化》上发表了一组书话之文，其总名为《书呆温梦录》。他在该组文章后的缀言中写有这样一段话："晦庵的书话极富于情趣，有好几篇都是很好的絮语散文，意态闲逸潇洒，书话本身就是文艺作品。我因为喜爱它们，便每天从《文汇报》上剪下来保存。"又补充说："我是《书话》的热心读者，同时又是《书话》散文的拙劣临摹者。"喜爱之情，溢于言表。

关于书话的创作，唐弢先生大概始于 1945 年春，自此之后，他陆陆续续写了二百余篇。1945 年 6 月，唐弢在柯灵主编的《万象》第七期上首先发表了十二则书话。此后不久，因柯灵被捕，书话发表也被迫中断。到了 1945 年末，当时的《文汇报》编辑向唐弢索要这类稿件，而后他又继续创作，发表在该报副刊的"文化街"上。除此之外，唐弢书话还在《联合晚报》《文艺复兴》等刊物上发表。可见，唐弢所创造的这种新文体，在当时受读者欢迎的程度。然而可惜的是，唐弢书话在写到一百余篇时又中断了，据唐弢自己的解释是因为书话中的某些内容得罪了一位"要人"。

到了1961年3月30日，唐弢又开始在《人民日报》上发表书话。他在这些书话的缀言中记录了这么一段话："最近因为工作需要，跑了几家图书馆，又向私人藏书中借到一批有关现代文化方面的书籍，灯下披读，感兴百端。从'五四'到现在，前后不过四十二年，由于斗争的激烈，变化的巨大，进步书刊在反动统治下几经浩劫，旧籍凋零，访求已经十分困难，偶得一卷，恍如故知重逢，往往引起许多久已逝去的回忆。解放前后我曾写过一些《书话》，于阅读之余，把想到事情随手记下，给报纸做个补白，不过当时偏于个人兴趣，太重版本考订，没有把《书话》写好。倘能于记录现代文化知识的同时，不忘革命传统教育的宣传，也许更有意义。"

如今读到这段话，感觉更像在做自我检讨，让人联想到之前他所说的，因得罪了某位要人而被迫停止创作的情形。文革期间，他所藏之书被抄走，对于这件事唐弢在《晦庵书话》序中只有简短的几句："《书城八记》写于一九六五年，那时我第一次心肌梗塞稍稍恢复，第二次心肌梗塞尚未发生，带病执笔，聊以自遣，曾在香港《大公报》副刊《艺林》上陆续刊载，谈的是买书、藏书、借书、校书、刻书的掌故。此后两三年中，我的线装书籍遭受损失，荡焉无存，转借又极不易，虽然八篇短文留了下来，应当插入的书影，却只好付诸阙如了。"

从有限的文字记载中，我们可以获知另一个信息，当时的唐弢不仅收藏现代文学版本，同时还藏有不少线装书。因此，对唐弢先生仅藏新文学版本这种论述显然以偏概全。而这样广博的视角，同样对其他爱书人产生影响。比如我在姜德明先生的府上也看到了数量不小的线装书。

某些人既让唐弢继续写书话，又要求在内容上符合政治需求，唐弢开始修改自己以前所写书话。对此，宫立写了篇《唐弢书话的版本变迁和学术价值》的论文。宫立的梳理方式是以《书话》的版本变迁过程与内部印刷的《中国现代文学史》讨论稿进行对读，由此看到了许多的不同。比如发现《画册的装帧》一文在收入《书话》时直接被删除了三大段，其中第一段是这样的："近来很有些人对书籍的装帧提出意见，甚至愤慨地说：书是传播文化的工具，难道它自己可以没有文化？话虽然说得偏激了一点，道理却是对的。我也曾经为一些国际友人所窘住，他们有时不客气地说：'你们是一个专出小册子——潘甫勒特（Pamphlet）的国家！'这指的倒未必是内容，一册十万字小说，用新五号字紧排密植，轻磅道林纸作封面，平平板板，不加任何装潢，也没有什么美术上的加工，要声辩说这不是小册子，实在有点困难。因此我只好对着他们苦笑。"

　　为什么会有这样的现象呢？唐弢说道："出版者也有一大套理由，譬如说，纸张困难咧，照顾读者购买力咧，等等。但无论怎么说，都不应该成为装潢上粗制滥造的理由。专著和大量发行的书可以有区分，精装本和平装本可以有区分，而且即使是一册普通的书，在朴素中求美观，也不是不可能的。"

　　他的这番论述，到如今依然有很强的实用性。为了佐证自己的说法，唐弢引用了鲁迅的例子，可以看出唐弢很希望现代出版物能分为两个层面，一是满足实用性的阅读，二是考虑版本的收藏价值。因此说，书的确是为了阅读而制作的，但这并不妨碍人们对美的追求。在《"拙的美"——漫谈毛边书之类》一文中，他仍然是先讲述鲁迅对于毛边本的喜爱，而后引出这样一段话："鲁迅过去替未名社、朝华社以及后来自己主持的野草书屋、三闲书屋出版物设计封面，一部分固然是由于选画精美，也有一部分并不用画，只在铅字排列上用功夫，然而简朴有致，看去十分舒服，比起现在有些书籍封面上笨头笨脑的所谓美术字样，实在要好看得多，动人得多。"

看来，生活确实需要发现美的眼睛。虽然毛边书与光边本就内容而言没有丝毫区别，但不可否定毛边本所具备的审美情趣。唐弢对书籍装帧的热爱，也可以看出他不仅是一位写作者，同时也是一位极具艺术感觉的鉴赏者。可惜由于时代的变迁，他不能直抒胸臆地书写，只能埋首于书话的修订。这种写作状态，如同美国批评家佩里所言"戴着脚镣跳舞"，无可奈何。外环境的改变也使得唐弢书话在内容上有了较大变化。宫立注意到了这一点，他在论文中作了如下的总结："综观《读书月报》上的唐弢书话，说购书经历、人情交往的话语明显减少，多了一些具体而微的，对书的装帧、线装等问题的描述，多出许多'书'气，而《书话》更是小心翼翼，生怕触犯时忌，虽然如此，它的尽量客观的记述，对五六十年代越来越趋向于政治化的文学史书写构成一种必要的补充与纠正。当然，它的作者，也从年轻时意气风发的青年作家、批评家，变成小心谨慎的学者了。"

关于唐弢的家乡，傅小北、杨幼生所撰《唐弢年谱》中称："1913年3月3日，唐弢生于浙江省镇海县西乡畈里塘村。原名唐端毅，字越臣。"到如今唐弢故居仍然保存在那里，这也成了我宁波寻访的目的地之一。

此程的寻访，得到了天一阁博物馆周慧惠老师的帮助。由于我们俩对道路都不熟悉，故而我开着她的车，由她来导航，我们很顺利地开到了唐弢故居所在村。

这个村如今归属宁波市江北区甬江街道，村名还保留着，仍然叫畈里塘村。该村的面积颇大，我们将车停在村口，徒步进内寻找。问了几个过路行人，均称是租房户不了解情形。于是我步入一家商店打听，老板也说他是外地人。看来这里跟浙江地区的其他城市相似，近郊一些村庄已然变成了外地人的聚集地。还是周慧惠有办法，她在路边遇到一位大妈，两人用当地话聊得火热，我自然是一句也听不懂，然而可以从大妈脸上迅速展开的皱纹中，体会到两人聊天的愉悦。果然，周慧惠跟我说：大妈知道唐弢故居在哪里，她带我们去。

因为不清楚故居离得有多远，我立即返回车中，开到两人身旁请其上车。大妈坚决要求步行，没办法，我只好跟在两人身后亦步亦趋龟速而行。这样行进了几百米，她俩步行我开车，显然有失礼貌，于是我将车停在路边的一个小口，加入到她们的行列步行前往。两人一路上热切的讨论我全然不明白，可以确定的是，周慧惠认识这位大妈的时间绝对没有超过十分钟，而两人的肢体语言却带给人老相识的错觉。在找到唐弢故居时，我终于忍不住问周慧惠："你到底说了什么？让大妈对你如此热情。"她看都不看，悄声地跟我耳语一句："我是大

◎二层老楼

妈杀手。"

她的答话让我忍俊不禁，哈哈大笑起来，以至于大妈用疑惑的眼光看了我好几眼，肯定怀疑我是个神经病。等参观完唐弢故居，我继续向周慧惠追问："为啥你到哪个村，都会向老太太去问路？"她笑着告诉我："因为我的长相跟我的说话方式，让老太太们特希望有我这样一位儿媳。"她的这句话我觉得有弦外之音，印证了那个千古不变的真理：婆婆跟儿媳是天敌。然而周慧惠能够化干戈为玉帛，这套本领哄得老太太们不爱也难。想到这一层，我又大笑不止。好在大妈已经带完路，指点一番后原路返回了。

眼前所见的唐弢故居处在一条小巷的尽头，巷口没有任何指示牌，如果不是熟识人带路，确实很难找到。从一路走来的街景看，畈里塘村基本上都翻盖了新居，唯独这个院内还保留着一幢二层老房屋。走进院中，未曾遇到住户，而从院内晾晒的衣物可知，这里仍然有人

◎顶头的位置就是唐弢故居

居住。

我一直在关注眼前的这幢老楼，而周慧惠则注意到了新翻盖侧房上挂着的文保牌，终于在那上面看到"唐弢故居"的字样。看来大妈的指引相当正确。

从外观看，老房子是纯粹木结构的，没有做过重新翻盖。地面铺着条石，条石的缝隙间冒出一束不知名的花，顽强生长着。再细看，房子的门窗是更换过的，两处房屋的门牌号分别是畈里塘的"136号"与"137号"。136号处在楼房的右侧，这里应当是唐弢书房的位置。谢振声在《新文学版本第一藏书家唐弢》一文中称："唐弢故居位于畈里塘村西头，是一个有百余年历史的老院子，院子正面是一幢砖木结构的二层楼房，楼最西头的一间，为一楼一底，这是唐弢出生和童年时代学习、生活的地方，已列入江北区区级文物保护点。"

而今这间房屋却锁着门，我只能透过窗户，向内张望。不知什么缘故，房屋内没有任何陈设，也没有住人的痕迹，地面蒙着厚厚的一层灰。正当我东张西望之际，突然听到了清脆的破碎声，我被这个声音吓了一跳，定神细看，原来是房上的瓦掉下来摔到地上的破裂声。

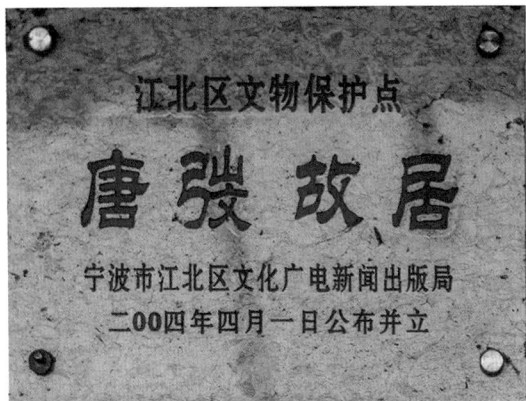

◎文保牌

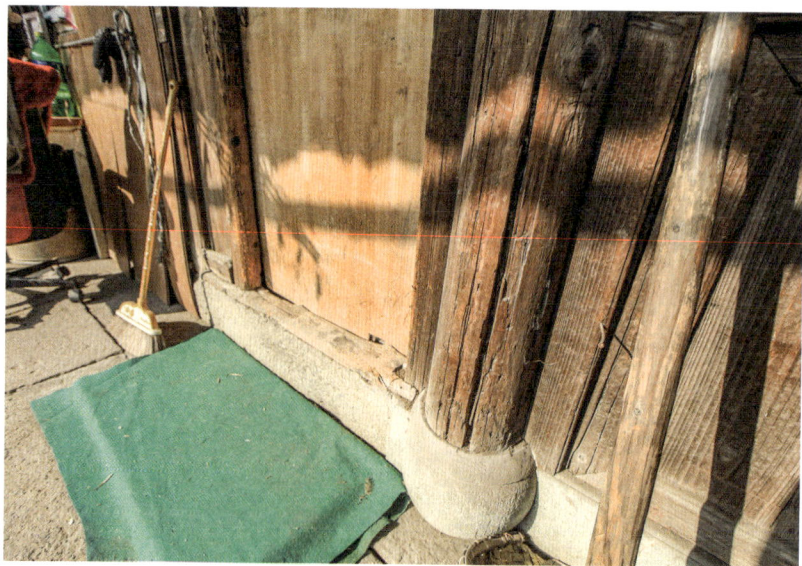

◎立柱

此刻并没有风，看来是瓦上的椽子腐朽所致。如果再不做系统维修，这处老宅说不定哪天都有倒塌的可能。而我又注意到门梁上的几根木柱，毫无朽坏感，尤其下面的柱础仍然是原物。这样原汁原味的名人故居，保留至今实属不易，如此荒废下去太过可惜。

既然前面掉瓦，我也担心被砸到，于是跟周慧惠一同转到故居的后面。走在小巷，看到侧方墙上用大字写着"唐敀故里"的字样，原来带路大妈是从另一个方向把我们领来的。墙面上还写着上百字的唐敀生平介绍，可惜文字前停着一辆车，无法拍清楚墙上的字迹。这时我又想起周慧惠跟大妈聊天的内容，她们这一路走来有说有笑，有没有一些是与唐敀有关的？周慧惠说，大妈重点讲述了村子的变化，因为经济发展的原因，在畈里塘村现存住户中，外地人比本村人还要多。这使得村子显得十分的嘈杂，然而大妈并不觉得有什么不好，本村能吸引这么多外地人让她觉得很骄傲。

关于唐弢的事情，大妈说唐姓原本是村里的大姓，唐家在村中也颇有名气。大概在 20 世纪 70 年代末 80 年代初，唐弢回了一趟家乡。村干部提前得到了消息，特意让小学生们换上蓝裤子白衬衣，戴上红领巾，整整齐齐排好队，从村口一直站到故居门前，等唐弢到达时，老师指挥孩子们集体高呼欢迎口号。大妈说，那时她二十多岁，看到这种场景，记忆特别深刻。

我边听周慧惠的介绍，边脑补着唐弢到达时的欢迎场面。以我的印象，小时候常常看到纪录片，有外国元首到达时，政府都会组织学生们站在路边去欢迎。而欢迎的方式，好像是双手举着塑料花，只要贵宾车一到达，即刻将塑料花高高举起，一边蹦跳一边整齐划一地大声欢呼："欢迎，欢迎！热烈欢迎！"我想本村小学老师组织孩子们去欢迎唐弢，也应当用的是从纪录片中学到的这套模式。不过，唐弢返村能够受到如此高规格的欢迎，这的确有点出我所料。但同时，这也让我多少有了与有荣焉的感觉，好像还从没听说过其他藏书家有过此等待遇。

对于唐弢返乡的时间，谢振声在其文中有如下说法："自幼离家后，唐弢先生曾三次来到宁波。1980 年 5 月底，宁波师专邀请他作学术报告。他有机会到出生地——畈里塘村探亲访故，寻桑问麻。看到家乡的巨变，唐老非常高兴，欣然挥笔写下了《访故居》和《访北仑港》两首诗。"

这么说唐弢有过三次返乡之举，不知道另外两次是否也有如此盛大的欢迎仪式。周慧惠又聊起来，这位大妈对我二人特来寻找唐弢故居表示不能理解，她说本村建了那么多的好房子我们不拍，却专找这幢最破烂的来拍。看来，她认为我二人有嗜痴之癖。我问周慧惠，她是如何解释的。周慧惠笑着说："我不能告诉你。"

严格来说，唐弢在此居住时，并没有开始有计划地藏书，当然那

◎瓦片原来是从这里落下者

段时间他努力学习，家中也有一些书。他们家虽算不上富户，但毕竟也有生意在。蓝棣之在《唐弢》一文中写道："从唐弢记事的时候起，父亲也很快不再下田，成了村里的'要人'。后来他和绅士们合股开过碾米厂。就这样渐渐和土地隔阂。接着，由于沉重的债务，他神经错乱，举止失常，于1933年1月病故。"

至于唐弢父亲与他人合伙开办碾米厂的时间，《唐弢年谱》将之归在了1918年，当时唐弢六岁："唐弢的父亲为了摆脱经济困境，加入了本村富户办的'同义'米店，兼作碾米生意。但因为不识字，受人蒙蔽，被人坑害。为此，他决心让唐弢读书。"

后来，出于生计需要，唐弢到上海去工作，他在《自传》中写道："我于一九一三年三月三日出生于浙江省镇海县一个农民的家庭，原名唐端毅，字越臣，父母都不识字，在亲戚支助下入学读书，勉强念到初中二年级，家里的经济越来越困难了，父亲神经失常，我得负担全

◎宽大的屋檐

家的生活，无法继续上学。我们有三个平日较为接近的同学，约定无论如何不进洋行工作。我因此投考上海邮局，录取为邮务佐，在本埠邮件投递组拣信。那一年是十六岁。"

　　唐弢是在 1926 年来到上海的，当时年仅十二岁。到达上海后，他开阔了眼界，开始买一些自己喜欢读的书。唐弢在《我和书》一文中写道："当时上海卖旧书的地方除汉口路、福州路外，还有两处：城隍庙和老西门。这两处离我居住的地方较远，不过书价便宜，尤其是城隍庙。护龙桥附近有许多书摊，零本残卷，遍地都是，只要花工夫寻找，总不会毫无所得。因此碰到星期天或者假日，只要身边有一两块钱，我便常常到那儿访书去。"

　　这个阶段的收书仅是买一些很便宜的小残本，如何开始有系统有目的地大量买书，他在《买书》一文中给出了答案："我的有目的地买书，开始于一九四二年。那时住在上海徐家汇。日本军侵占上海，一天几次警报，家家烧书，撕书，成批地当作废纸卖书。目睹文化浩劫，实在心痛得很，于是发了个狠：别人卖书，我偏买书。"

出于天然的爱书护书之心，唐弢看到那么多的书被烧被撕，大为痛心，于是有了收书之举。关于最早的收书方式，文中又道："离我寓所不远有个废纸收购站，主人是个猫儿脸的老头儿，人还和气，谈得熟了，他答应帮忙。从此我便节衣缩食，想尽办法，把所有可以省下的钱都花在买书上。书籍大概也真是一种'食粮'吧，有几次，我钻在废纸站的堆栈里，一天只啃两个烧饼，也居然对付了过去。我在那里买到《新青年》季刊、《前锋》《小说月报》《文学》，零星的《觉悟》《学灯》和《晨报副刊》。不过个人的力量毕竟有限，废纸的来势又猛，浪推潮涌，最后便只好望洋兴叹。"

这次收书之举只持续了几个月，因为烧书风潮渐渐平息了。而唐弢对书的爱却延续了后半生，以至于他的宅中四壁皆书。张勉之在《书山之路——著名文学家唐弢和他的书》一文中写道："走进他的寓所，首先引起我注目的，是他的那些书，一柜一柜，一架一架，挤得满满的，从屋子的四壁到中央，从会客室到厨房，从厨房到卧室，从他自己的卧室到子女们的卧室，纵横曲折，重重迭迭，简直像一座矮矮的书城。如果只是架上有书，柜里有书，倒也罢了，出奇的是床底下、桌面上、壁橱中，也都堆放或塞满了书。"

对于自己的买书时段，唐弢在《我的书》一文的结尾处称："从上海城隍庙到北京国子监，六十二年中间，我的生命是始终和书相纠结的：检书、买书、读书、写书。"这篇文章撰写于 1989 年 10 月，到此时他已说自己有了 62 年的买书历史，而他去世于 1992 年，如此说来，他的藏书史长达 65 年。如此长的时段之内，唐弢藏了多少书呢？他去世后其夫人沈絜云及其子女将他的藏书全部捐赠给了中国现代文学馆，当时总计拉走五百多箱。现代文学馆建立了唐弢文库，而后对唐弢的

◎堂堂书房如今的状况

藏书进行了清点，最终得出的数量为："经过科学分类、鉴定、编目，中国现代文学馆唐弢文库的藏书共计平装 23000 余册，线装书 2000 余册，外文图书 600 余种，期刊 1888 种。其中毛边书 1300 余册，签名本 600 余册，初版本 1500 余册，珍稀本 600 余册。藏书中有一级品 141 种。"

唐弢的藏书最终有了这样的归宿，也算得以善终。遗憾的是，他在书话领域有着如此高的贡献，并且身体力行收藏了这么多的版本，然而，他的藏书堂号我却始终查不到。虽然如此，这并不妨碍他是一位很有成就的藏书大家。

图书在版编目（CIP）数据

书楼探踪. 浙江卷 / 韦力著. 一上海：东方出版
中心, 2019.9
ISBN 978-7-5473-1337-4

Ⅰ. ①书… Ⅱ. ①韦… Ⅲ. ①藏书楼－介绍－浙江
Ⅳ. ①G259.29

中国版本图书馆CIP数据核字(2019)第152184号

出版统筹：郑纳新
出版策划：草鹭文化
责任编辑：程　静
特约编辑：董熙良
责任营销：计珍芹
装帧设计：周　晨
插　　图：苏　文

书楼探踪·浙江卷

出版发行：东方出版中心
地　　址：上海市仙霞路 345 号
电　　话：021-62417400
邮政编码：200336
印　　刷：山东鸿君杰文化发展有限公司
开　　本：710mm×1000mm 1/16
印　　张：29
字　　数：361 千
版　　次：2019 年 9 月第 1 版第 1 次印刷
ＩＳＢＮ　978-7-5473-1337-4
定　　价：128.00 元

松汀